VIDA Y MILAGROS DE LA FARÁNDULA DE CUBA

TOMO 5

COLECCIÓN CUBA Y SUS JUECES

EDICIONES UNIVERSAL, Miami, Florida, 2001

ROSENDO ROSELL

VIDA Y MILAGROS DE LA FARÁNDULA DE CUBA

TOMO 5

Copyright © 2001 by Rosendo Rosell

Primera edición, 2001

EDICIONES UNIVERSAL
P.O. Box 450353 (Shenandoah Station)
Miami, FL 33245-0353. USA
Tel: (305) 642-3234   Fax: (305) 642-7978
e-mail: ediciones@ediciones.com
http://www.ediciones.com

Library of Congress Catalog Card No.: 91-75527
I.S.B.N.: 0-89729-841-1 (tomo V)
0-89729-512-9 (obra completa)

Composición y diagramación: Carmen R. Borges
Índice Onomástico: Guillermo J. Jorge y Carmen R. Borges

Diseño de la cubierta: Luis García Fresquet

Fotos en la portada:
1) Federico Piñero y Alberto Garrido (Chicharito y Sopeira) con Rosendo Rosell y Ada Béjar.
2) Yolanda Montes (Tongolele) con el autor.
3) Rosendo Rosell y Minín Bujones.
4) El cantante Gustavo Rojas con Rosendo Rosell y Olga Guillot.
5) En RHC-Cadena Azul: Jorge Luis Nieto, el autor, Armando Núñez Planas, Arturo Liendo y Rita Montaner.

Fotos en la contraportada:
1) Anuncio del autor para la cerveza Cristal.
2) Escena en el programa «Los destruidos» con Rogelio Hernández, Velia Martínez y Manolo Díaz.
3) Federico Piñero, Rosendo Rosell y parte del coro de la Gran Revista Hallicrafter-Frigidaire.
4) Rita Montaner con el autor en el Cabaret Montmatre.

Todos los derechos
son reservados. Ninguna parte de
este libro puede ser reproducida o transmitida
en ninguna forma o por ningún medio electrónico o mecánico,
incluyendo fotocopiadoras, grabadoras o sistemas computarizados,
sin el permiso por escrito del autor, excepto en el caso de
breves citas incorporadas en artículos críticos o en
revistas. Para obtener información diríjase a
Ediciones Universal.

CONTENIDO

La pareja romántica más famosa de la radio cubana	1
Una historia boniiiiiittttaaaa	2
Los ministros visitaban a los artistas	3
¿Cómo nació la profesión de locutor?	4
El lector de escogida y tabaquería	5
Rifle...xiones	6
Recordando la pelota cubana	7
Recuerdos, fotos y hechos...	8
Foto habanera de 1950	9
Rifle...xiones	10
Un apartamento en la playa por $9,000	11
¿Snobs o picúos...?	12
Cuatro compositores cubanos	13
1848 un año para recordaaaaaarrr...	14
La Academina Nacional de Artes y Letras	15
Las caprichosas jitanjáforas	16
El penkomóvil, según Paquito D'Rivera	17
¿Por qué...?	18
Se nos fue otro amigo (Luis Echegoyen)	19
No presuma de buena memoria si no se acuerda de...	20
El cincuentenario de Massaguer	21
Recordadndo gratitudes e ingratitudes	22
Musicosas y otras cosas	24
Olga Guillot, Elena del Cueto y Jorge Bauer	25
Canta, Carusooooo...	26
El inmenso tenor	27
La ejecutividad ejecutiva de algunos ejecutivos...	28
El Trío Los Panchos en la Habana	29
Historia del danzón	30
¿Usted se acuerda? ¡Yo sííííí!	32
Cuando Fausto Miranda era piloto	33

Tremenda injusticia	34
Leopoldo, Aníbal y Eva Vázquez	35
El lío historico en la radio entre Eddy Chibás, Pardo Llada y el Dr. Tarajano	36
Revoltillo de noticias	38
¿Saben quién es este bebé…?	39
Mirando un álbum de recuerdos…	40
El programa "Ciclorama" en CMQ	41
Jugando con la Gramática	42
El capitán Casas, autor de El Mambí	43
Los famosos "Agapito" y "Timoteo"	44
Sorpresas que embellecen la realidad	45
La Tongolele nos cuenta su tragedia	46
Grandezas y miserias humanas	48
Haceeee años nos tuvimos que ir de nuestra tierra	50
Foto histórico-televisiva	51
El caso insólito de un sello…	52
Crucigramas por clonación…	54
Néstor Pinelo	55
Revoltillo de noticias	56
Rifle…Xiones	57
Primero fue artista de la radio…	58
Revoltillo de noticias…	59
"Cuba era así, y no como la han querido pintar"	60
Una reina negra en el carnaval de 1954	61
Magos del humor intelectual	62
Una foto de la orquesta "Havana Biltmore"	64
Un Tenorio improvisado	65
Foto del dictador-actor	66
Lo que se hace en las profesiones	67
La historia lo registra así	68
Revoltillo de noticias	69
Diccionario espectacular de Vivaracho Pérez	70
Grandezas del pasado que deben conocer las nuevas generaciones	71
Frases "picúas" que hemos dicho toooodddoosss…	73
Recordadndo a la "Cecilia Valdés" de Broadway	74
Revoltillo de noticias	75

Aquellos primeros tiempos en el exilio...	76
Los 15 de la hija de Oscar Cantinas	77
Muere otro grande de la música popular cubana	78
Lo insustituible en el periodismo	80
¡Señores... por favor!	82
Orlando (Chicho) Vallejo	83
La Sonora Matancera cumple...	84
"Anuncios calcificados"	86
Con "El viejito Bringuier" en 1947	87
Otra tarde que se va...	88
El cívico padre José Conrado Rodríguez	89
Yo me acuerdoooooo...	90
María Félix con el alcalde Castellanos	91
Familias músicas de Cuba	92
A tiempo con los tiempos...	95
Maestros Lecuona y Gonzalo Roig	96
Escribiendo historia...	97
Foto histórica en C.M.W.	98
Agradecimiento a Guillermo Jorge y Enrique M. Padrón...	99
El "Ladies Tennis Club" de Sagua la Grande	100
Autores de alta estima	101
Fernando Albuerne y Gonzalo Palacio	102
La historia los recordará...	103
Una rareza de fotografía	104
Adelanto y eficiencia de la radio en Cuba, en 1940	105
Rifle...xiones (Relatividades)	107
Qué bonito es... recordaaarrr...	108
En todas partes...	110
La calle 8 de los primeros tiempos...	111
Equivocados caminos de los campeones	112
Foto de un campeón cubano, bailarín y cantante	113
Tabares y Jiménez, locutores de Radio Progreso	114
Dos colosos boricuas de la música cubana	115
Tito Puente y Charlie (Eddie) Palmieri	116
Rarezas...	117
Rifle...Xiones	118
Recuerdos de los años 40...	119

Las "proezas" del gobierno cubano...	121
Foto elocuente	122
Rita Montaner y el entusiasmo de Pili...	124
Rifle...Xiones	127
Josephine Baker, Roland Gerbeau y Yamil Chade	128
El burro de Bainoa...	130
El Trío Pinareño	131
Silvia Medina de Goudie, pionera de la T.V.	133
A llorar a Papá Montero. ¡Zumba! ¡Canalla, rumbero!	135
Jesús Alvariño, accidentado en una película	136
Buena Vista... Muy mal vista...	137
Una foto enternecedora de la calle Monte	138
Rifle...Xiones	139
Miguel Herrero rodeado de bellezas... en 1959	140
Rifle...Xiones	142
"Generaciones", con Valentín Trujillo	143
Gracias...	144
Matrimonio desafinado...	145
El dueño de "La Bodeguita del Medio"	146
Rifle...Xiones	147
Rolando Lasserie, el guapachoso...	148
Revoltillo de noticias...	149
Orgullos cubanos de Sagua la Grande	150
Foto enviada por Barturen	152
Rifle...Xiones	153
La fachada del "Montmatre" y sus recuerdos	154
Una "Giselle" de novela	155
Los cubanazos...	156
Foto histórica	158
Con el campeón "Mano de piedra" Durán	159
Rifle...Xiones	161
El grupo folklórico cubano	162
¿Dónde estaban y qué hacían los artistas cubanos al comienzo del exilio?	163
El cuarteto "Ayala" y Ariel Ferrer	164
¡Ay, Mamá Inés...!	166

La orquesta de Cheo Belén Puig	167
La vanidad de algunos más que otros...	168
Foto historica de C.M.Q. TV del año 53	169
El instinto de la propiedad	170
Foto auténtica de Galiano y San Rafael	171
Cien años de cine cubano	174
María Teresa Rojas y Eva Vázquez	175
Santos inventados...	176
La protagonista femenina de Chan Li Po	177
La "salsa" es el son	179
Última foto de Miguel Matamoros	180
Se saben hasta el Génesis...	181
Tito Guizar en el "Jhonny Dream" de la Habana	182
La primera cubana cantante de ópera	184
Ramillete de primeras figuras	186
¿Se acuerdan lo que pasaba en aquella Navidad de 1959...?	187
Escándalo de bigamia contra Cantoral	189
¿Se acuerdan de Gaby, Fofó y Miliki...?	190
Valioso libro de Alma Rosa Gil	191
El presidente Batista y Díaz Balart con los artistas	192
La bella Chelito, muldialmente famosa, nació en Placetas, Cuba	193
Doble foto de "La Chelito"	195
Sobre las olas del recuerdo...	196
Juventino Rosas	197
Rifle...Xiones	198
Las reinas del punto cubano	199
Miscelánea	200
Una exclusiva crónica por Ariel Remos	201
Carta del maestro Estivill sobre la obra "María la O"	204
Increíble, pero cierto	206
Madre es amor	207
Retrato de mi querida madre	208

¿Cuál Arquímides...?	209
Foto y nombres reminiscentes de los años 20...	210
Conte Agüero, político y tanguista	211
Luis Conte Agüero junto a Eddy Chibás	212
Revoltillo de noticias	213
Hablando de todo un poco, como los locos...	214
Martha Flores y Rolando Laserie	215
Viejos gladiadores de la crónica política cubana	216
Celia y Bebo, amigos de verdad...	217
Catarro de jefe, no contagia...	218
¿Por qué no acordarnos hoy de Lilia Lazo?	219
En la grata compañía de Manolo Reyes y familia	221
Revoltillo de noticias	222
Frases... que hubieran dicho los personajes que no las dijeron...	223
Concursos insólitos	224
Revoltillo de noticias	225
La fiebre que despertó el mundial...	226
La última foto del actor Juan Lado	227
Curiosidades-curiosas del lenguaje o de nuestra manera de hablar...	228
Los abuelos de Carlos Gardel	229
Homero Gutiérrez, presidente de F.A.C.A. nos dice:	230
Olga Díaz y Chamaco García	231
¿Se acuerdan...?	232
Las elecciones de ayer y las de hoy...	233
¡Qué fenómeno! Yo, sin un pelo en la cabeza	234
El alcalde cubano de Puerto Rico	236
Roberto Cazorla y sus libros	237
Rifle...Xiones	238
El famoso Marcelino Guerra (Rapindey)	239
Revoltillo de noticias	240
Dan lástima los equivocados...	241
El único "catcher" en Cuba que supo recibirle a Whilhelm	242

Es necesario rescatar el pudor	243
Tres bellas cubanas...	244
Verdades que parecen mentiras...	245
"Minnie" Miñoso en Miami	247
Diálogos en la barbería	248
La espectacular "Orquesta América" con Ninón Mondéjar	249
El cubano Cha Cha Cha, sigue triunfando en París...	251
La orquesta parisina "Mambomanía"	252
Los propietarios no son dueños de sus casas en Miami Beach...	253
Rifle...Xiones	254
Los periodistas cubanos de West Palm Beach	255
El pollo del milenio...	256
Hay una puerta detrás de los premios que no se abre al público...	258
El "jonronero" Roberto Ortiz fue artista de película	259
¿Por qué no acordarnos hoy de... Marcelino Guerra, el autor de "Pare cochero"...	260
Tres compositores cubanos	262
Lo que se llama un "buscavida"...	263
Con Rolando Barral, Olga y Tony y Leopoldo (Pucho) Fernández	265
Una experiencia casi coprófaga...	266
"El Show del Mediodía" en Radio Televisión Dominicana	268
Historia de no sé qué y no sé quién...	269
El gran Miguelito Valdés, Mr. Babalú	270
¡Ampáranos, santa computadora...!	271
La cubana Edelmira Sampedro, por un pelito no fue reina de España	272
¿Por qué no acordarnos hoy de los Tenorios cubanos?	273
La Doña Inés de Luisa Maubán	274
Tres tópicos	275

Directores, locutores y productores con Amado Trinidad	276
¿Usted sería capaz de enamorar, así…?	277
Rifle…Xiones	278
Nutrido grupo de estrellas de Cuba	279
Dos bellezas sensacionales	280
Hablando de todo un poco, como los locos…	281
Revoltillo de noticias	282
La "Dulce Vida" bajo el castrismo	283
El conjunto de Arsenio Rodríguez	284
Salvador Levy como Cándido de Gamboa en "Cecilia Valdés"	285
Rifle…Xiones	287
Fernando Albuerne en "El Show de los Grandes"	288
Revoltillo de noticias	289
¿Lo merezco? ¡Lo agradezco!	290
Homenaje a los placeteños	291
Reunión de artistas cubanos en New York	292
¡Ay, las cosas que pasaron en aquel 1959…!	294
La traición a Manolo Fernández, presidente de los artistas	295
Foto descolorida del hipódromo de Marianao	297
Juan Charrasqueado…	298
Patética foto en el malecón	299
Disco de oro	301
La grandeza de la radio cubana	302
Lily Pons en la Habana	304
Juana Bacallao en "Los Troncos"	305
Lo que queda de la RHC Cadena Azul	306
Lo que fue la RHC Cadena Azul	307
El primer programa cómico con Garrido y Piñero	308
¡Corcholis! Como avanzaba Cuba…	309
El rey del danzón	310
Marta Véliz, "La meneíto"…	311
Con Mario Barral y Roberto Pertierra en el recuerdo…	312
Recordando a "Fin de Siglo"	314

Lecuona y el Día de los Padres	315
Zoraida Marrero y Lecuona en Buenos Aires	316
Los inteligentes que gustan de conservaaaarrrr...	317
El primer viaje de Celia Cruz a New York	318
Graciela, Mario Bauzá y Miguelito Valdés	319
¿Opiniones? Cada ser tiene la suya...	320
Foto del famoso "Sexteto Boloña"	322
Historica reunión en casa del maestro Lecuona	323
El pianista estelar de Radio Cadena Suaritos	324
Revoltillo de noticias	325
➤Tres de las célebre "Mulatas del Fuego"	326
¿Quién se acuerda de la gran tragedia de Raquel y Rolando?	328
En Cuba, dos años antes del desastre...	329
Cuba también en los comienzos del cine mundial	330
La gran rumbera "Estela"	332
Aclaración y foto de "La Lupe"	333
Historica foto de ¿Qué pasa U.S.A.?	334
Rifle...xiones y dialoguitos	335
La Habana pulcra...	336
Los locutores de la CMJK camagüeyana	337
Normita Suárez en un bautizo famoso	338
Sí, señor... "Quinteto Los Rivero"	339
El maestro Rodrigo Prats...	340
El compositor Pablo Cairo y Nelo Sosa	341
Reunión de notables	342
Poco sueño de un escritor	343
Otra belleza de la T.V. cubana	344
Maruja González y el premio a la excelencia	345
Tooooodo un personaje...	346
Pepito Sánchez Boudy	347
Revoltillo de noticias	348
Andy García, actor y rumbero...	349
El noble y el plebeyooooo...	350
➤El Dr. Manuel Alzugaray y los nicaraguenses	352
Los Churumbeles de España en Cuba	353
Armando Alejandre y otras figuras...	354

Estrellas de los últimos shows en la Habana	356
Concha Valdés Miranda y Lola Flores	357
El conjunto vocal "Siboney"	358
Alcides Piñero en España	359
Manolín Álvarez, Maritza y Echegoyen	360
La bella leonela González	361
Gracias a la Dra. Rosa Leonor Witmarsh	362
Maruja González, Eusebia Cosme y Gavira	363
Reunión de notables...	364
¿De dónde salieron tantas estrellas...?	365
Alumnos destacados del maestro Pedro Boquet	366
Aquellos cronistas del 40...	367
Así era la Cuba que yo conocí	369
Hortensia Coalla en "María la O"	370
Esther Costales y Manolo Serrano	371
Ivón Calvo y Juanito Ayala	372
El inolvidable Pablo Quevedo y su esposa	373
La orquesta "Aragón" en Radio Progreso	375
Sarita Montiel, llorando...	376
La primera película cubana sonora...	377
Pituka de Foronda... y Chan Li Po	378
George Wirshing nos envía esta foto	379
Celia Cruz bailando con Tom Lasorda	380
Gracias por el honor recibido en la Universidad del Sur de la Florida	381
También vino al exilio desde Cuba	383
Recordando a Minín Bujones	384
Eusebia Cosme olvidaba los premios	386
Cronistas deportivos famosos	387
Fausto Miranda y el pobre cura...	388
La diva Blanca Varela...	389
Jerarquía radial cubana en 1954	390
¡Muy agradecido, muy agradecido, y muyyyyyyy agradecido...!	392

LA PAREJA ROMÁNTICA
MÁS FAMOSA DE LA RADIO CUBANA

Esta vetuuusssta foto, tiene la importancia histórica de que por primera vez en el exilio se publica la imagen unida de la pareja romántica más famosa de la década del 40, en la radio cubana. Como ven, son María Valero y Ernesto Galindo, protagonistas de "La Novela del Aire", que escribía Caridad Bravo Adams y dirigía Mario Martínez Casado, para el Cuadro de Comedias Sabatés. Además, no es una foto de estudio, sino informal, captada en el cabaret "Casablanca", que estaba en los bajos del Teatro Nacional, durante el agasajo a un compañero. Fue en el añoooo 1947...

UNA HISTORIA BONIIIIIITTTAAAA...

Empieza, en la oficina de correos de Normandy Island, el 18 de septiembre de 1997, cuando mi esposa Martha fue a adquirir los sellos del Padre Varela. En verdad, la historia que deseo contarles, comenzó al ser bautizado en la Catedral de La Habana el 30 de diciembre de 1764, Tomás Romay y Chacón, que llegaría a ser un médico eminente, Decano de Filosofía y Medicina, catedrático por oposición de Patología de la Universidad de La Habana, Médico de la Real Cámara de su Majestad de la Real Casa de Beneficencia y Maternidad y del Hospital General, convertido ahora, por los tristes avatares revolucionarios en Hospital Hermanos Almejeiras, que no sabrían recetar ni una aspirina para un dolor de cabeza...

Volviendo al sabio Dr. Romay, fue él quien primero introdujo la VACUNA en Cuba. Para gloria del prominente doctor, una hija suya se casó en 1833, nada menos que con don José de la Luz y Caballero, abogado, director del Real Seminario de La Habana, y uno de los forjadores de la nacionalidad cubana, junto con el Padre Félix Varela. Fue, no obstante, de la Luz y Caballero, quien dijo que el Padre Varela "fue el primero que nos enseñó a pensar..."

Pensando nosotros en estos grandes hombres llenos de tanta nobleza, pueden imaginar con cuánto sano orgullo cubano pegamos en casa los sellos del Padre Varela, a tooooodas las cartas que enviamos....

LOS MINISTROS VISITABAN A LOS ARTISTAS

Esta viejíííííísima foto muestra la visita nada menos que del señor Ministro de Educación, a la Asociación de Artistas de Cuba, que en aquel momento presidía el desaparecido amigo y gran actor Carlos Badías. En nuestra recordada democracia, sin aspavientos demagógicos las principales figuras confraternizaban amigablemente, y se les podía abordar para alguna medida beneficiosa hacia determinada institución. Por lo menos en la Cuba que yo conocí. Esta visita a nuestro local social se realizó en el añooooo 1941, haceeeeee ¡58 años!, y el Ministro, que está en el centro de la gráfica, era Cleto Guzmán, si no me traiciona la memoria, a su lado un ayudante, Carlos Badías, y detrás de este, vestido de blanco, Manuel Vázquez, padre de las actrices Eva y Cuca Vázquez. En el lado opuesto en primer plano, el destacado actor y escritor, Alvaro Suárez (Alvarito, para los que fuimos sus amigos y compañeros).

Hablo y escribo de la Cuba que vi, y en la que viví, con pruebas fehacientes como las fotos que público en esta columna de DIARIO LAS AMERICAS, y en mis libros "Vida y Milagros de la Farándula de Cuba", en donde están cientos y cientos de ellas.

¿CÓMO NACIO LA PROFESIÓN DE LOCUTOR?

¿COMO NACIO LA PROFESION DE LOCUTOR..?

Algunos antecedentes establecen variaciones sobre el tema, pero como casi tooooodo en esta Viña del Señor, existe una secuencia que parte de la aparición de la industria de la radio; industria que crea de inmediato la profesión de locutor, que es el individuo o individua que se sirve del micrófono para subsistir al tiempo que llevar la palabra a grandes distancias.

Al demostrarse que por el aire se podían conducir las ideas surge, como resultado lógico, la especialización. Esas especializaciones, ya con mayores responsabilidades (si son ejercida honestamente), pueden ser de mucha utilidad para toda la sociedad.

Resultó aquello como un nuevo tipo de conferenciante que usaba el micrófono multitudinario en vez de la cátedra limitada a cuatro paredes. Aquella aparición enriqueció el oficio de leer anuncios y presentar temas musicales en los programas. El apego humano a la superación, hizo que el locutor quisiera también expresar sus opiniones y comentar acera de los hechos y circunstancias que le rodearan o fueran de su conocimiento, surgiendo el comentarista radial, política, artístico, económico, social, etc.

Un caso típico fue el de Pardo Llada, locutor de la CMK, de la Manzana de Gómez, en La Habana, cuando vinieron al suelo todas las antenas de las grandes estaciones capitalinas por efectos del fuerte ciclón del 44, y sólo quedó en pie, por suerte para él, la antena auxiliar de la CMK, instalada en la azotea de aquel importante edificio comercial, frente al parque Central.

Como bien saben todos, el vertiginoso progreso de la radio y la televisión, ha situado a los locutores y comentaristas en sitio privilegiado y hoy, estos mantienen a toooooooodo el mundo pendiente de sus voces y comentarios. Por tanto, ya cercano al Día del Locutor, váyales (y véngame) pues, a tooooooodos sin excepción, la dedicatoria afectuosa de estas líneas, y esta foto.

EL LECTOR DE ESCOGIDA Y TABAQUERÍA

He aquí, a uno de los pioneros locutores, sin micrófono ya garganta limpia: El Lector de Escogida y Tabaquería... Esta foto rememorativa, nos muestra un salón de tabaquería de los años 30, perteneciente a la colección de fotos cubanas de la Biblioteca de Tampa, reproducida en el valioso y simpático libro de Juan Suárez "Las Aventuras de Juan Cavila", que hemos leído con verdadero deleite. Remóntese 50 ó 60 años atrás y me verán a mí, encaramado en esa tribuna leyendo a las 300 apartadoras de tabaco, en la escogida No. Uno, de José María Rouco de Placetas, sin micrófono y a toda voz, las noticias del periódico, los artículos interesantes, valores humanos, etc., y en la segunda media hora, leíamos los capítulos que cupieran de alguna novela que resultara **interesantute**. Naaaaadie hubiera imaginado que vendrán las novelas radiales y televisivas, escritas por Delia Fiallo, Iris Dávila, Armando Couto, Rubén Romeu, López del Rincón, Félix B. Caignet, Sánchez Arcilla, Caridad Bravo Adams, Olga Ruilópez, etc. etceterita. Y, nosotros, pobres rumiantes de palabras fundidas en plomo, ¿saben lo que ganábamos...? Pues... a las operarias que se beneficiaban con la lectura, se les descontaba semanalmente una peseta, y eso reunía un sueldo "fabuloso" para aquel tiempo. No quiero cerrar este comentario sin dedicarle un cariñoso recuerdo al ya desaparecido amigo Arnulfo Jiménez, que fue quien me enseñó a apartar tabaco, y luego, me embulló para que me eligieran como lector (locutor) sin micrófonooooooo...

RIFLE...XIONES

(Apuntando a los Marlins y la Pelota)

*.- Titular del periódico: - "42 mil fanáticos fueron al estadio Pro Player para ver un juego de los Marlins". Y "rifle...xionó" un ciudadano:- "Pensar que ayer mi hijo sacó sobresaliente en Geometría y Trigonometría y no fue naaaaadie a verlo"...

*.- Un fanático 1000 x 1000: - "Bueno, y cuando se acabe la temporada de pelota, ¿qué rayos voy a leer en el periódico...?

*.- Otro fanático intransigente: - "¿Así que en Suiza no se juega a la pelota? Caballeros, y todavía hay quien dice que están muy adelantados, puaff!

*.- Otro simpatizante a ultranza de los Marlins: - "Estuviera bueno que Wizenga contratara a un verdadero pensador para dirigir el equipo. A Ortega y Gaset por ejemplo..."

*.- Un padre en el estadio, a su hijo: - "Noooo, Pepito, al árbitro se le insulta sólo cuando la decisión perjudica a nuestro equipo..."

*.- En Miami tratamos amablemente a los Yankees, siempre que no le ganen a los Marlins...

*.- Lo más raro que tiene el béisbol es que los fanáticos somos los que pagamos y los peloteros son los que juegan...

*.- Un primerizo al salir del estadio: - "He tenido 20 discusiones, y hasta 2 peleas, y yo, que pensaba que uno venía a divertirse..."

RECORDANDO LA PELOTA CUBANA...

Para que no tengan que emplear la manida frase de "el burro por delante", empezaré por el extremo opuesto, enumerado a los que estamos en esta foto, que ya cumplió 50 añooooosssss! De pie, Severino Puente (El niño de Pijirigua), y sentados: - José Ignacio Lanza (fallecido hace años en Nueva York), Nelson Varela, actualmente jefe de redacción en los noticieros de Radio Mambí; y este Pobre Cura que pergeña, cuando transmitíamos la pelota en el estadio del Cerro, patrocinados por la Gran Cervecería La Tropical. ¡Que boniiiiitttooo es recordar aquellos campeonatos de invierno, entre el Almendares, Habana, Marianao y Cienfuegooooossssss! Era en el feliz año 1957...

Esteban Lamela siempre tiene a flor de labios algún recuerdo de su terruño nueviteño Apuntaba el eficiente reportero del Canal 23, en la reciente junta de gobierno del Colegio de Periodistas de Cuba (exilio) que en su pueblo, titulaban a las agencias de pompas fúnebres con nombres tranquilizadores y amables. Una funeraria se llamaba: "El Nuevo Mundo", y la otra "La Ultima Joya". Claro que, con ese supuesto atractivo no conseguían embullar a los coterráneos de Esteban, que dirían, me imagino yo, "esa joya que se la ponga otro", y ese nuevo mundo, que lo redescubra Colón, que anda por allá"

RECUERDOS, FOTOS Y HECHOS...

Yo creo que hay un poco de masoquismo en esto de ponerse nostálgico mirando fotos vieeeejas. Se aparecen los fantasmas de cosas casi olvidadas para lacerarnos alguna esquina del alma, en venganza por destaparlas. De entre las fotos que pudimos salvar de la injustificada agresión revolucionaria, rescatamos el versito apasionado, y picúo, a la pujante belleza de una muchacha que, ahora debe estar en el rastro del olvido, ajada por la vida y los sufrimientos que nos han proporcionado a todos, los atorrantes que se apropiaron como zambullos de lo que no era suyo...

Un retrato en Acapulco encierra el recuerdo de amigos que ya se han ido, como Titico Smith, Don Galaor, Gabriel Figueroa, El Indio Fernández, el productor Pérez López, Manolo Alonso, y el fotógrafo Guayo. De todos, los únicos quedados en el mundo de los vivos, gracias a Dios Manolo y yo que, a veces, me siento medio muerto lejos de la Patria y todo lo querido.

En otra foto, comprobamos que estuvimos reunidos en un fin de curso, en el colegio "La Luz y Caballero", junto a alumnos de cursos inferiores y superiores: Mateo Cárdenas, Gastón Fernández, Zaida Retana, Wilfredo Fernández, un hijo del dentista Dr. Serafín López, y qué sé yo. Todos dirigidos y frenados por la amable autoridad de la profesora Charito Gutiérrez.

En cada foto me reconozco y no me conozco. ¿O, al revés? Es que cuando me veo al lado de mi hermana Elsita apretándome la mano en una gráfica que nos tomó Cueli en su estudio, me reconozco metido en un trajecito de seda china regalo de mi abuela doña Manuelita y, al mirarme ahora embutido en un viejo short rumiando tristezas en la playa, ausente de las alegrías infantiles, puedo segurar que no me conozco...

Por proporcionarles éstas o parecidas nostalgias y emociones, es que recojo en mis libros "Vida y Milagros de la Farándula de Cuba", cientos de fotografías de los artistas más queridos, y hechos, que no deben olvidarse. Tooodos somos, o vamos a ser viejos algún día, y entonces, es llegada esa época preciosa de volver a pasear en hechos y fotos, nuestros ya recorridos mundos...

Tooodo lo cambia el tiempo y las circunstancias, por lo menos, interiormente. En lo exterior seguimos porfiadamente, como el payaso operático de Leoncavallo, que se pasó años escribiendo su famosa obra para lograr una sola carcajada...

FOTO HABANERA DE 1950

Esta vieeeejjjaaa foto habanera de 1950, tiene casi medio siglooooo. La reunión de estos "jóvenes antiguos" se produjo durante uno de los primeros programas de la televisión cubana, en el estudio del Canal 4. No recuerdo el nombre del fotógrafo que tiró la instantánea, pero el que está en la foto cámara en ristre, es el recordado Marcel (Marcelo Moiño), y los demás somos: Margarita Balboa, rodeándome con otra bella actriz (una de las hermanas Pujol, casada, según creo recordar, con el actor Leonardo Robles, a quien llamábamos "Cepillo" por su pelo hirsuto), y en el extremo, el conocido publicitario Eduardo Pagés, con su cigarrillo entre los dedos, preparado para "embestir" con su muy visto programa de Toros. ¡Qué boniiiito es recordaaaarrrr!

RIFLE...XIONES

*.-- Si el mundo de hoy está regido por el sexo, para que los ciclones no abatieran a la Florida, debían ponerles nombres masculinos. Así, siendo varones se quedarían en las Islas Vírgenes...

*.-- Un funcionario americano diría que ellos exportan dólares legales y, en cambio, reciben "ilegales"...

*.-- La gente se pregunta por qué algunos se preocupan de que más tenga más, siendo Más... (Aprovechamos para desear una pronta recuperación del líder anticastrista Mas Canosa).

*.-- Casi toooodo el mundo se enamora de una belleza maquillada que vio en la televisión o en el cine y, al final, se casa con una de carne y hueso que conoció en la oficina o en la factoría...

*.-- Un escéptico me decía que los políticos ofrecen la Luna y las Estrellas. Mentira, muchacho, ellos son demasiado perspicaces para prometer cosas tan exactas...

*.-- ¿Cómo se las arreglarán esos Sultanes casados con 35 mujeres, a la hora de irse a dormir..?

*.-- Sumamente trabajoso es para algunos afortunados, tener que ir al Banco para averiguar cómo anda la cuenta corriente. Yo, sin moverme de casa, lo resuelvo con sólo meter la mano en el bolsillo vacío...

¡Ganga! ¡Un apartamento en la playa por sólo $9,000!

¡Es insólito, ¿verdad? Pues.... Era verdad! Un edificio de Apartamentos, Propiedad Horizontal, situado entre el Club Médico y el Club Bancario. Inmediato a la Playa. Tooodos con vista al mar, sólo $9,000 pesos, incluidos toooodos los gastos y SIN gastos de Administración. De entrada se daban $1,800 pesos, y el resto se pagaba en mensualidades de... Sólo ¡$46 pesos! Y, nada menos que en Santa María del Mar, pegada a la capital habanera, y una de las playas más lindas del mundoooo. El anuncio que publico arriba, salía en los periódicos y revistas del año 1957 (y anteriores y posterior). Estos apartamentos, como otros de iguales o parecidos atractivos, contaba de 2 habitaciones, sala comedor, amplia terraza, bar, espaciosa cocina totalmente equipada, baño en colores, patio lavadero, área de servicio, baño auxiliar y 4 closets, con grandes ventanales de techo a suelo en marcos de madera. El arquitecto de este edificio fue Fernando Artamendi Leiva.

¿SNOBS O PICUOS..?

Había (o hay) un tipo de tipos llamados "snobs" que, en Cuba eran conocidos como **picúos**, cuya característica más sobresaliente era "tratar de aparentar lo que no eran". Los había en tooodos los niveles y clasificaciones sociales, políticas y económicas. No se refiere este minúsculo preámbulo a los que, haciendo un noble esfuerzo, se elevan honestamente más arriba de sus posibilidades, tratando de hacerse agradables.

La referencia va hacia el soberbio infeliz que creyendo engañar, se engaña a sí mismo. A ese tipo que hace bueno el refrán "ande yo caliente y ríase la gente", aunque aplicable en cierta forma y no en forma cierta. En ese aspecto hay muuuuucha tela donde cortar, pero iremos concretamente al que vive malamente para poder manejar un carro muy superior a sus posibilidades netas. No son tipos prácticos, realistas, que van al lugar adecuado y le dicen a Danny y Daniel Soler que le consiga un carro bueno, pero que esté de acuerdo a sus necesidades y presupuesto. Sueñan y, al despertar, pretenden materializar una pesadillaaaaaa...

Específicamente, conocí a un compañero artista (cuyo nombre me reservo) a quien las cosas de nuestro nivel económico le resultaban poco menos que despreciables, y siempre estaba encaramado en las nubes, haciéndole carantoñas a los que tenían todo de lo que nosotros carecíamos. Ningún carro le parecía digno de manejarse, a excepción del respetable Rolls Royce...

Se admiraba el insatisfecho amigo, del maderaje de aquel carro fabuloso, con "sus venitas brillantes" en la pizarra de los relojes y señales. Prácticamente vivía abochornado del carrito de mediano precio que usaba, mientras soñaba con su rumboso Rolls Royce...

Pasaron años, hasta que un día de fuerte canícula, entramos en una librería en la Gran Vía madrileña para revisar libros y aprovechar un poco de aire acondicionado. El pasajero refrigerio nos costó tres libros, entre los que entró uno traducido al francés y editado por Plaza Janés, donde me vine a enterar que el sueño de aquel compañero estaba mal fundado.

Este párrafo del libro resume el hallazgo: "**Un arbol de nogal no interesa a la casa Rolls si no está enfermooooo... El nogal venenoso que carece de vena procede en su mayor parte de los árboles del Cáucaso que tienen más de 800 años, y cuyo tronco produce una excrecencia que crecerá en el arbol. En estas jibosidades se encuentran las mejores vetas, el tumorcillo que habrá de conferir a los cuadro de mandos del Rolls Royce su sello de nobleza y su pátina antigua...**"

Asi que el elegante maderámen del carro soñado por mi amigo, está hecho con escogida madera enferma... Menos mal que aquel compañero **snob** nunca llegó a enterarse, y murió con el sueño inalcanzado. Claro que yo, y muchos como yo, tampoco lo sabíamos...

CUATRO COMPOSITORES CUBANOS

Haceee varios años, la dinámica fotógrafa, Asela, tuvo la brillante oportunidad de reunir en su lente nada menos que a estos 4 valiosísimos compositores de música cubana: Bobby Collazo, Julio Gutiérrez, Fernando Mulens y Juan Bruno Tarraza. Los tres vestidos de negro, son Bobby Collazo y Julio Gutiérrez fallecidos en Nueva York, y Fernando Mulens, cuyo deceso tuvo lugar en Puerto Rico. El cuarto componente está vivito y coleando, gracias a Dios,

1848 UN AÑO PARA RECORDAAAAARRR...

Si uno revisa bien, tooooodos los años tienen cosas buenas y malas. No hay excepción. Y tiene que ser así para que sea normal. Pero, hay algunos, cuyos acontecimientos han producido un eco que no cesa de sonar. Los años son como las personas, con sus virtudes y defectos. A unos, los recordamos con agrado, y a otros, cuando los vemos decimos a **sotto voce**: íSolavaya!

Por ejemplo, para el avance del transporte, el año de 1848, fue sobresaliente para los catalanes, porque en su ciudad condal se inauguró la PRIMERA línea (Barcelona-Mataró) que funcionó en la Península Ibérica.

También en 1848, se hizo la PRIMERA operación de cataratas con éxito, en Londres, por un oftalmólogo llamado Henry Hancok. Las doctoras Guerra Galíndez y Murias Boudet, que saben mucho de ojos, saben que esta ojeada es cierta.

Y, ahora que se habla mucho de HMO, y de medicina (Los espacios radiales están llenos de programas y menciones comerciales que invitan a que el oyente se sienta síntomas, dolores y padecimientos) revisamos en la historia que Sebastián Kneip inició, precisamente en 1848, las curaciones con... agua (Hidroterapia)...

Emily Bronté, en 1848, escribió su tan llevada y traída novela "Cumbre Barrascosas", que hicieron en el cine o para el cine, Sir Lawrence Olivier y Merle Oberon, si la memoria no me juega una fulastrería...

Y en 1848, Alejandro Dumas (hijo) escribió "La Dama de las Camelias", que interpretaron para el cine en Hollywood, la divina Greta Garbo y el recordado galán Robert Taylor, allláááááá por 1937...

Y, ese año estuvo "premiado" también por la ocurrencia de Carlos Marx y Federico Engels, escogiéndolo para publicar el "Manifiesto Comunista", un conocido y dramático argumento peliculero, protagonizado más tarde por los artistas Lenin, Stalin y Castro, entre otros....

LA ACADEMIA NACIONAL DE ARTES Y LETRAS

Como prueba fehaciente (una más) de que Cuba figuraba destacadamente en el concierto de las naciones civilizadas y cultas del mundo, presentamos esta elocuente fotografía de haceeeee 57 años!, el 16 de mayo de 1940, que capta a la directiva de la respetable Academia Nacional de Artes y Letras, con su Presidente en aquellas fechas, el Dr. Juan J. Remos, y otras ilustres personalidades de cuando Cuba era Cuba... Entre esas distinguidas personalidades está en traje de gala (2do a la derecha) el Maestro Capitán Luis Casas Romero MMSD, quien pronunció su discurso de ingreso a dicha prestigiosa Academia. Le contestó nada menos que el reconocido Mtro. Eduardo Sánchez de Fuentes, de cuyo discurso entresaco este párrafo:- **"El Maestro Casas se fue moldeando en el ambiente de la música cubana y su talento dio a nuestro acervo folklórico fruto estimable, cultivando, el primero, el ritmo de la criolla que Jorge Anckerman, Gonzalo Roig, el que os habla y otros compositores de entonces, reafirmaron dentro de nuestra música representativa".** Estas palabras en labios de Sánchez de Fuentes representaron un magno espaldarazo a la historia musical del Mtro. Luis Casas Romero. Aquel acto, como todos los de la Academia Nacional de Artes y Letras, fue transmitido por las emisoras COCO Y CMCK, institución radiofónica que realizó una altísima labor de divulgación cultural en la Cuba de ayer. En la histórica foto, distinguimos a otros altos valores, como el Dr. Antonio Iraizos, Dr. José María Chacón y Calvo, y otros.

LAS CAPRICHOSAS JITANJÁFORAS

Washington Llorens dijo de ellas: -"En verdad, las jitanjáforas es un trino de ave". Y, Washington Llorens es un notable lingüista puertorriqueño, Académico Correspondiente de la Real Academia Española, y Académico de Número de la Academia de Artes y Ciencias de Puerto Rico, que publicó en el ABC de Madrid una serie de interesantes artículos sobre la lengua española con un finísimo sentido de humor. Y la exquisita dama camagüeyana Onelia R. Fonseca lo cita precisamente en un interesante trabajo suyo, titulado "Hablemos de las Jitanjáforas", donde rememora la referencia de Alfonso Reyes:... "los días de París, cuando Toño Salazar solía deleitarnos recordando el peán de Porfirio Barba Jacob y lo recitaba sin un solo tropiezo. Es posible que de aquí partiera el intento de Mariano Brull. Antes de traerlo a su poesía, le dio una aplicación traviesa. En aquella sala de familia, donde su suegro, el doctor Baralt, gustaba de recitar versos del Romanticismo y de la Restauración, era frecuente que hicieran declamar a las preciosas niñas de Brull. Este resolvió un día renovar los géneros manidos. La sorpresa fue enorme y el efecto soberano. La mayorcita había aprendido el poema que su padre le preparó para el caso, y se puso a gorjear llena de despejo, este verdadero trino de ave:-

"Filiflama alabe cundre
ala olalúnea alífera
alveolea jitanjáfora
liris salumba salífera...etc.

Existen gloriosos precursores de la jitanjáfora como Lope de Vega o Sor Juana Inés de la Cruz, y más acá en el devenir de los días Luis Ángel Casas o Juan Baturen, pero a pesar de ello la palabra acuñada por Alfonso Reyes aún no ha sido aceptada por la Academia. ¿Qué dirá Pepito Sánchez Boudy...? A lo mejor se embulla y se manda otro libro acerca del tema jintajafórico...

EL PENKOMÓVIL, SEGÚN PAQUITO D'RIVERA

Paquito D'Rivera, además de un formidable músico cubano, es poseedor de un inseparable sentido de humor, y desde el sureste de Francia, me envía esta foto como símbolo del "adelanto" del transporte castrista en Cuba, y me dice:- "Querido Rosendo: Ahí te envío la versión descapotable del "PENKOMÓVIL" creado por el comandante en jefe. Saludos. Paquito D'Rivera" . El mensaje está fechado el 21 de julio de 1997, mientras estaba participando en el Festival de Jazz, en la Costa Azul del 16 al 25 de julio, porque como todos saben, un festival de Jazz no está completo sin la figura y actuación de Paquito D'Rivera.

El gran Armando Oréfiche, que siempre me toma un minuto para epistolar con nosotros, alumbró, quiero decir que nació en La Víbora en 1911, se educó en el Cerro, y se graduó en la Academia Municipal, dirigida por el insigne maestro Gonzalo Roig. Por su prosapia y trayectoria fue escogido por la revista Bacardí-Martini de España, para destacarlo en un hermoso trabajo litográfico, como el "Embajador de la Música Cubana en el Mundo" . Lo presentan en fotos con Celia Cruz, Olga Guillot, Josephine Baker, Lola Flores, y otras grandes figuras. ¡Bravo, Mesié Julián!

¿POR QUÉ...?

Ese culto fanático que rinden inexplicablemente muchos tipos considerados de meollo abierto, a ciertos colores y doctrinas, resulta tan incomprensible como aquellos que encantados de vivir aquí, manifiestan a cada paso su crítica más agria al país y al sistema. ¿Habrán pensado que si se acabara el sistema y el país, a ellos les continuaría lloviendo el maná del cielo ..?

Uno ve cómo esos intelectuales señalan en libros y enciclopedias a un ruso como "padre" de la Astronáutica, sólo porque publicó un tratado teórico sobre viajes especiales (parecidamente a como lo hizo Julio Verne con mucha mayor amenidad) e ignoran en ese "bautismo" al alemán Herman Oberth, que expuso en detalle la teoría matemática de los cohetes, dio ideas prácticas para la navegación espacial, incluyendo el cohete en secciones y el motor autorrefrigerado... ¿Por qué la selección del ruso sobre el alemán?

¿Por qué se selecciona preferentemente a García Lorca sobre Benavente, y otros autores dramáticos españoles, cada vez que un grupo de exquisitos abre una temporada teatral...?

Señores, por favor, Jacinto Benavente, Premio Nobel de Literatura, escribió algunos dramas, como "La Malquerida", por ejemplo, cuya construcción teatral es per-fec-ta... Y, la mayoría de los grupos les hacen el caso del perro, ¿por qué?

¿Por qué esa prelación dada al título de "Cuba, Canta y Baila", que, en Cuba estrenaron en el "América", Fernando Albuerne, Olga Guillot, y Benny Moré, y en el exilio ha respaldado el nombre de Blanquita Amaro? Ah, por la calidad de los artistas que han actuado bajo ese patronímico...

Hay insistentes preferencias que llaman la atención. ¿Cuál fue la razón musical, estilística y propagandística, para que Julio Iglesias destronara rápidamente a Raphael...?

¿Por qué le quieren birlar a Cristóbal Colón, no sólo la gloria del Descubrimiento, sino la audacia de parar un huevo..,.? La protesta española se hace visible cuando escuchamos la cantinela:

> Colón fue un hombre
> de gran renombre,
> que descubrió un mundo nuevo.
> Y además fue el primer hombre
> que puso un huevo
> de pie...

SE NOS FUE OTRO AMIGO...

SE NOS FUE OTRO AMIGO...

Luis Etchegoyen es otro de los buenos amigos que nos acompañó en una época a la que, vanamente, nos esforzamos porque, por lo menos, se mantenga en el cálido recuerdo de los que la amamos. El creador de Arbogasto Pomarrosa, Mamá Cusa Alambrito, y otros tantos personajes de la radio y la televisión, ya está haciendo reír en el lugar en que se encuentre. Debe haber sido esperado por Pedro el Polaco, el personaje que hizo famoso su compañero Jesús Alvariño, para buscar la compañía de Alvaro de Villa, otro de los idos en el destierro, que les escribió tantos y tan buenos libretos. También Luis tuvo la suerte de haber debutado en "La Tremenda Corte", escrita por Castor Vispo, el 14 de octubre de 1942, personificando al ex presidente Fulgencio Batista. Es bueno recordarle como gran imitador que fue, ya que en esa rama brilló intensamente. Al igual que Cugat, Roblán o Silvio, Etchegoyen fue un hábil caricaturista de afición, de costumbres sencillas, iguales o parecidas a las de sus vecinos de la calle Espadero, en la Víbora. Fue bohemio a su manera sin dejar de ser filósofo. En los tiempos aquellos de la juventud le gustaba el ritmo y la música norteamericana. En 1946 la Assoc. de la Crónica Radial Impresa (SCRI) lo premió como el cómico más destacado, y nosotros le entregamos en el exilio un Oscar Latino. La foto que publicamos es de las que enviábamos a nuestros oyentes en el programa radial "Felicidades McCoy" que, diariamente perifoneábamos por la RHC, de Cuba, allá por 1946. El 14 de julio de 1997, marcó un hito triste para todos.

NO PRESUMA DE BUENA MEMORIA SI NO SE ACUERDA DE...

... Aquella Cuba con sus tremendas colecciones de postalitas de peloteros que venían en las cajetillas de cigarrillos

... que en las colecciones colaban, entre los boxeadores Jack Dempsy y Gene Tunney, a Paulino Uzcudúm, que no podía llevarle la maleta a los dos primeros...

... que las postalitas las repartían en los cigarros Bock, Billiken, Aguilitas, Susini, y otras marcas que envolvían los cigarrillos en papel de Brea, de Arroz, o "pectorales"...

... que si tiene buena memoria, tiene que acordarse de los cigarrillos "Competidora Gaditana" y de los "Ovalados Regalías el Cuño", y los "Superfinos de Trinidad y Hermano", que se fabricaban en Ranchuelo. "Pruebe y Compare"...

... los cigarrillos marca "Eva", que se fabricaban en Trinidad (la ciudad y de los que fumaba mi querida madre.

... los cigarrillos "La Mariposa", que valía 2 centavos la cajetilla, y eran fabricados por Mardonio Santiago y su hermano, en Placetas, La Villa de los Laureles...

Y, aunque Ud. no se acuerde, yo sí me acuerdo que, con los baratos cigarrillos "Mariposa", lamentablemente aprendí a fumar, hasta que, años más tarde, agarré una molesta ronquera y el médico especialista me dijo: ¿Qué medicina te voy a recetar si tú no la vas a tomar? Y yo, le respondí botando el paquete que tenía en el bolsillo y regalando la fosforera al portero del consultorio...

Y... tiene que acordarse (si tiene buena memoria) de que "El Desquite Lo Da Piedra", (lo daba) en sus programas de ese título, patrocinados por los cigarrillos y tabacos "Piedra"...

Y... debe acordarse de que los cigarros "Partagás" eran "los que gustaban más", y que más tarde "daban una tonga de gustooooo"...

Como la siguen dando todos los Productos Kirby...

EL CINCUENTENARIO DE MASSAGUER

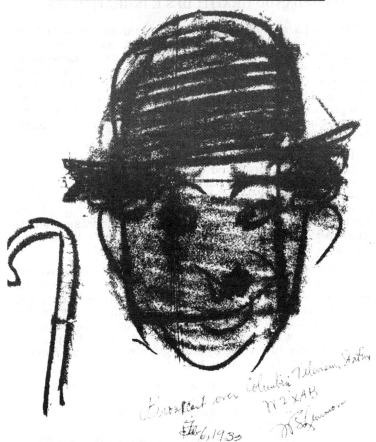

Ustedes conocen la predilección que mantengo por la "LA PRIMERA VEZ QUE..." Confieso que me fascina encontrar en algún libro el testimonio de algún hecho histórico que me permita compartir con ustedes el conocimiento pescado. Lo disfruto tanto, tanto, como un almuerzo en "Casa Juancho". Ahora, por un libro del Cincuentenario Massagueriano, que me obsequió desde San Gabriel, en California, el buen amigo Enrique Sánchez, me entero que ese rápido **sketch** en carboncillo que ven arriba, es el PRIMER dibujo que se transmitió por televisión en el mundo enteroooooo, el día 4 de febrero de 1932, desde la Columbia Broadcasting Station a la famosa tienda Gimbel Bross, de Nueva York. La trazó el dibujante cubano Conrado W. Massaguer. No hay que explicar que la imagen es de Chaplin, que a mí me caía bastante... regular..

RECORDANDO GRATITUDES E INGRATITUDES...

Gratitud para el buen amigo José Manresa por su actitud sieeemmmpre afectuosa y leal, confirmada en una carta vieeeejjjjaaaa con la que he tropezado esta mañana en el archivo, y donde me dice: "Leyendo como siempre tu "Mundo de Estrellas" leo los consejos de Rosendo; y me comí un platazo de Frijoles Kirby, claro me fui a "Casa Juancho", y para hacer la digestión me di una vuelta por la Calle Ocho a entusiasmarme con los carros de Danny y Daniel Soler con el cuidado de que no me confundan con un turista.

El motivo principal de ésta es que sé le estás dando los últimos toques a tu último libro de la Farándula cubana y quiero ponerme en línea para que me mandes el mío con su correspondiente recibo. Como quiera que te puede interesar te acompaño dos fotos que te traerán recuerdos y quizás las puedas utilizar. Una con la inolvidable Rita Montaner en las temporadas de teatro cubano en Montmartre y la otra con unas guapas muchachas que podrás identificar.

Aunque no lo puedas creer, estas fotos me las dieron en España; en meses pasados que estuve por allá, donde me hicieron hijo adoptivo de una ciudad de Toledo, el "Pregonero de las fiestas de mayo" y asómbrate que título: "Divulgador del Idioma Español", después que fui el orador principal de la clausura. Ya ves, aquí también se te recordó y las pruebas son estas fotos tuyas que estaban guardadas por un montón de añooooossss (como dices tú)".

En una panadería de Tampa me encontré con "La Catalana" aquella que bailaba y actuaba en Shangai de Cuba, me enseñó una foto de sus buenos tiempos y me mandó saludos para ti. También me encontré con Enrique Vadías, el presidente de Publicidad Vadías ¿te acuerdas? me estuvo recordando algunos de los anuncios de ellos que más pegaron. "A las gomas Kelly No le entran ni los tiros de las Ametralladora", "Mejor Mejora Mejoral" (Todavía se usa en algunos países), "Baldor, el Colegio de más rápido progreso en Cuba", etc."

Amigo Manresa, perdóname que haya resollado tan tarde (no se cómo no me ahogué), pero sabrás comprenderlo porque eres de los de mi condición, que gustan guardar los papeles y cartas más queridas para releerlas y relamerse después con afectos y recuerdos imborrables. Aquí van las dos fotos que me enviaste, para que los lectores puedan también recrearse rememorando tiempos muuuucho más boniiiiitos, porque ¡qué bonito es recordaaaarrrr..!

Esta foto que trajo Manresa de España recoge las figuras del director Juan Orol, en el centro, y varios de los artistas que tomamos parte en la película "Taymí", la noche de su estreno en La Habana de ayer. Pedro Alvarez, galán de apuesta figura que se enroló en la "revolución-revolucionaria" que ha abatido a nuestra sufrida Patria, y se apagó como un bombillo fundido. La estrella de la cinta, Mary Esquivel, radiante y bella; Juan Orol; Este Pobre Cura, y Fela Jar, una buena actriz, a quien apodaron al principio de la farsa cubana como "La Coronela" según contaba el autor santiaguero Eduardo Davidson, que murió exiliado en Nueva York.

Esta 2da foto que trajo de España el amigo Manresa, retrata una escena en el lujoso escenario del cabaret Montmartre, junto a la inmensa Rita Montaner y a Margot, la compañera de bailes de Elpidio. El del centro, por mi madre, que soy yooooo. Lo afirmo porque en los libros de Rita Montaner que he leído, incluyendo el que gentilmente me envió el amigo Rafael R. González, ignoran olímpicamente mi humilde patronímico, aunque mencionan a tooodos los artistas de su lado y simpatía que actuaron al lado de "la Unica" ¡Qué raaaabia. La de ellos, porque yo, gracias a Dios, estoy vacunadooooo!

MUSICOSAS Y OTRAS COSAS...

¿La música se formó espontáneamente, o fue Dios, dándole al hombre los utensilios necesarios, quien la propició? Vaya usted a saber. Pero me luce que, a pesar de los incrédulos, Dios designó a la naturaleza para enseñar al **homo sapiens** (que no sabía naaaaaaddddaaa) el camino de la belleza musical. Como hizo con toooooodddooo lo demás...

El hombre, así advertido, se encontró con el canto de las aves, el susurro del viento, el rumor de las cascadas, y sin darse cuenta empezó a imitar sonidos para más tarde combinarlos. Cuando aquel sabio viejecito, maestro nuestro, don Ricardo Güell, nos explicaba la teoría de Darwin, nosotros, envueltos en la fantasía infantil, pensábamos en cómo había nacido y transformado la música. Sí, porque ahora escuchamos una complicada instrumentación de Bebo Valdés o de Chico OFarrill, o de tantos maestros instrumentistas que en el mundo hay, y le damos importancia "a lo bonito que suena", pero ni nos fijamos en como esos signos y esas notas llegaron a mezclarse y a dejarse manejar...

Y, podemos imaginar que la flauta es nieta de una tibia, pero... ¿cómo rayos se le ocurrió a alguien inventar el saxofón..? De la Lira salió seguramente el Arpa y el salterio, pero...¿del clarinete..? A lo mejor, un día cualquiera, Paquito DRivera me lo explica...

Y, saltando a otro análisis. Si han leído el libro de Alina Fernández se habrán hecho cruces, como yo, con la forma cruda en que describe a la familia de donde procede. Al señalar de cuatrero al viejo Angel, el padre del dictador, uno se acuerda de aquella vieja frase publicitaria muy usada en la radio y la televisión de Cuba republicana: **"De mi padre lo aprendiiiiiii..."**.

Una vez, el ex presidente Reagan dijo: "Cualquier imbécil puede destruir una granja, pero se necesita un carpintero para construirla". Retrató al actual destructor de Cuba...

¿Saben lo que contestó Pérez Prado cuando le preguntaron si le gustaba el Mambo? Pues, "Babarabatiri aé, icuí... Babarabatiri aé... ¡Ni hablal!..."

OLGA GUILLOT, ELENA DEL CUETO Y JORGE BAUER

Estas dos extraordinarias artistas cubanas, son parte importante de aquella Cuba libre que recordamos enconadamente. Ellas son, la espectacular cantante Olga Guillot, y la danzarina de rítmicos contornos, Elena del Cueto, haciendo una pausa antes de abordar las carrozas en que desfilarían el Día de la Parada Cubana en Nueva York. A su lado en la foto está el estupendo cantante cubano Jorge Bauer. Es de resaltar que Olga acaba de regresar de España, donde volvió a arrebatar.

CANTA, CARUSOOOOO..

También el celebérrimo tenor italiano Enrico Caruso hizo temporada en La Habana, sucediendo algo inusitado en una de sus presentaciones en el teatro Nacional, que quizás no recogió la historia oficial, pero sí la rescató para las generaciones posteriores la transmisión de boca a boca, como la respiración aplicada urgentemente a las personas accidentadas. Fue así como llegó a nuestro conocimiento la batida del récord de velocidad establecido por Caruso, después de la explosión de una bomba mientras cantaba en el escenario del Nacional. Nos contaba el empresario Heliodoro García, que el más famoso tenor de todos los tiempos, agarró por la calle de San Rafael, al costado del hotel Inglaterra, a una velocidad supersónica vistiendo aún los ropajes del Radamés y sin decir "skiusme" a los sorprendidos transeúntes...

La historia de Caruso, **interesantute** de principio a fin, se caracteriza por la pobreza de su familia que, en Nápoles donde vivían, nunca había dinero ni para comer. Todo comenzó para el pequeño Enrico, con un queso entero que les regalaron, y la madre no dejó que se lo comieran. Le debían dinero al médico y ella quiso regalárselo al galeno en señal de agradecimiento. El niño Enrico se encargó de llevarlo a la casa del doctor, y allí le hicieron esperar, en la antesala, donde oyó una voz de mujer que aprendía canto. El, con su voz de niño, ya privilegiada, se puso a cantar lo mismo. La voz era de la hermana del médico que, interesada por aquel niño que tan bien cantaba, habló con él y no solo hizo que su hermano declinara comerse el queso, sino que le comprometió a pagar los estudios del niño en la escuela de música.

Este curioso tema, me lo sugirió la actitud profesoral de uno de taaaaannntos "managers de glorieta", que estuvo sentado detrás de nosotros en el estadio "Pro Players", durante el juego de los Marlins contra los Yankees, el sábado 14 de junio, donde nos mojamos hasta la nariz, entre los gritos de aquel portentoso cubano a quien tooooooodos los lanzamientos del pitcher Alex Fernández le lucían buenos. Así que, queriendo impresionar al **"ompaya "**, le gritaba: --íCanta Carusooooo!, aunque la pelota lanzada le cruzara por la cabeza al bateador de los Yankees...

EL INMENSO TENOR

Enrico Caruso opinó que "Massaguer era un maestro", aclarando que lo decía como caricaturista y no como cantante. Porque es bueno aclarar que Caruso fue también un hábil dibujante que trabó amistad con Conrado Walter Massaguer, un carismático dibujante y periodista cubano, fundador y director de la prestigiosa revista "Social ", y colaborador muy valioso de publicaciones como "Life", "The New Yorker", "Vanity Fair", "American Magazine", y muchas más. Fue fundador del Primer Salón de Humoristas, junto a otros talentosos compañeros, en 1921. Como pueden ver en las caricaturas que publicamos, una es de Caruso por Massaguer y la otra de Massaguer por Caruso, habiendo sido hechas ambas caricaturas, por los talentosos artistas, en el año 1916, en el hotel Knickerbocker de Nueva York.

Un alto en la narración, para dar expresivas graaaaaacias al buen amigo Enrique Sánchez, de San Gabriel, California, por los valiosos libros que me mandó.--- Al bien cotizado Paquito D'Rivera y su Brenda Feliciano por la simpática fotografía. Para ellos un saxofón de agradecimiento.--- Al Dr. Armando Casadevall, hasta su Rego Park, en Nueva York, mi palabra de ocuparme de su gracioso escrito.---

LA EJECUTIVIDAD EJECUTIVA
DE ALGUNOS EJECUTIVOS...

Cada día encontramos más y más conductores de vehículos ambidextros que agarran con una mano el timón y con la otra el teléfono celulaaaaaaarrrrrr... Y, lo más peligroso es que se desplazan a mayor velocidad de la que marca la ley y la razón por las pistas atestadas de tráfico.

Da la impresión de que la moda actual es presumir de ejecutivo y que, como las costureras de antes, tooooodddddooooo lo reduzcan a apretar botones, con necesidad o sin ella. Conozco a un sujeto cuya importancia parece depender de sus botones, y cuando uno logra entrar en su despacho, nos recibe ya con el auricular pegado al oído, y dictando: --"¿**Hicieron lo que dije? ¡Muy bien¡ Perdóname un momento** --(dirigiéndose al que logró entrar)-- **Bueno, bueno, no hagan nada hasta que yo llegue. Tengo asuntos urgentes que resolver antes ...**"

¿Se dan cuenta? Ya el ejecutivo considera que ha impresionado al visitante. La conversación telefónica ha sido poco explícita, pero el que llegó "no se la llevó" y está en disposición de pensar mil fantasías

Otras veces, el superejecutivo de hoy dice al interlocutor: "Excúsame, me están llamando por la otra línea..." Y se da más importancia que Julio Iglesias viajando en la primera clase de un Jumbo 747. Si asiste a una reunión se hace llamar desde su oficina, lo que le sirve para lamentarse fastidiosamente ante sus contertulios, alegando que no le dejan tranquilo, que nunca pueden resolver nada sin él, que él es... que él... etc. etc....

Es como si en verdad creyesen que el mundo no gira sin su intervención. He visto a uno de estos sueprheterodinos, digo, super-ejecutivos extendido sobre el sillón del barbero Neneíto Temes, pedirle muy ceremonioso, que pare la actividad de la tijera y le retire el paño un momento "para hacer una llamada **importantuteeeeee**". Agarró el celular por el cuello, le apretó los botones y le sacó la antenita, para decir: --"**Te la comiste, mi parna. Has aprendido mucho conmigo. Eso es lo que yo hubiera hecho también**"... Y volvió a sentarse en el sillón barberil como si hubiera evitado la 3ra Guerra Mundial...

Lo confieso, esa ejecutividad de algunos ejecutivos me tiene al borde de la Patagonia, digo, del patatús. Miren, miren como estoy... ¡Erizaaaaddddo! ¡Qué donaire! Que ditirámbicos y apologéticos estos asiduos usadores telefónicos con los que casi nunca se puede hablar, puesta la retranca por la secretaria con su habitual excusa: "**El señor ejecutivo está en una juntaaaa...**

EL TRÍO LOS PANCHOS EN LA HABANA

Esta histórica foto, le traerá seguramente gratísimos recuerdos a los "quinceañeros" que la vean. Fue tomada la primera vez que el célebre Trío Los Panchos visitó La Habana, por tanto, se trata del conjunto o-ri-gi-nal. Y, para embellecer la instantánea ellos están agasajando a una preciosa cubana, que empezaba a triunfar en aquellos finales de la década de los 40. Ella sonríe muy dueña de la idea cierta que Hernando Avilés, Chucho Navarro y Aflredo "El Güero" Gil, la admiran como a una reina. su nombre es Alicia Pérez Brito, actriz, animadora y cantante, perteneciente a una conocida familia musical. Recuerdo a la linda Alicia Pérez Brito y recuerdo aquella época en la que hubo muchas como ella, jerarquizando a la farándula cubana con su profesionalismo y decente comportamiento.

El coleccionista y conferenciante Cristóbal Díaz Ayala, viene de Puerto Rico a presentar en Miami su valioso libro "Cuba Canta y Baila", en el Centro Cultural Español, conteniendo la Discografía Cubana: 1898-1925. La entrada es libre.---- Por Antonio J. Molina, nos enteramos que a la directora de orquesta, Tania de León, cubanita, le han premiado en Alemania una ópera cuyo título en español es "Azotes de los Jacintos".---- Y el barítono cubano Pedro Gómez residente en P. R. ha incorporado allí, una Fundación con su nombre, para ayudar al talento joven.---- Los Productos Kirby ayudan a alimentar y deleitar.---- Danny y Daniel Soler ayudan a manejar confortablemente vendiendo carros con garantía, en 32 Avenida y Calle Ocho.---- Así como "Casa Juancho", restaurante de fama categórica, ayuda al paladar con comidas y bebidas de la más alta calidaddddddddd....

HISTORIA DEL DANZÓN

HISTORIA BREVE DEL CUBANÍSIMO DANZÓN

Como bien saben muchos, este ritmo musical fue creado por Miguel Ramón Demetrio Faílde Pérez, músico que nació en una pequeña villa llamada Caobas, perteneciente al Municipio de Guamacaro, más tarde llamado Limonar. Faílde había integrado desde pequeño una orquesta familiar, en la que figuraban sus hermanos Cándido y Eduardo. El danzón se tocó por primera vez en la ciudad de Matanzas, el día 1º de enero de 1879, con el título de "Las Alturas de Simpson", triunfando rápidamente por su compás cadencioso y por ser una música propicia para "bailar pegados", dicho en expresión popular...

Inicialmente el danzón se bailaba por varias parejas que portaban arcos y ramos de flores, simplificando más tarde la coreografía, utilizando vistosos abanicos las damas, y pañuelos los hombres. En el "descanso", ellas se abanicaban graciosamente, y los caballeros se secaban elegantemente el sudor. (Recuerde que el aire acondicionado en los salones es invento posterior).

Lo cierto es que esta música de dos por cuatro que se divide en tres partes deliciosas, se presta deleitosamente para realizar un bojeo alrededor de nuestra compañera de baile, dándonos la singular oportunidad de tenerla en brazos (con tooooodo respeto), aún sin estar autorizados por el cura y la ley.

Fue México uno de los países que abrió sus puertas por Veracruz, a este ritmo cubano, cuando el entonces famoso timbalero Tiburcio Hernández (Babuco) con su "danzonera", irrumpió en tierras de Juárez, allááááá por 1913...

En años recientes de este siglo (**para que vean que no soy taaaaaaannn vieeeeejjjjjoooo**) en el "Salón México", de la capital federal, estuvimos bailando danzones tan criollos, que decidimos ir a felicitar a los músicos, y descubrimos que tooooooodddddoooosssss los integrantes del conjunto eran...!yucatecos! El célebre "Acerina" con su danzonera fue, y creo que sigue siendo, una leyenda danzonera en aquel gran país, al que seguimos llamando "hermano", a pesar de sus dirigentes políticos, afectos al régimen dictatorial que rige en el nuestro....

Sigue lo del danzón, con esta rítmica foto del difunto Marcel, hecha hace varios años a este alegre y juvenil grupo de bellas muchachas y apuestos muchachos, perteneciente al espectacular show que presentaba Manolo Godínez en su cabaret, "Les Follies", de North Miami. Como se trasluce a través de las sonrisas, estos muchachos bien dotados de juventud, gozaban el ritmo inigualable y cubano del típico danzón.

Muchos saben que el danzón empezó a gestarse históricamente, alláááá por el lejano 1697, cuando los grandes contingentes de colonos franceses, se volcaron en la isla de La Española (actualmente República Dominicana y Haití), trayendo consigo sus bailes y costumbres. Entre los bailes franceses se contaban el Minuet y la Contradanza, dos manifestaciones musicales que prendieron rápidamente entre los esclavos, quizás por la similitud que aquellos bailes de figura tenían con los suyos desarrollados en Africa.

Más tarde, cuando los franceses huyeron a Cuba, una vez que estalló la primera insurrección negra en América, se llevaron con ellos, lógicamente, la contradanza, que es el antecedente más importante para el posterior auge y la maravillosa creación del danzón. Y, les puedo decir, en breve explicación, que la amalgama rítmica, unida a los elementos evolucionados de ascendencia africana, generó la contradanza cubana, que dio origen más tarde, a nuestro muy cubano danzón...

¡Que boniiiiiito es recordaaaarrrr! Por eso seguimos recordando que, desde 1910, más o menos, el danzón recibió influencias hasta del campo operático de donde se han extraído conocidas arias y, como el almanaque es implacable, las hojitas siguieron cayendo, y por 1929, el danzón se le agregó la voz humana, siendo Barbarito Diez, uno de sus primeros cultores. El ya fenecido cantante nativo de Bolondrón, a través de muchísimos años, con el respaldo de la prestigiosa orquesta del maestro Antonio María Romeu, fueron infatigables cultivadores del danzón cubano...

¿USTED SE ACUERDA? ¡YO SIIIII!

Algunas lectoras o lectores me escriben para hacer preguntas harto difíciles, pero sumamente interesantutes. Por ejemplo Aida Rodríguez, me dice que, en realidad la CMQ no estaba en el Vedado. Y tengo que aclararle que CMQ estaba enclavada en Radiocentro, edificio enorme que se levantaba en las calles de "L" y 23, perteneciente a la barriada del Vedado. Y, había, además, en el Vedado, la CMBL, Radio Cadena Suaritos, en 25 entre 6 y 8, y la del Ing. Autrán, en "G" entre 21 y 23, y otra en 8 y 19 que transmitía programas de música americana ("Swing, mucho Swing"). Y estaba también en el Vedado la CMCD y la COCD, del hotel Palace, en 25 y G, donde trabajó precisamente al llegar de Cienfuegos, el gran locutor Roberto Vázquez, actualmente una de las voces de Radio Mambí.

Y, me acuerdo de los juegos del "chocolongo", y de cuando se prohibió severamente el juego, que los viciosos apostaban a pares o nones en la chapas de los automóviles que pasaban por la calle... Y, me acuerdo de Modestín Morales en la época de estudios del Dr. Pepito Sánchez Boudy. Modestín Morales, hermano de las doctoras Ofelia y Blanca Rosa Morales, y dirigente del "Bataclán Universitario"... Me acuerdo de cuando el enorme Miguelito Valdés cantaba con la orquesta "Los Red Devils", en los Baños del Progreso... Y me acuerdo de los bailes en el Liceo de Medina, en 23 y D, donde según me dijo la buena amiga Carmencita San Miguel, conocidísima por su "Cocina Al Día", ya con 80 y tantos almanaques en su haber que **"yo le había dado clases de Catecismo a ella en el Liceo de Medinaaaaaa** ... Y, me acuerdo de que aprendí a manejar en el fotingo de Anselmo López, chofer que vivía al lado de casa, con tres hijas: Mercedes, Anita y Rosa, y que se sentaba al lado del timón con un miedo cerval a mis 14 años. Siempre le recuerdo con cariño, porque era un verdadero pedazo de pan...

CUANDO FAUSTO MIRANDA ERA PILOTO

Esta vieeeejjjaaaa imagen es de cuando Fausto Miranda diiicen que voló por primera vez, alláááááá por 1920. Se trata de un anuncio publicado en los periódicos habaneros, sugiriendo que no esperaran, que no fueran de los últimos en volar. El texto dice: "Al fin Ud. volará. No sea de los últimos. En un vuelo de recreo en nuestros hidroplanos hay tanta seguridad como en un paseo en automóvil por el Malecón, El Ticket firmado por el piloto, comprobará que Ud. voló. Compre su Ticket en la Compañía Cubana Americana de Aviación. Edificio Robins, Departamento 507. Teléfono A-1609. Obispo y Habana".

Los presumidos modernistas, hacían gimnasia de guapos, encaramándose en aquellos primeros trastos voladores y regresando a tierra con el boleto firmado por el piloto, haciendo alarde de su "hazaña". ¡Cómo cambian los tiempos! Hoy, pasan por sobre la ciudad cien aviones diariamente, y no hay quien mire hacia arriba ni para darle gracias a Dios...

TREMENDA INJUSTICIA

Un puertorriqueño de Nueva York diría que han "puesto un huevo", los responsables de la presentación del exitoso programa radial "La Tremenda Corte". Yo, como tengo menos imaginación digo es totalmente injusto, presentar ese espectáculo omitiendo el nombre de su creador, escritor, y mantenedor del prolongado triunfo que se estira como un chicle jugoso y productivo. Es soportable, o por lo menos pasable o disimulable, que otros usufructúen el producto del talento ajeno, pero... que oculten, ignoren, o desconozcan el talento insoslayable e insospechable, de quien lo tuvo a marejadas, es algo que hiere los sentimientos a los que conocemos la historia y conocidos a Vispo.

Aquel prolífero y agudo escritor humorista, sufrió incontables desvelos y apremios sin cuento, para producir sus obras maestras, como "El Barón del Calzoncillo", y "La Tremenda Corte", amén de su extensísima producción en el semanario "Zig Zag", y otros medios. Recordamos admirados, aquel argumento suyo, ágil y gracioso, en la película "Hitler Soy Yo", para significar que abarcó felizmente todos los campos.

Contrastantemente, vemos ahora como es borrrado su nombre en la etapa increíble y prolongada de su obra. Las generaciones posteriores ignoran quizás que aquel humilde amigo, de talento más grande que el Niágara, llegaba con los ojos hundidos por el desvelo a la RHC-Cadena Azul (donde comenzó el espectáculo), y nos decía: **Es que estuve tooooda la noche buscando el final del episodio de hoy"**...

¿No vale ningún respeto esa honrada dedicación a su noble trabajo..? Vamos, hombre. Seamos considerados y justos.

LEOPOLDO, ANÍBAL Y EVA VÁZQUEZ

A propósito de "La Tremenda Corte", publicamos esta foto de dos de los principales protagonistas de los libretos de Castor Vispo en ese monumental programa radial, reunidos en el exilio, en el estudio fotográfico de Gort, en la calle ocho y 16 avenida del Sauwest. Fue en el mes de enero, el día 8 de 1969, y acompañó la charla la primera actriz Eva Vázquez, la que, con un heroísmo sin límites vendía muebles en la tienda de Monchy y Abraham, para mantenerse en el exilio con honesta dignidad. Andando el tiempo, salían a relucir pequeñas diferencias que impidieron juntar de nuevo y definitivamente a los dos cómicos famosos. Ni Emilio Milián, a la sazón director de programas en la WQBA, La Cubanísima, que hizo grandes esfuerzos conciliatorios, pudo lograrlo, con el fin de lanzar un nuevo proyecto que, seguramente, hubiese logrado el propósito del conocido programador y comentarista.

EL LIO HISTORICO EN LA RADIO ENTRE EDDY CHIBAS, PARDO LLADA Y EL DR. TARAJANO

Con el caso de un compositor que murió de manera natural, la demagogia que tanto daño ha hecho (y sigue haciendo) se quiso fabricar una acusación injusta que, de manera precisa narra en su libro "**Etica en Radio y Televisión**", el Dr. Juan José Tarajano, director general de aquella comisión. Escribe el Dr. Tarajano:

"La controversia pública que originó la muerte del compositor antes mencionado fue estimulada principalmente por Eduardo Chibás, líder del Partido Ortodoxo, quien en su hora dominical por CMQ atacó a la Comisión de Etica por el acuerdo que se le había atribuido, alegando que la misma era un organismo gubernamental de censura.

"Eduardo Chibás, al igual que otros comentaristas políticos, había recibido cartas nuestras instándolo a moderar su lenguaje, en interés público. No teníamos jurisdicción sobre los programas políticos y los noticieros, pero considerábamos un contrasentido que se abusara del derecho a la libre expresión del pensamiento, mientras los demás programas radiales se ajustaban a normas estrictas en beneficio del pueblo en general. Chibás sabía, por tanto, que la comisión de Etica era un organismo privado, no una dependencia del Ministerio de Comunicaciones. Al fin entendió, porque se le hizo saber en CMQ. Y el domingo siguiente rectificó, excusándose por el error cometido y llamando personas honestas y responsables a los miembros de la Comisión.

"Después de la andanada irresponsable de Chibás, habíamos formulado una declaración pública, que fue ampliamente difundida por radio y periódicos, aclarando todo lo acaecido y situando a la Comisión en el lugar que le correspondía como un organismo creado por iniciativa privada para servir un interés público.

"José Pardo Llada, miembro también del Partido Ortodoxo, leyó nuestra declaración por Unión Radio, pero totalmente mutilada. Lo llamamos por teléfono y el diálogo, en esencia, fue así: (Permítasenos la licencia de una digresión, para publicar una foto del recuerdo. Acto seguido el diálogo de Pardo Llada, sostenido con el Dr. Tarajano).

Esta interesante foto cumple ahora exactamente diez años, y fue hecha en el Chateau-Madrid de Nueva York, durante la espléndida actuación de los Hermanos Rigual, uno de los mejores tríos de voces armónicas de todos los tiempos, autores de "Cuando Calienta el sol", entre otras muchas composiciones de éxito internacional. Los Rigual surgieron en aquella cantera maravillosa de "La Corte Suprema del Arte" en la CMQ de Monte y Prado, pero se radicaron en México, donde murió Carlos Rigual, el 17 de diciembre, de 1994, a los 71 años de edad. Precisamente, Carlos es el que está en el centro de la foto; a su lado su hermano Mario y el gran percusionista cubano Cándido. En el otro extremo, Pedro (Pituko) Rigual y el destacado compositor Néstor Pinelo. Y, ahora, el diálogo entre Pardo Llada y el Dr. Tarajano.

DR. TARAJANO: - Acabas de leer mi declaración, pero la mutilaste a tu antojo y lo que quedó nada dice.

PARDO LLADA: - Chico, no podemos continuar esta polémica.

DR. TARAJANO: - Yo no la provoqué. La provocó Chibás con su acusación injusta.

PARDO LLADA: - Hay que calmar los ánimos.

DR. TARAJANO: - Yo no tengo interés en azuzar debates públicos, porque no es mi función, pero estoy ejerciendo mi derecho a exponer la verdad. ¿Es así como ustedes defenderían desde el gobierno, si llegaran a él, el derecho a la libre expresión del pensamiento, del que tanto abusan? ¿Ustedes sí, pero los demás estaríamos sujetos al capricho de ustedes? ¿Es ese el gobierno democrático que promete al pueblo de Cuba? Mira, Pardo, cualquier carta o pronunciamiento nuestro que recibas para su divulgación, o lo lées íntegramente o lo ignoras, pero no puedo consentir que leas la porción que se te antoje o que no afecte en forme alguna a tu partido o sus dirigentes...

REVOLTILLO DE NOTICIAS. Memorias-- Cuando oímos ciertas expresiones en labios de recientes exiliados, recordamos los incontables trabajos pasados en los primeros años de este estiradooo destierro, que enfrentamos con amarga sonrisa **optimistaaaa**. Reconstruyamos uno de taaaaanntos sucedidos: Rolando Sabines, que goza de mi más leal recuerdo, sieeeeemmmmpre me preguntaba en tono de broma si aún guardaba mi chaquetón presbiteriano, desde que entré la primera vez en "El Primer Titán", vistiendo un abrigo vieeejo porque había frío intenso y estaba lloviendo seguido. Aquel chaquetón negro era una capa con forro de lana, que no podía negar lo venerable de su aspecto. Raúl Salomón fue cultivador de flores entre otros oficios para subsistir. García Fusté y yo, regamos las calles de Miami con el agua derretida del tasajo con que "Multicolor" Berenguer nos pagó una deuda por anunciarle su negocio. Pero la gran mayoría de aquellos pioneros exiliados jamás acudimos a pedir otra cosa que no fuera la justa libertad para trabajar honestamenteeeee...

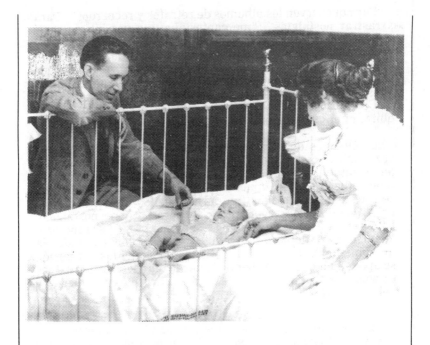

¿SABEN QUIEN ES ESTE BEBE...?

¡Claro que no! ¿Quién lo iba a imaginar? Ni la mismísima criatura podía albergar en su recién creado cerebrito que de allí brotara algo taaaaannnnn seductor, como para subyugar a millares y millares de personas en el mundo. Resulta inspirador ver la dulce expresión de la madre, arrobada ante la presencia del hijo que acaba de nacer, y que nos envuelve en un expresivo saludo, a tooooodddaaaaasssss las madres de este mundo, y del otro, desconocido, donde está la mía. La sensitiva mamá es, o era, Nena Redondas y el orgulloso papá, Pedro Junco Valdés. Creo que ya han adivinado que el rozagante bebé no es otro que el más célebre compositor de esa joya popular, "Nosotros", Pedrito Junco.

MIRANDO UN ALBUM DE RECUERDOS...

¿Para qué sirven los álbumes de retratos y recuerdos? "**Para arrastrar nostalgias**... "me contestaba una voz interior casi instantáneamente, mientras repasaba las páginas gastadas de un álbum viejo. Y, creo que tiene razón la voz interior, porque los "scrapbooks" nos hacen pensar --mirándolos-- que éramos muuuucho mejor parecidos de lo que somos ahora. Y eso, en vez de ponernos cachondos-- que diría un castizo-- nos pone nostálgicos, pensando que las arrugas no nos las quita, ni el cirujano plástico de Betty Pino.

Los álbumes de recortes y retratos, nos dicen que alguna vez fuimos "distinguidos" y "exitosos", pero lo expresan silenciosamente en el rincón donde se guardan, y por eso naaaaadie los oye, y mucho menos recuerda. Pero uno que se reconoce en aquellas figuras y aquellos textos, debía ponerse contento de recordarse así, pero se pone nostálgico. En el ensueño que vive momentáneamente quisiera meterse adentro de cualquiera de las fotografías, y echar a andar la máquina del tiempo para repetir los años vividos. La ilusión se apaga, dándose uno cuenta de que lo que tiene en las manos es sólo una máquina de moler carne para hacer el picadillo del almuerzo.

Las cosas más agradables, a veces, tienden a ponernos tristes, y a situarnos un "¿por qué?" en el alma, más grande que el misterio que rodea a los seres que se marchan de este mundo nuestro. Cuando éramos niños sentíamos la necesidad de llegar a grandes para estar mejor. Cuando somos adultos desearíamos con todas las fuerzas de nuestras entretelas, volver a ser niños para gozar despreocupadamente de la vida...

¡Cuántos escritores antes que yo, y después de yo, han insistido en descubrir los misterios de esos estados del alma, y creo que ni el mismísimo Freud, llegó a la resolución total de los problemas, que tampoco resolvieron los cancilleres en Costa Rica, y muchísimo menos de los líos que arma la psiquis para mantenernos sieeeemmmpre preocupados.

Al buscarme en las fotos de un album, me doy la sorpresa de encontrarme pero... al verme la mirada ingenua, que me fotografiaron mirando a mi hermana Elsita pelada al rape (no recuerdo por qué) me pregunto intrigado si yo seguiré siendo aquel, como afirma Raphael en una de sus canciones...

Sin embargo, después de haber vivido una tontería de años (la vida no es más que una tontería) sigo alegre y agradecido de seguir estando en los retratos y en los recortes para poder expresar sinceramente: ¡Qué boniiiiito, pero que boniiiiito es recordar!

EL PROGRAMA "CICLORAMA" EN C.M.Q.

Esta foto histórica tiene casi medio sigloooo. Fue hecha el 4 de septiembre de 1953, durante el desarrollo del importante programa de televisión "Ciclorama". Pero lo que nos impulsa a publicar la foto es la presencia del operador, que es actualmente nada menos que el profesor Daniel Román, que mantuvo durante varios años un muy interesante espacio de orientación en horas nocturnas por Radio Fe. El profesor Román ha publicado varios libros de amplia aceptación general. La escena, como ven, la interpretaron dos consagrados del arte criollo: Lilia Lazo y Carlos Badías. Al profesor San Román lo reencontré en los años 60, en Los Angeles, California, cuando fui contratado para presentarme en el hotel Statler-Hilton, y el empresario era él. Dirigía en aquella inmensa ciudad un periódico anticastrista de amplia circulación. Si se ha destacado como escritor, debo decir que fue de los mejores camarógrafos de CMQ-TV, como se demuestra al estar tras la cámara, en un programa taaannn difícil como "Ciclorama".

JUGANDO CON LA GRAMATICA

Nuestro viejo profesor don Ricardo Güell, decía que "con la gramática no se puede jugar". Y, como eran los tiempos de nuestra primera enseñanza, ciertamente, no teníamos tiempo nada más que para jugar a los trompos, a las bolas, a la quimbumbia, y a la hora del recreo darnos una carrera rápida y expresiva, por el colegio de las muchachitas de Isabelita Madrigal, que estaba en la esquina siguiente. Eran tiempo inocentes, de enamoramientos de "ojitos", furtivas miraditas, y temblores de labios sin pintar... ¡Qué boniiiiiito es recordar...!

Nos decía el viejito Güell que muchas palabras femeninas, se convertían en masculinas, o se les anteponía el artículo masculino, únicamente por empezar en A. Y citaba el ejemplo: el alma, el arma... Pero, en plan de humorista y observador, ¿por qué se dice LA antorcha, y no EL antorcha....? ¿Por qué EL arma y LA antorcha, siendo ambos artículos de fuego, no reciben idéntico tratamiento? La única explicación que se da, es por esa ley suprema que es la costumbre...

Aunque parece ser que en los sustantivos el cambio de LA por EL sólo se hace antes de las palabras que tienen el acento prosódico en la A de la primera sílaba, y en ninguna gramática hemos encontrado ninguna otra razón, a menos que tengamos que cambiar el aumento en los cristales de nuestros espejuelos...

Y, ahora, que hablamos de aumento, si enfocamos los aumentativos y diminutivos, nos encontramos con la rareza de que una misma terminación puede producir oooootra palabra que aumente o disminuya el significado de la primera. ¿Cómo puede ser este fenómeno? Ah, no, yo no sé, pero así es. Y lo puedo afirmar con ejemplos irrebatibles. Eso de que la terminación ON representa un aumentativo no siempre es así. Y si no, ¿me puede discutir alguien que un "callejón", a pesar del "jón", no es una callecita más pequeña que una calle...? Y, sin embargo, un "carretón" sigue siendo más chiquito que una carreta...

Vean cómo a pesar de lo que decía el viejito Güell, nuestro recordado profesor de ayer, sí se puede jugar con la gramática....

EL CAPITÁN CASAS, AUTOR DE EL MAMBÍ

Aquellos selectos conciertos que el pueblo de Cuba escuchaba los domingos, desde las 9 de la noche, a través de las ondas radiales de la COCO, se originaban (como puede verse en la viejíííííísima foto) en el cementado escenario del Anfiteatro Municipal de La Habana, habiendo captado la instantánea al maestro Luis Casas Romero, M.M.S.D. (Mérito Militar, Servicios Distinguidos) dirigiendo uno de aquellos memorables conciertos, y a quien puede verse batuta en mano, al fondo de los tres campanólogos de la gran orquesta, que era la Banda de Música del Estado Mayor General del Ejército Nacional de Cuba. Debemos señalar que el 24 de mayo del presente 1997, se cumplirán 115 años del nacimiento del capitán Casas Romero, en Camagüey, en 1882. Una de las glorias que obtuvo para nuestra patria, fue en 1923, cuando ganó en Canadá, al frente de esta Banda, el primer premio, compitiendo con cincuenta y tres bandas de otros países. El Maestro Casas adquirió fama universal con su criolla "El Mambí", su dulce bolero "Si Llego a Besarte" y, muchos críticos consideran que la marcha "Símbolo" de su autoría, es la mejor marcha escrita hasta hoy.

LOS FAMOSOS "AGAPITO" Y "TIMOTEO"

Por primera vez se publica en el destierro, esta foto de uno de los grupos cómicos más populares de la radio cubana, integrado por Abel Barrios (el maestro), Agapito y Timoteo. La fotografía fué tomada en el estudio de Armand, en el añooooooo 1942, haceeeeeee nada menos que! 55 añosssss! Así, como el que se ríe y no lo siente. "El Maestro, Agapito y Timoteo", acapararon la simpatía del público radioyente, primero a través de las ondas de la CMQ, y después desde los estudios de la RHC. El espacio se llamaba "La Clase Diaria", con libretos escritos por Abel Barrios, con lustre de "morcillas" que producía desenfadadamente el voluntarioso Timoteo. En una ocasión dijeron una inconveniencia de tan mal gusto que le proporcionó un trago amargo al maestro, quien, tiempo después, marchó a Venezuela desapareciendo del panorama cubano. A Timoteo lo heredamos unos meses en el programa televisado de "La Escuelita" por el Canal 4, y aunque era un tipo útil, no armonizaba con el nuevo aspecto que le imprimimos al espacio. La Clase Diaria fué, de todos modos, un espectáculo que, sobretodo en su primera etapa, rindió una tarea simpática y encomiable, y de una popularidad indiscutible.

SORPRESAS QUE EMBELLECEN LA REALIDAD

Es sumamente grato constatar que el empeño y la dedicación a tooooodo lo positivo, recibe recepción especial de personas importantes, así como de los infinitos seres sencillos y buenos que en este mundo habitan. Puedo afirmarlo con certeza por los múltiples testimonios que enaltecen mis días, gracias a Dios. Al recibir una carta con el membrete de "Consultants On Banking Matters", pensé que me proponían una nueva tarjeta de crédito o algo así. Pero la carta de esta firma neoyorquina de consultores muy bien acredita, presidida por el Dr. Julio J. Castellanos, me traía varias agradables sorpresas, que paso a desgranar y compartir con ustedes:- "Distinguido Sr. Rosell: Tengo la satisfacción de conocer al Sr. Francisco Aguirre y Baca, el culto y dinámico colaborador de su hermano Horacio, Director del DIARIO LAS AMERICAS, a través de los buenos oficios de mi suegro el Dr. Luis Machado y Ortega, quien también fuera figura relevante de la Abogacía en La Habana de antaño, Representante de Cuba a la Conferencia Internacional de Bretonwood, Embajador en Washington y Director del Banco Mundial; y esa apreciable amistad ha trascendido a una numerosa juventud que ha sabido unir sus vínculos de amistad a las que le profesan al Sr. Aguirre los antecesores de la familia Castellanos-Machado.

"Debido a las precitadas razones, he resultado ser ávido lector del DIARIO LAS AMERICAS y consecuentemente, de las interesantísimas crónicas de Mundo de Estrellas, entre cuyas estrellas resalta Ud. como una de primerísima magnitud. (Mil gracias por el inmerecido "eulogio", pero solo me considero un foco y apagado).

"Destacándose entre esas crónicas, con cuya lectura gozamos en el conjunto familiar, la que salió publicada el día 2 del último mes de febrero, referente a la imaginativa frase "Otra tarde que se va", proferida cada domingo por el Dr. Reyes Roque al despedirse y terminar su programa musical, Ud. hacía recordar a sus lectores que tenía un sentido similar a las que usaba mi padre Jesús Castellanos como título de sus composiciones literarias desde 1902 en el periódico La Discusión del maestro de periodistas Manual María Coronado, con su lema "Diario Cubano para el pueblo cubano", siendo esa "Una semana menos".

"Ese inspirado recuerdo suyo nos ha llevado como de la mano a leer, tal vez por millonésima vez, lo escrito por Max Henríquez Ureña, el biógrafo de Jesús Castellanos, que fue incluído en el primer volumen de los tres que publicó la excelsa Academia de Artes y Letras de La Habana conteniendo gran parte de la obra literaria del laureado Fiscal de la Audiencia provincial de La Habana pero cuyo corazón estaba cimentado en la literatura, recopilada en todas las provincias de Cuba, así como en las naciones de la América Hispana y España por José Manuel Carbonell. Las no incluídas fueron Cabezas de estudio y La Conjura, esta última el Premio de la Prosa otorgado a Jesús Castellanos y el premio de la Poesía a Guillermo de Montagú, durante los Juegos Florales del Ateneo, en 1908."

He aquí, parte de la personalidad literaria de Jesús Castellanos, esbozada con fragmentos de la interesantísima carta del Dr. Castellanos, que publicamos, omitiendo la foto que siempre esperan nuestros apreciados lectores, pero sepa nuestro dilecto comunicante que tenemos en alta estima su ilustrativa misiva y agradecemos desde ya, el envío de libros prometidos.

* * *

LA TONGOLELE NOS CUENTA SU TRAGEDIA

Ya se ha publicado lo referente a la desaparición de Joaquín, el esposo cubano de Tongolele, pero ahora, ella me relata el terrible momento en una carta, de la cual extraigo algunos párrafos. "**Le dio un infarto masivo y rápidamente murió. Estábamos solitos ese domingo en casa, y a las 3 p.m. iba a salir a comprar el Melate (una especie de lotería) aquí cerca. De pronto oí que me gritaba diciéndome que se había caído fuera de la puerta e iba tambaleándose ya con el infarto al bañito. Corrí a llamr a nuestros amigos Mitsouko y Roberto a pedirles que llamaran a una ambulancia y al cardiólogo nuestro quien me mandó otro con un médico amigo también pero todos llegaron tarde en 20 minutos o menos había muerto. Yo estaba como loca y realmente ni sé si fueron 15 minutos o una eternidad. Estoy aún en una especie de limbo. La vida te puede cambiar en un pestañazo y ahora casi no puedo ni pensar. Llegaron Angelita Castany y el marido y mis hijos antes de la ambulancia.**

Los amigos y familia me han ayudado mucho y las muestras de cariño de toda la clase artística de aquí me ha conmovido muchísimo pues han llorado hasta periodistas y fotógrafos de la prensa. El tiene que sentirse muy feliz sabiéndose tan querido por todo el mundo. En fin la vida es así. Nada es eterno ni seguro, lo extraño tanto, tanto".

He aquí, no hace mucho, a la extraordinariamente bella Tongolele, fotografiada en el escenario del teatro "Manuel Artime" de Miami, durante una función de "Cuba Canta y Baila", junto a las también bellas Blanquita Amaro y Raquel Maceda que fué pareja de Rolando el bailarín, en Tropicana. En la foto están acompañadas por Luis Alberto. Tongolele está muy orgullosa de su nieto que la llama "Yaya", y a Joaquín le decía "Tata", y fué el que escribió una canción en homenaje a Joaquín y a Santiago de Cuba, ciudad que vio nacer al difunto. Dice la orgullosa abuela que Nikki tiene tremendo ritmo y linda voz, y que ha sido cantante actor desde niño cuando estudió música en California. Sentimos sinceramente el deceso de Joaquín González, un amigo y compañero cordial y afectuoso, con el que siempre mantuvimos una sana amistad. Para su viuda, Yolanda Montes, nuestra querida Tongolele, que Dios le conceda la resignación necesaria.

GRANDEZAS Y MISERIAS HUMANAS

Cuando era muchacho se me antojaba que sería difícil, sino imposible, conocer lugares remotos, que he podido conocer, gracias a Dios, andando el tiempo. El Tesoro de la Juventud provocaba los deseos, y la curiosidad innata arreciaba volcándonos en una fuente inagotable de fantasías. Específicamente ganó mis tempranas simpatías Andersen, contando sus miserias infantiles en interesantes anécdotas sucedidas en su casa, donde nunca sobraba dinero.

Christian Andersen, siendo el mejor autor de cuentos para niños, tuvo especial encanto para cautivarme con historias como "El Patito Feo", "El Ruiseñor", "La Sirenita", ¡ah!, sobre todo La Sirenita, que despertó en mi un ansia irreprimible de conocer Dinamarca, la tierra que le vio nacer. Pero, dado los pocos años, y los ausentes recursos económicos, tenía por descontada la posibilidad de poder concretar la ilusión.

Más tarde, en la película protagonizada por el excelente actor Danny Kaye se reformó nuestra admiración por el personaje, que tuvo destellos de grandeza como el referido cuando el rey de Dinamarca le quiso conocer. En la audiencia concedida el monarca la invitó a explicar cosas de su vida y Andersen se limitó a decir: Pues, mi vida es mi trabajo.

-- ¿Y te basta?

-- ¿Qué más puedo desear?

-- De todos modos, si algo necesitas, no tienes sino decírmelo.

-- Pues, la verdad, no necesito nada...

Los pedigüeños, que se pasan la vida buscando o creando las oportunidades para pedir, debían conocer la vida de estos seres ejemplares, para aprender que no es más rico quien más tiene, sino quien menos necesita...

La Sirenita, inmortalizada en su tierna pluma, tiene como todos saben, una estatua sobre una roca en el mar, junto a un muelle del puerto de Copenhaguen, y una madrugada de 1964, La Sirenita, que es de bronce, apareció decapitada. Providencialmente se había conservado el molde de la cabeza y pudo hacerse, como se hizo, otra exactamente igual. Había servido de modelo para el rostro de aquella estatua, una bailarina del ballet "Ellen Price" y como se proyectaba hacer un monumento a La Sirenita (era en 1912), un señor de apellido Jacobsen, de 65 años, había visto un ballet en que una de las ballerinas en su papel de sirena había estado prodigiosa. El tema del ballet se había tomado del cuerpo de Andersen. El señor Jacobsen pagó la estatua a condición de que aquella bailarina sirviera de modelo. La artista posó cuatro veces para el escultor Eriksen. La bailarina se llamaba Ellen Price y el Ballet era suyo.

En la fecha en que nos hicieron esta foto en el puerto de Copenhaguen, la bailarina citada, según el guía que tomó la instantánea, tenía más de 90 años, y vivía retirada en el asilo de ancianos de Glostrup. Según nos contaron, en una entrevista ella había dicho: --"Yo sólo deseo que cuando muera me lleven a la isla de Bornholm, donde descansa mi marido, y me entierren a su lado". También cuando fue decapitada la estatua, la vieja bailarina declaró: --"He tenido la impresión de que es a mí a quien cortaron la cabeza". El salvaje que realizó la barrabasada estúpida decapitando una obra de arte, es ejemplo contradictorio a la grandeza de Andersen (Estamos en la foto de 1980 con Martha y la buena amiga Ena Durán).

HACEEEE ... AÑOS NOS TUVIMOS QUE IR DE NUESTRA TIERRA...

...Y, voy a ver si lo puedo expresar usando la letra y el sentido, de algunos cantos populares, por lo que "elevo el pensamiento a las alturas, y allá en el cieloooo" se lo pregunto a Dios..." "Cabo de la guardia sentí un tiro, ayyy" (Sentí múúúchos). "De Matanzas me mandaron un recado, y me dijeron que a mí me lo den"... "Para pantalón y saco, llevo percheros baratos, túnicos de a medio peso, zapaticos de a centénnnn (Y se quedaron con el pantalón, el saco, los zapaticos, y tooodo lo que no pudimos traer con nosotros)...

Al llegar al exilio, nos alojamos con la familia en un cuartico de un pequeñísimo hotelito, donde el americano dueño, nos preguntó: --¿Y por qué no llamó a la policía...? Ante tamaña ingenuidad (propia de los americanos), le contesté; ¡Porque la policía era la que me estaba robandoooo!...

Le expliqué lo mejor que pude en mi inglés a trompadas, que en un sistema como el de Cuba, la policía le "pide" a uno sus propiedades metralleta en mano, como cantando "Si me pides el pescao te lo doy, te lo doy", y si no se lo das vas "caminito de guarena" rumbo a la prisión de la Cabaña, preguntándote: ¿Cómo fue...? No sé decirte que pasoóóó', según lo grabó Benny Moré. Y, aquí estoy bailando y cantando "El caimitillo me gusta muuuucho más que el mamoncillo, pero muuucho menos que el marañoóóóón, aunque recordando constantemente la "fúlgida luna del mes de eneroooo" en nuestra casita de Santa María del Mar que nos hurtaron, pero repitiendo aquéllo que, de niño, le escuchábamos al tenor Mariano Meléndez: "¿Que de dónde vengo? De una casita que tengo (teníaaa) más linda que un potosí; una casita de yagua que cuando llueve le entra el agua por sus tejas de maní/ Tiene una puerta de tea/ junto a ella una batea/ colocada en un cajón/ una silla rota y baja/ una mesa que es de paja/ y un cascado tinajón"...

La nuestra no era así, gracias a Dios, y la llevamos entrañablemente incrustada en el recuerdo...

Este foto histórico-televisiva, representa la primera vez que, en Cuba, se regularizó la transmisión de los juegos de la temporada de béisbol. La firma del contrato está recogida en ella un día 9 de julio de 1955. ¡Cóóóómo ha llovido, tronado y relampagueadooooo! La gráfica fue publicada por el "Diario Nacional" y en ella, vemos, sentado, al Dr. Arturo Bengochea, presidente de la Liga Cubana de Baseball Profesional, estampando su firma al documento por el cual el Circuito CMQ adquiría con carácter exclusivo los derechos para transmitir por televisión los juegos de la próxima temporada de pelota que se iniciaría en el mes de octubre de aquel año. Detrás, de pie, el señor Goar Mestre, presidente de CMQ suscribió el contrato por la empresa de Radio Centro, apareciendo en la foto conjuntamente con el señor Omar Vaillant, administrador del Departamento de Programas de CMQ y el Dr. Miguel Cueto, administrador de la Liga Cubana. Tiempos felices en que nos reuníamos periodistas, locutores y narradores en aquel palco de la Prensa del Estadio del Cerro, con notables y queridos compañeros, como Fausto Miranda, Felo Ramírez, Manolo de la Reguera, René Molina, Nelson Varela, Pedro Galiana, y tantos otros afectos insustituibles. Sieeeemmmpre, en estos días, que marcan el comienzo del torneo de las Grandes Ligas, reincidimos en taaaannnn gratos recuerdos...

La moda se hace ley, y la moda actual es solidarizarse con el delincuente y olvidarse de las víctimas. Del ajusticiado criminal se cuentan las chispas que saltaron de la silla. De la infeliz maestra asesinada nadie cuenta las puñaladas injustamente recibidas...

EL CASO INSOLITO DE UN SELLO...

Muchos, por no estar involucrados en el mundo filatélico, creen que esta actividad es un agradable entretenimiento, y nada más. Pero, si nos adentramos un poquito en ese vasto campo "inversionista", nos enteramos que existen millones de personas aficionadas cayéndole detrás a esos pedacitos de papel engomado, que adquieren plusvalía después de usados y remarcados por el matasellos...

Y ni qué decir del valor extraordinario que obtiene uno de estos pedacitos de papel impreso, si por equivocación o descuido, en la imprenta le colocan un avión invertido, o de cabeza, como dice la gente. Es un valioso elemento de compraventa en las subastas, cuyo valor va subiendo a medida que su rareza es mayor. Imagínense cuánto valdrá el primer sello postal del mundo, inventado por Sir Rowland Hill en Inglaterra, o el primer sello con la imagen de Isabel II, emitido en 1855, para Cuba y Puerto Rico, porque ya se sabe que Cuba y Puerto Rico son...etc. etc.

Hablando de primeras veces, la primera vez que se "nacionalizó" un sello en nuestro país, imprimiéndole la palabra CUBA, fue en el año 1877, aunque naturalmente con la figura del monarca español Alfonso XII.

En la isla cubana el auge de la filatelia culminó en la fundación de un club de entusiastas con miles de asociados, en 1936, que tenía su propia revista y una imparable actividad. Se editó un album con la historia del movimiento, uno de cuyos ejemplares, perteneciente al acervo de nuestro estimado compañero Raúl Rodríguez, nos ha servido de mucho para pergeñar estas líneas y presentarles el sello del que consideramos un caso insólito...

Y a pesar de su seriedad y dramatismo, resultó cómico y motivo de choteo por parte del carácter del criollo. Se que muchos no lo recuerdan por haber sucedido el 15 de octubre de 1939, pero que está presente en aquellos jóvenes muy usados, a los que no nos queda intacta nada más que la memoriaaaaa...

Resulta que, a un grupo emprendedor, entusiasta e innovador, de notables cubanos, se les ocurrió la moderna idea de introducir el correo aéreo... Y ¡Allá va eso! Un experto en cohetería y esas cosas, se encargó de la construcción de un cohete. El artefacto se rellenó de cartas y mensajes para enviarlo desde La Habana hacia Matanzas, que fue el primer (y único) tramo proyectado. El día de marras, como es de suponer, se llenó de invitados y curiosos el lugar del lanzamiento, y de nuevo ¡allá va eso! Sonó el bombazo, mejor dicho el disparo, y el cohete salió hecho un ídem, sólo para explotar en el aire poco después de partir, formando tremendo reguero de cartas y mensajes que dieron al traste con el atrevido proyecto, pero dando lugar a la emisión del primer sello postal referido a la era espacial que hoy ya registra hasta la caminata de los americanos en la superficie lunar... Y, ahí tiene aquel sello "matado" que conmemora el insólito hecho, y que dice: **"Correo Aéreo Nacional. Experimento del Cohete Postal. Año de 1939. República de Cuba".**

CRUCIGRAMAS POR CLONACION...

Por la cantidad de crucigramas que proliferan en las publicaciones actuales puede pensarse que los producen por clonación, en jornadas diarias. Resolver crucigramas es un entretenimiento ideal y provechoso, que practicamos de vez en cuando, ya que DIARIO LAS AMERICAS nos los proporciona diariamente. Muchas veces los dejamos inconclusos, no por falta de tiempo, sino de habilidad, porque nos falla la estrategia para ver la trampita que puso el Autor. Otras veces, se nos olvida una palabra rara que habíamos aprendido crucigramas atrás, y no adelantamos **ni atrás ni alante**... Pero, ciertamente, la mente se pone ágil y los conocimientos se refrescan con esos juegos de palabras, como con el ajedrez o manejar en el tráfico. También los "¿Ud. Sabía Que..?" muchas veces nos enseñan algo, y sieeeemmmmpreeee nos entretetienen provechosamente.

Recientemente, sacando uno de estos acertijos me encalabriné en una palabra y me encapriché con la idea de que aquel que hizo el crucigrama estaba equivocado. Hasta que vino una señora que confesó ser la primera vez que se interesaba en este juego y me dio la solución. Como la palabra perdida en este santoral crucigramesco era "troglodita", me consideré aludido... Pero, hube de consolarme recordando que si Falla Bonet y Falla Gutiérrez, por qué no habría de fallar este Pobre Cura...

Los que publica el DIARIO me desprestigian a cada rato, pero he aprendido que el conjunto de aparejos de un buque se llama **jarcias**... Que un **palafrén** es un caballo de silla... Y un **palafrenero** es el lacayo que cuida el caballo... Que **Gallia** es el nombre de Francia en latín... Y que, después de haber hecho tantos **slogans** en mi carácter de publicitario, me entero por los crucigramas que ese nombre etimológicamente significa "grito de combateeeee".

¡Caballeros, que socotrocos somos! Usamos mil veces una palabra y no nos ocupamos de pasarle la mano al diccionario, que no recuerdeeeeee!... ¡Perdónanos, Santa Olimpia Rosado..!

NÉSTOR PINELO

Le tenía prometido hacía tiempo a la querida pinareña Nora Besú, publicar la fotografía del compositor de ese bello tema grabado por Celia Cruz y que rinde honor a las bellezas de Pinar del Río. Hoy, tengo el gusto de cumplir lo prometido, y aquí está la foto y su explicación. Una noche el autor fue invitado a la Casa Pro-Cuba de Elizabeth, N.J. que preside don Camilo Fernández, a una fiesta pinareña, y lo sorprendieron gratamente, entregándole una placa, que dice: "A Néstor Pinelo Cruz, Compositor, por su inspiración y canto a las bellezas de Pinar del Río. Asociación Pro-Cuba, Elizabeth, octubre 15 de 1983". En la foto, de izquierda a derecha, la Sra. Dora Gil, la también compositora Vilma Planas, el homenajeado autor Néstor Pinelo Cruz, y el conocido periodista y poeta Enrique Padrón, con quien tengo una deuda de sincera gratitud por el soneto que dedicó a la labor desarrollada por mi modesta persona, y que he leído publicado en importantes periódicos. Felicitaciones al creador Néstor Pinelo Cruz por ese tema en la voz de Celia, con el que alegro muchos almuerzos con Frijoles Kirby... ¡Qué boniiiito es recordar..!

Es bueno recordar también las cosas irrepetibles en la música cubana. La Sonora Matancera, Orquesta Aragón, Celia Cruz, Benny Moré, Antonio María Romeu, Barbarito Diez, Paulina Alvarez, Trío Matamoros, y múúúúchos más de épocas pasadas, que harían esta lista interminable... Aquí, hay que escribir "aprisa y apurado", porque vivimos en un mundo donde se hace aprisa ¡hasta el amor! Y si no haces las cosas apurado te arrrrrrooooolllllaaaaannn... Y, al ver a Fujimori visitando a Castro, me pongo a reflexionar en lo que hubiera pasado en el mundo si Winston Churchill hubiese ido a visitar a Hitler para que resolviera el asunto de los bombardeos a Londres...

REVOLTILLO DE NOTICIAS.---- Las "Estampas de Cuba", que escribe en "La Voz Libre" de Los Angeles, María Argelia Vizcaíno, se enriquecen con sus opiniones sinceras y certeras. Es muy acuciosa María Argelia, fundamentándose en libros de gente documentada, y como menciona mi nombre en una controversia, le doy toda la razón con respecto al Conjunto Casino, que jamás se llamó "Orquesta". Participé con el "Septeto Casino", en 1938 y 39, en el show del cabaret "Edén Concert", en la calle de Zulueta entre Animas y Virtudes, cuando era dirigido por Esteban Grau, y en el que ya estaba Roberto Espí, aunque las guarachas las cantaba "Bolita", que trabajaba por el día en la tienda "La Ciudad de Londres", situada en la calle de Galiano esquina a Dragones, si mal no recuerdo. Después se convirtió en "Conjunto Casino" y nunca ha dejado de llamarse así. Imagino que la confusión viene, no por la Orquesta "Havana-Casino", o la "Casino de la Playa", sino por una orquesta mexicana (del sello "Gas") o, distribuida por Gas, que grabó una guarachita titulada "La Cosquillita", que sonó algo en Nueva York. Por cierto que no es la misma "cosquillita" que nos hacia con tanta gracia, la vedette Cándita Vázquez.----

¡Ah, y saben una cosa? Pues que el gran pianista y compositor de tantos boleros famosos, Juan Bruno Tarraza, fue director de la orquesta de la CMQ, mucho antes que lo fuera González Mantici. Y, recuerdo que entonces, jovencito, usaba Juan Bruno espejuelos "montados al aire", fue en los comienzos de la década de los 40. De aquella época inquieta, recordamos a una periodista del sector, Luisa Manito, de la que nunca más hemos tenido noticias. Dirigía ella una revista titulada "Melódico", con noticias y comentarios del sector radial y cinematográfico, que competía con "Guión", dirigido por el buen amigo Luis Pons Vila (Lupovi).--- Otros cronistas teatrales y cinematográficos de entonces, eran Francois Baguer, Ramón Becali, Francisco Ichaso, J.M. Valdés Rodríguez, Lezcano Abella, Eduardo Héctor Alonso, Emilio Castro Chané, Jesús Valcayo, Báez Miró, Tonia Sastre, Eduardo Fontanilla, Germinal Barral, Angel Lázaro, María Luisa Blanco, R. Custodio, Saínz de la Peña, María Garrett, y Martha E. Fombellida (que yo me acuerde en este momento),

RIFLE... XIONES

* Conocí a su padre tan humilde, tan humilde, que jamás reconoció legalmente a sus 14 hijos, porque le daba pena que le vieran haciendo alardes...

* Nos quejamos por gusto, porque... si no tuviéramos televisión, ¿cómo haríamos para quejarnos de lo mala que está...?

* Se descubrió aquel adulterio religiosamente, cuando ella rezaba al lado del marido, repetía: --"Por el amor de Dos..."

* Hay doctrinas absurdas que pretenden que todos los hombres sean iguales. Y, entonces, ¡qué aburrimiento para las mujeres...!

* Aunque usted no me crea, la vida es muy dura para una mujer de la vida...

* Señor Juez, yo no vi lo que hacía...

* Yo tampoco...

(Fue un "mal paso" entre una cieguita y un cieguito).

* ¿Cuánto tendría que pagar de contribución hoy día, el escritor Alejandro Casona, si hubiera tenido el apellido en Miami Beach...?

PRIMERO FUE ARTISTA DE LA RADIO...

Observen la foto con detenimiento, y verán o identificarán (los que le conocen) al gran poeta de hoy, cuando tenía solamente 9 años, y ya era narrador y director del cuadro de comedias infantil de las emisoras COCO y CMCK, que interpretaba aquel escuchado programa "El Pilluelo y su Pandilla", cuyas "maldades" y travesuras no tienen comparación con las de los pintamuros de hoy.

Viendo esta fotografía del añooooooo 1937, la presencia y el atuendo de las niñas y niños que forman el simpático grupo, nos ofrece la medida de las costumbres y el ambiente de ayer en nuestra recordada Cuba. Fíjense en la primera chiquilla de la izquierda y podrán identificar nada menos a la que después fue una aplaudida vedette, Aidita Artigas, quien actualmente se desenvuelve como actriz en las telenovelas de Venezuela. Los conozco a tooooodddddddooooosssss, pero realmente como reza la conocida canción popular "se me olvidó que te olvidé..." Uno de los varones (con el que más tarde trabajé bastante en la radio), era René Crucet; Perlita Aguiar; Celia Jiménez, y no me pregunten más, por favor, que han pasadooooooo un seremillón de lustros. Miren para el pequeñuelo de la extrema derecha, y verán a un correcto y bien vestido caballerito, hoy convertido en el mirífico poeta Luis Angel Casas, que cuenta entre sus hazañas poéticas haber escrito en versos la tesis de su entrada en la Academia. Esas cosas sucedían en la Cuba que recuerdo y amo entrañablemente...

REVOLTILLO DE NOTICIAS.---- En la misa celebrada en la Iglesia de St. Raymond la pasada semana, por el alma de Nena Alvarez, la desaparecida esposa de Carlitos Amorín, se produjo una espontánea reunión placeteña en que confraternizamos, antes y después del sagrado acto, con afectos de la niñez, como Estelita Oliver, Nenita y Angelito Amador, Paúl Gutiérrez, Llille Aviñó Monteagudo, José Miguel Gómez, Chichi Bienes, Vicente Cossío, Arando Trull, Lato y Consuelo Valdés, Cuca y Teté Valdés, y muchos coterráneos más que no caben en el espacio que tengo hoy, entre ellas la viuda de aquel actor y cantante que fue Rolando Leiva, padre de Willy, actual Productor del Programa de Cristina Saralegui. Ella, pensó que no la reconocería después de taaaaannnnntos años, peroné, digo, pero, no. Ella es una de las preciosas hermanas "Coronitas", a quienes se les llamaba en Placetas así, por ser hijas del agente de los cigarros La Corona, y yo creo que por haber sido taaaaaannnnnnn extraordinariamente bonitas.---- Cuando hay méritos humanos y artísticos como los de Celia Cruz, las etnias y los colores se van al Diablo "por hondo que sea el mar profundoooo". Ahí tienen a mi hermana negra, cantando con toda una orquesta filarmónica detrás. Lo bueeeeeennnnnnooooo se impone.----

"CUBA ERA ASI, Y NO COMO LA HAN QUERIDO PINTAR"

UNA REINA NEGRA EN EL CARNAVAL DE 1954...

Para aquellos ralos especímenes que aún tratan de peyorizar el recuerdo de la Cuba donde nacimos y crecimos como personas normales, va esta información fehaciente de un hecho (uno más) que habla por sí solo de la Patria de puertas abiertas que era un orgullo antillano.

Específicamente hablando, fue en los Carnavales de La Habana del año 1954, cuando a nosotros nos eligieron también como Rey Momo de aquel multitudinario festejo, en el cual compartimos con una Reina Blanca, y con una Reina Negra... Con un sentido social amplio y humano, admiramos satisfechos a la Reina Sepia Caridad Gómez Valdivia, de exuberantes 16 años, que medía 5 pies y 2 pulgadas de estatura, y una belleza criolla digna de ferviente admiración.

La Reina, Caridad Gómez Valdivia, hija de padres humildes pero laboriosos, era una bella muchacha, como eran la mayoría de las jóvenes cubanas de aquella época, llena de sanas ilusiones, y estudiante de la Escuela Normal de Maestros, con la aspiración posterior de convertirse en Doctora en Pedagogía. Ella declaró a preguntas del periodista Felipe Elosegui: "Mi padre es pintor de carros. Pintando automóviles sostiene esta casa, donde, como pobres, tenemos las comodidades esenciales. Así me visten y me calzan. Yo no puedo traer a mi casa malas notas, porque hay que devolverle a papá, en satisfacción, los sacrificios que hace por mi y por mi hermano"...

El mismo periodista, en el momento de su elección, expresó así su opinión: "Se le oye hablar mejor que se le pregunta. Es discreta, pero expresiva en sus gestos. Su sonrisa es casi toda ella. Y ella sin su sonrisa pierde lo mejor de sí misma. Cuando se pone seria, hay que decirlo, desaparece casi totalmente su majestad su característica. Pero pocas veces se está serio cuando todavía los años no han llegado a la primera esquina amarga de la vida. Y Caridad sonríe, sonríe siempre con clara sonrisa pura, con su gracia mulata, con la infinita dulzura que irradia su presencia.

UNA REINA NEGRA EN EL CARNAVAL DE 1954

Aquí está la perenne sonrisa de Caridad Gómez Valdivia, pegada siempre a la blancura de sus dientes. Su padre, Florencio Gómez, y su madre, Aida Valdivia, que la supieron guiar por los caminos del estudio y las sanas costumbres, imaginamos los desvelos y preocupaciones que habrán tenido que soportar, tratando de evitar los tormentos que acarrea tener que vivir bajo el látigo de un mayoral inmisericorde. Pero, ella tiene el recurso, por lo menos, de recordar beatíficamente los agasajos y atenciones que recibió, del entonces Alcalde habanero, Justo Luis del Pozo, y los demás responsables del carnaval, así como también el confortable disfrute de uno de los premios otorgados a la Reina: Un viaje por los Estados Unidos... Ella, que entonces era todo candor e ilusiones, habrá repetido la frase que nosotros tenemos continuamente en nuestros labios y nuestro corazón: ¡Qué Boniiiito, pero que boniiiiitttoooo es recordaaaarrrr..!

MAGOS DEL HUMOR INTELECTUAL

Las palabras y los gestos del hombre, tienen muchas veces, un sentido doble o doble sentido, según lo rubrica el conglomerado de nuestros semejantes cubanos. Uno es el que aparentan y otro el figurado, que se considera como valor entendido, y cuya percepción no siempre está al alcance de todos los cacúmenes.

Comprender o no el sentido figurado, en nuestro modesto parecer, no radica precisamente en el grado de inteligencia, sino en el nivel de picardía de quien lee o escucha. Hay que remitirse a uno de los libros que más se ha vendido en el mundo, "Cómo Ganar Amigos e Influir Sobre las Personas", de Dale Carnegie, para no meter la pata haciéndonos el gracioso, si carecemos de la sutileza imprescindible para esos juegos florales del pensamiento. En cambio, las mentes lúcidas y brillantes, graduadas por Dios para esas maromas verbales, tienen licencia extendida para las propicias ocasiones.

El humor, cuando salpica la conversación, la hace verdaderamente cautivadora, pero cuidado de usarlo con tacto, o no usarlo con aquellos que no lo entienden. Han habido, y hay, verdaderos maestros del buen humor y la fina ironía, como en los albores de nuestra república, aquel Jesús Castellanos que en su libros, como "Cabezas de Estudio" derramaba espontaneidad y gracia, y cultura, ya que "**a pesar de la sinceridad y la sátira de sus retratos, su éxito se debió al tono ligero, de humor, sin maldad, que les imprimía**", según expresión Hernández-Millares.

En nuestro tiempo, tenemos el sano orgullo de poseer la amistad del Dr. Luis Fernández Caubí, con quien compartíamos en una reciente reunión de periodistas, cuando se acercó al grupo el Dr. Armando Bucelo que, con su amable características, nos elogió una elegancia de la que carecemos, y Luis, en rápida ojeada al atuendo que llevábamos, agregó bajito: --"Si, **sobretodo la combinación que hace la corbata con la camisa**" que, evidentemente no armonizaba del todo, por la falta de iluminación en el closet, al momento de elegir...

Siguiendo el curso de la conversación se habló de un renombrado intelectual recientemente desaparecido; y uno de los conclavenses hizo alarde de amistad con el difunto, después de haberse reconciliado con él, al descubrir que aquel era también devoto de un autor musical de nombre taaaaannn raro y remoto, que ninguno de los presentes pudo aterrizar su avión mental en el aeropuerto semifuso del personaje musical citado. Luis, resumió con su sentenciosa y erudita palabra lo que quizás, los otros pensamos en distintas direcciones: "**Es que hay seres taaaannnn exquisitos que gustan de autores que los demás desconocen...**"

UNA FOTO DE LA ORQUESTA "HAVANA BILTMORE"

Una de las tantas buenas orquestas del interior de Cuba, es esta que ven en la foto: La "Havana Biltmore Orchestra", del Central Hershey. Estuvo dirigida por el saxofonista José Pérez Brito (al centro), y en ella figuraban también sus hermanos Ariel (tercero a la izquierda), y Arnoldo Pérez Brito, el del centro, debajo, con la tumbadora en sus manos. "En el interior y en la Capital", como reza un viejo cha cha chá de este pobre Cura, abundaban los buenos conjuntos y las inmejorables orquestas, para que nadie se asombre ahora de grupos más o menos buenos...

UN TENORIO IMPROVISADO

En crónica pasada les hablé de los "Tenorios cubanos", mencionando algunos de los más connotados actores en ese papel, coyuntura que me permitió acordarme de una famosa anécdota sobre ese personaje de Zorrilla, que mueve a risa. Enrique Borrás, el sensacional actor español, muerto en 1957, a los 88 años de edad, contaba que, una vez, durante una representación del Don Juan Tenorio, había contratado a un muerto de hambre para el papel de estatua del comendador, es decir, de don Gonzalo. Y, para hacer de estatua, evitando que el actor que hacía de comendador se tuviese que pintar de blanco, e puso al muerto de hambre. En la escena del cementerio, Borrás, como Don Juan Tenorio, desafiante le gritó:

-- Tú eres el más ofendido
más, si quieres, te convido
a cenar, comendador.

Y la "estatua" le preguntó:

-- ¿Sí? ¿A qué hora?

Yo, escudándome en Zorrilla, diré como en el final del Tenorio:

Llamé al cielo y no me oyó,
y pues sus puertas me cierra,
de mis pasos en la tierra
responda el cielo, y no yo.

Lo escribí porque las cosas que pasan en los periódicos no suceden en las ferreterías. Y una de esas cosas ocurrió con una foto, publicada por Ramón Veitía (reproducida aquí) en su periódico "Verdades" que, esta vez, parece no fue tan patente, porque al cabo de un tiempo apareció el titular de dicha instantánea, señalándonos que "el Fidelito niño ¡qué clase de niñooooo! estaba más abajo, y no donde lo señaló Veitía.

FOTO DEL DICTADOR ACTOR

Con sumo placer republico (que no es lo mismo que repúblico) la mentada fotografía con el fin de **desfacer entuertos**, y complacer a una persona amiga, Daniel González Domenech quien, con toooooooda razón, se sintió disgustado pensando que podía ser confundido con el dictador de Cuba. Así, ocupo el espacio que tenía destinado para otros tópicos, y ofrezco la satisfacción completa, publicando de nuevo la vieja foto tomada en el Colegio Dolores de Santiago de Cuba, con los nombres numerados y enumerados...

1. Luis Fernández... 2. René Fernández... 3. Daniel González Domenech... 4. Francisco Mastrapa... 5. Luis Francismo Mas... 6. Juan Fontela... 7. Serafín Sánchez (nieto del general)... 8. Vidal Fernández Giraudy... 9. Raúl Arango... 10. Carlos González Quintana (nieto del general González Clavel)... 1. Cristóbal Novoa García (más tarde sacerdote)... 12. Fidel Castro Ruz (más tarde dictador de Cuba)... 13. Pedro Dalmau Gorrita... 14. Enrique Peral Díaz... 15. Angel Miguel Crespo... 16. Juan González González.

LO QUE SE HACE EN LAS PROFESIONES

En muchos casos uno se admira ante el desconocimiento acerca del lenguaje empleado por los representativos de determinadas profesiones u oficios en momentos específicos. Un médico, por ejemplo, plantado delante de un paciente que tenga levantado un forúnculo en una nalga, refina y rebusca en su vocabulario una palabra para bautizar el molesto bulto y le dice que tiene un divieso. Así, usted que es persona sin muchos rebuscamientos, le pide un beso a la mujer amada, directamente, sin muchos rebuscamientos, le pide un beso a la mujer amada, directamente, sin vericuetos verbales, pero... un Contador Público, aferrado a su profesión, le dice:

Distinguida cliente: Como soy hombre de números, me gusta ir directamente a la regla, porque sé que dos y dos son cuatro... cuatro y dos son seis... seis y dos son ocho y ocho dieciséis... Yo no soy de los que llevan libros dobles, ni le oculto naaaaaddddddaaaaa al Internal. Mi vida es un libro abierto. DEBE... HABER un perfecto ajuste entre los dos, evitando que dentro de 9 meses seamos 3...

Por eso, cada vez que pienso en su BUDGET, me tiembla el lápiz de la mano, pensando en la forma de emparejar mis salidas con sus entradas. Le ruego que me abra su línea de crédito, para depositar en la caja chica de su boca, un buen número de besos, que hagan la suma necesaria para poner nuestro negocio a flote y poderlo mover en dirección acertada...

Ya ven como de tooooooodddddddoooo hay en esta Viña del Señor...

LA HISTORIA LO REGISTRA ASÍ

LA HISTORIA LO REGISTRO ASI

Cuando en 1984, al coronel Pedro Tortoló lo "destortolaron" en Granada los americanos, lo devolvieron sin galones a Cuba como lo ven en la histórica foto, siendo recibido por el "máximo Tooooodddddddoooo" "al pie del avión", igualitooooo que recibió recientemente al presidente del Perú, Alberto Fujimori, aunque con diferente propósito. Ahí está Tortoló gritando su sumisión al máximo "Ordene y mande"... aunque el pueblo hace rato que lo mandó al lugar que le pertenece en la historia.

REVOLTILLO DE NOTICIAS.---- ¡Le ronca la carabina! Resulta que ahora, el Internet le brinda a los fanáticos, perdón, usuarios, del increíble sistema la oportunidad de "saber hasta el día en que se va a morirrrrrrrrrr". ¡Le vuelve a roncar la carabina! Uno no sabe la reacción que cada cual tendría si supiera exactamente el día (o la noche) en que va a estirar la pata. ¡"Pa" su escopeta!---- Jerry Rivera, al jovencísimo cantánte boricua, apodado "El Beiby de la Salsa", afirma que "no créee en la Astrología", ni aunque la interprete su coterráneo Walter Mercado. Los Kiwanis contrataron a este joven de 23 años, entre otras atracciones para presentarse en el Carnaval Miami South Beach en Ocean Drive, por allí, por donde estuvo enclavado el hotel "Whitehouse", donde veníamos una gran cantidad de cubanos a vacacionar, cuando Cuba era libre.---- Bueno, y... ¿cuál es el misterio de que a Malena Burke no la coloquen en el mismo plano que a Albita? Su calidad es indiscutible y la historia de ambas, parecida. Quizás es cuestión de suerte.---- Agustín Acosta, no el eximio poeta cubano, sino el director general de La Cubanísima, se caracterizó como Jesús de Nazaret para la representación de La Pasión de Cristo, presentada por la Iglesia de San Juan Bosco, en el Manuel Artime, y dicen que estuvo muy bien.---- Neneíto Temes, el barbero más popular de la Calle Ocho, se come una lata de Frijoles Kirby, para tener mayor energía reclamando que le pongan a esa calle "Guineo Way".---- "Tome Nota" título del editorial de Pérez Roura por Radio Mambí, se lo copian en un magazín de periódico americano de Miami.-

DICCIONARIO ESPECTACULAR DE VIVARACHO PEREZ

Aliento:-- Si quieres guardar el secreto de que comes ajos. No los comas...

Béisbol:-- Deporte en el cual los mejores managers están en el público...

Esqueleto:-- Un esqueleto es una persona que ya no usa la parte de afuera...

Desconfianza:-- El que se aficiona a ver telenovelas pierde la confianza hasta en una monja...

Gallo:-- Un solo gallo sirve a 20 gallinas, pero no sirve para 20 comensales...

Golf:-- Deporte ideal para que muchos jueguen mal y luego cuenten que jugaron muy bien...

Idiota:-- No hay aspirina taaaannnn eficaz que alivie el padecimiento de la idiotez...

Jogging:-- Trotar por la calle para hacer ejercicio es muy saludable, sobre todo trotar rápidamente cuando se acerca un auto...

Juventud:-- Epoca en que el hombre sabe **para qué** le interesan las mujeres...

Vejez:-- Epoca en que el hombre sabe **por qué** ya no le interesan las mujeres...

GRANDEZAS DEL PASADO QUE DEBEN CONOCER LAS NUEVAS GENERACIONES

El asiduo y afectuoso amigo José Giralt continuamente me señala fechas y aniversarios de los grandes artistas del pasado. Pero, se nota su admiración ferviente por Regino López, Carmita Ortiz, Sergio Acebal... sobre todos, Sergio Acebal, el bien conocido "Negrito del Teatro Alhambra". Y, muy merecida esa preferencia a su bien desarrollado intelecto y la espontaneidad de su gracia. Puedo afirmarlo, porque tuve el privilegio de ser amigo de él en sus postrimerías y yo, en el amanecer artístico.

Sergio Acebal Navarro había nacido en la Habana el 9 de septiembre de 1889, y murió en esa misma amada capital cubana, el 16 de diciembre de 1965, cuando andábamos hacía tiempo por tierras extrañas, aunque amigas, cumpliendo un largo e injusto destierro que ni soñamos, ni merecíamos.

Acebal cursó dos años en la carrera de Derecho en Nuestra Universidad Nacional, abandonándola para ingresar de cobrador en "La Flor Cubana", una tienda de víveres que hubo en la calzada de Galiano. En 1912 actuó por primera vez en una Compañía Teatral de Aficionados, en la obra "El Puñal del Godo", y dando un salto increíble hacia adelante, aquel mismo año realizó una gira por el interior de la República como integrante de la Compañía de Regino López. A su regreso a La Habana, comenzó en el teatro "Tacón", en las obras "Regino Por la Isla", y "La Casita Criolla", formando parte ya del elenco de la agrupación teatral encabezada por Federico Filloch y Regino López.

Por testimonios de la época, podemos afirmar que Sergio Acebal fue el más simpático entre los componentes estelares de la gran Compañía del Alhambra, en la que figuraban verdaderos ases de la gracia, como Regino López, Adolfo Otero, Julito Díaz, Arnaldo Sevilla, Eloísa Trías, Blanca Becerra, Pepe del Campo, Pancho Baz, Mariano Fernández, Gustavo Robreño, Carlos Zarzo, Hortensia Valerón (de la que cultivé su amistad, ya vieja), Chicho Plaza, Blanquita Vázquez, Inés Velasco, Eduardo Muñoz (El Sevillanito), Pirolo, Pilar Jiménez, Luz Gil, Amalia Sorg, Margot Rodríguez, Pepe Serna, Arturo Feliú, María Pardo, Pepa Naranjo y Enrique Castillo. En la orquesta el maestro Jorge Anckerman, y de 2do maestro Arturo Núñez. La escenografía la desempeñaba Miguel Arias, Pepito Gomiz, Nono Noriega, y Manolo Roig. La dirección de escena, la tenía mi inolvidable maestro don Agustín Rodríguez. ¡Que tremenda Compañíaaaa..!

Si Acebal fue "el negrito" de Alhambra, Alberto Garrido fue "el negrito de Cuba" por su gracia criolla y su forma espectacular de bailar nuestra música, con su pareja ideal: la gran mulata Candita Quintana. Esta foto donde aparece "Chicharito" vestido elegantemente (como sieeeemmmmpre anduvo fuera de la escena), me fue enviada hace muuuuuchos años, por la admirable activista y patriota cubana, Mercedes Rojas, recordándome que Garrido había nacido el 7 de agosto de 1909, y muerto en el exilio de Miami, el 28 de octubre de 1963. Acebal y Garrido fueron dos negritos di-fe-ren-tes, pero ambos geniales en la profesión. Acebal duerme el sueño eterno en el panteón de los artistas, en el cementerio de Colón, en la Habana, y Alberto Garrido descansa para siempre en el camposanto de Flagler y la 53, en el exilio de Miami...

FRASES "PÍCUAS" QUE HEMOS DICHO TOOOODDDDSOOSSSS

1.– Acompaño su sentimiento (Y no acompaña naaaaaaaddddaaaa)

2.– Mi vida, Yo no tengo ojos para ninguna otra mujer (Y tiene más ojos que una papa cruda).

3.– En medio de nosotros estará mi madre como un angel (Y la vieja se planta en medio del matrimonio como un diablo).

4.– No pierde usted una hija. En cambio, gana un hijo (Y se ganó un tormento)

5.– Por fin, estoy en el movimiento de liberación femenina (Y esclavizó al marido).

6.– Vivirán juntos hasta que la muerte los separe (Y los separó el Juez).

7.– Me siento limpio después de tomar la confesión (Y se ensucia antes de llegar a la esquina)

8.– Quiero que me des una prueba de tu amor (Y la criatura se llama Simón)

9.– Al fin solos (Y por eso mismo están acompañados de 14 hijos)

10.– Vengo a pedir la mano de su hija (Y se la despacharon completaaaaa)

RECORDANDO A LA "CECILIA VALDÉS" <u>DE BORADWAY</u>

Aquí está el popular Manolo Coego abrazado a Anita Alfonso, y escoltado por la sonriente Zully Montero, mientras formaban parte del destacado elenco que prestigió a la "Cecilia Valdés" que se puso en el Beacon Theater, de Broadway, Nueva York, con buen éxito de público y crítica. Ustedes se habrán desorientado un poco al ver la imagen, por el parecido con la actriz Hada Béjar que tiene Anita Alfonso, que es cantante de canciones antiguas y guitarrista, y por añadidura y prosapia artística, hija de "Clavelito", aquel legendario augur y cantador de tonadas criollas, que fue sumamente popular en nuestra Cuba de los años 40 y 50...

REVOLTILLO DE NOTICIAS.-- El buen amigo Miguel de Varona Navarro, escribió en la revista "El Camagüeyano Libre", último número del 96, este trabajo que transcribimos, bajo el título de "Nombres Olvidados", y que dice: "En esta nota que dedicamos muy cordialmente a nuestro amigo y colega don Rosendo Rosell, queremos recordar nombres olvidados, o casi olvidados, que como exponentes de verdadera calidad artística en la farándula de ayer, triunfaron sin necesidad de alborotada campaña publicitaria ni groseros exhibicionismos. Recordemos a Mariano Meléndez y Marina Alfonso, cantando canciones de Sindo Garay; Jorge Anckerman, Eusebio Delfín, Ernesto Lecuona y otros autores. Miguel Ligero, actor cómico, y María Marco, Blanquita Pozas y Matilde Palou, tiples en la compañía de zarzuela española y opereta de Julián Santacruz. Dorita Ceprano, cantando en un acto de variedades con el actor don Paco Martínez y el actor cómico (su hijo) Pepito Martínez. Julio Richard con Carmita Ortiz en "La Revista Maravillosa". Sánchez Mejía, campeón de baile, actuando y haciéndole la propaganda a una compañía cigarrera. "Haro Satán", "Naldini" y "Richardine", magos y ventrílocuos. Fuller, ventílocuo, transformista y mago. Marcelo Agudo con la compañía de dramas y comedias del primer actor José Telmo. José María Béjar, principal intérprete en los dramas "Don Juan Tenorio" y "Dios se lo Pague". Miguel Llao, Ricardo Florit, Pituka de Foronda y Teté Casuso con el teatro universitario "La Cueva", interpretando "La luna en el pantano", comedia dirigida por su autor Luis A. Baralt. Raúl Delmonte y Rafael de Arango, negritos del teatro popular cubano. Héctor R. Yova, con sus facultades de hipnotizador. Senén Alberti y el Profesor Molina, excéntricos, magos y malabaristas. Ana de luz, vedette, con la Compañía Monmartre. Manolo Bandera (padre de Carmelina Bandera) con su compañía de dramas y comedias. Carlos Soret, el mago del verso, y Emilio Ramil, el cantor de Buenos Aires, en la compañía de Enrique Arredondo. La Joyita, cupletista y tonadillera, con el cómico mexicano Leopoldo Reina (el maestro Cachetón). Y el actor Reinaldo Asencio. Son muchos los olvidados, pero conocemos que algunos de los nombres consignados se han salvado del olvido en las páginas bien documentadas en los libros "Vida y Milagros de la Farándula de Cuba" escritos por Rosendo Rosell"... Graaaacias, amigo Varona, por la dedicatoria,

AQUELLOS PRIMEROS TIEMPOS EN EL EXILIO...

Al arribar a estas costas del destierro, podíamos contar con el "Yo" pero... "las circunstancias" eran escasas y esquivas. El primer oasis donde encontramos sombra y agua, fue el "Jomares Market", lugar donde nos dio aliento Humberto García, que fue el primer anunciante para nuestro programa radial por la WMIE, a las 8 de la noche, y que hacíamos junto a Tomás García Fusté y Mr. Alexander Alexander. Recuerdo al socio de Humberto, Joseíto Rodríguez, alto oficial de la Marina de Guerra de Cuba y también allí al amigo Rodríguez Malgosa.

Humberto nos llevó al almacén de alfombras de Paul Hernández quien, gentil y elegante como aquellos cubanos de antes, nos ayudó también con el segundo anuncio comercial para nuestro espacio. En la misma North Miami Ave. y la Calle 5, empatamos con la "Farmacia Panamericana", a cuyo frente estaba el recordado gran médico y amigo Dr. Gilberto Pastoriza, y era habitual la presencia del Dr. Miguelito Suárez Fernández. para que tengan idea de la grandeza de esos connotados cubanos de ayer, los que repartían las medicinas a domicilio, eran nada menos que Martín Menocal y Neno Oliver, elementos acomodados en la patria y que aquí en el exilio se ajustaron honestamente a la realidad sin molestar al welfare.

En la Calle 8, que todavía no era tan popular como ahora (claro, le faltaba un restaurante de la categoría de "Casa Juancho) había una cafetería-farmacia donde se reunían los nostálgicos exiliados, frente a un aparato de televisión que se ponía en el parqueo. De vez en cuando alguno que otro se desprendía del grupo, entrando al local para calentarse con un café... americano. Todavía no habían proliferado los puestos de café cubano, que empezaron a 3 kilos...

Fusté y yo, recorríamos las calles de Miami con una lupa, buscando comercios hispanos para anunciarlos en nuestro programa. En esas andanzas estábamos cuando tropezamos con "El Primer Titán" de Luis Sabines. ¡Bendito encuentro! El servicial Sabines nos relacionó con otros anunciantes potenciales y con otros "amigos-amigos" , que nos ayudaron a consolidar nuestra presencia radial. En aquel Primer Titán (que después se trasladó para la Avenida 7) tuvimos la suerte de compartir nostalgias y sueños de regresar, con Rolando Sabines, Raúl Salomón, Pepón, el Poeta de Bolondrón, Pepe Ureta, Lilo Gutiérrez, y con visitantes distinguidos, como el Dr. Rafael Guas Inclán, Roberto Rodríguez Aragón, el médico David Egozy, y otros no menos apreciados.

LOS 15 DE LA HIJA DE OSCAR CANTINAS

De gratísima recordación es "Oscar Cantinas", pionero de los "trenes" de cantinas del exilio (¿por qué les llaman "trenes" al negocio de las cantinas...?) No nos era habitual ver a Oscar Roque enfundado en un riguroso smoking, pero ahí le ven en la foto con su lazo negro de etiqueta y la emotiva sonrisa contenida, en la celebración de los 15 años de su preciosa hija Irenita, en el instante en que ella se disponía a apagar las 15 velitas. Además, en la foto, estamos, su valiosa esposa Pilar, su hijo Oscarito, el músico placeteño Kiko García, y otros invitados, entre los que nos hallábamos, mi hija Martica, mi esposa Martha y Este Pobre Cura.

Haciéndole justicia histórica, debo señalar que Oscar es de esos cubanos trabajadores y buenos, que Dios puso en este exilio para hacer menos espinoso el desarraigo y la tristeza. Oscar en su negocio y Luis Sabines en su "Primer Titán", aliviaron muchas penas a los exiliados cubanos. Estaba conformado el destierro por una serie de hombres y mujeres en una solidaria hermandad que los años y la maldad de los enemigos han tratado de penetrar para desalentarla y hacerla menos militante. Es lástima que no quepan más nombres en el espacio de esta crónica, pero quiero recordar, una vez más, que éstos y otros muchos que conocemos, fueron los arquitectos que trazaron y echaron los cimientos de esta gran ciudad en que se ha convertido Miami.

Y con el permiso de ustedes, me voy a dar una vuelta para recrear el alma y los ojos en una ciudad donde la laboriosidad y la inteligencia de hombres buenos han realizado lo que pudieran haber hecho en Cuba, si la satrapía que se la robó no lo hubiese impedido.

MUERE OTRO GRANDE DE LA
MUSICA POPULAR CUBANA

Ha llovido mucho desde aquellos días inquietos y promisorios, en que Octavio (Cuso) Mendoza cantaba en Santa Clara unido a la orquesta Cubanicay, y escuchábamos su voz en Placetas a través de las ondas de la CMHI, en programas que anunciaba René Romero López. Han pasado ¡60 años! de aquellas fechas y, a pesar de espacios prolongados de tiempo, siempre nos reunía el afecto nacido en los estudios de la RHC-Cadena Azul en los años del 40, mientras animábamos los programas mañaneros con el famoso Trío Servando Díaz, del que Cuso y Otilio Portal junto con Servando, fueron fundadores. Aquellos tiempos amables nos brindaron la oportunidad de conocer el alma de Cuso Mendoza, transparente y noble, dedicada a familiares y amigos.

Conservo cartas de Cuso, que nunca me pedía nada para él, pidiéndome en sentidas frases desde Sanford, donde vivió y murió: "Rosendo, aquí te envío la foto de Maximiliano Sánchez (Bimbi) para que la publiques y hagas sentir a su familia y admiradores la muerte del viejo Bimbi que tanto alegró con su canto y su guitarra, a los públicos de Cuba, Centro y Suramérica".

Aunque lo escribí en mis libros "Vida y Milagros de la Farándula de Cuba", bondadoso como era, cordial y buen amigo, Cuso jamás pedía para él, a pesar de poseer tantos méritos para figurar en cualquier cita, como el haber sido veterano de la Segunda Guerra Mundial y la de Corea, y retirado honorablemente del Ejército, habiéndose destacado tanto como músico y cantante. Al extranjero viajó por primera vez con el Trío Servando Díaz en 1941, a Puerto Rico, siendo los que "pegaron" "Bésame Mucho" de Chelo Velázquez, en la Isla del Encanto. Al cabo de los años después de hacer temporada con la orquesta de Anselmo Sacasa, Cuso se quedó a vivir en Puerto Rico largo tiempo. Figuró con la aplaudida orquesta del maestro Noro Morales y la de Mandy Campos y por dos años con el maestro Arturo Somohano y la Puerto Rico Philarmonic Orchestra. En Nueva York fue miembro de la mundialmente conocida orquesta de Xavier Cugat, y lo recuerdo cantando y bailando con sus brillantes maracas, en el teatro Capitol. Con la banda de Henry Madriguera, y con la orquesta del exclusivo "Stock Club" de Nueva York, donde también hizo temporadas con su trío "Los Mendoza".

En esta pálida fotografía, un tanto apagada por la pátina del tiempo, podemos ver en años triunfales al siempre sonriente Octavio Cuso Mendoza, escoltado a la derecha por Chiquito Socarrás, y a la izquierda por Panchito Riset, cuando los tres habían conquistado a la inconquistable ciudad de Nueva York. Chiquito Socarrás, nacido en Camagüey, Cuba, estuvo cantando con su conjunto 18 años consecutivos en el "Morocco" neoyorkino. Panchito Riset llevaba ocho en el "Versalles", y Cuso Mendoza, al centro, ya había cumplido 3 años en el "Stork Club", el cabaret más famoso del mundo, al que le discutía esa fama el "Tropicana" de La Habana y "El Lido" de París. Es necesario decir que el "Versalles", el "Morocco", y el "Stork Club" eran los tres mejores **night clubs** de los Estados Unidos en los años del 50, cuando se hizo esta fotografía. Lamentablemente, su hija Diana no pudo venir de Cuba al entierro de su padre, y me cuenta su sobrina Idelisa Mouriz que el sepelio en Sanford, Florida, muy cerca de la ciudad de Orlando fue una demostración del cariño que él se supo ganar en vida, con la asistencia de un gran número de amigos y admiradores, y la doliente compañía de su viuda, Estrella, y sus dos hijos adoptivos. Descanse en la paz de Dios, el gran músico, cantante y amigo Octavio (Cuso) Mendoza, que dejó de existir el viernes 17 de enero de 1997, en la ciudad de Sanford, Florida, a los 80 años de edad.

LO INSUSTITUIBLE EN EL PERIODISMO

Entre las cosas que no pueden sustituirse en el periodismo está la valiosa función del **corresponsal**, cargo que ni el revolucionario Internet puede suplantar, porque... ¿quién si no un corresponsal, va a poner en el techado de la computadora el objetivo que se quiere alcanzar o anunciar...?

En los tiempos viejos (que fueron mis tiempos jóvenes) hubo un corresponsal famoso en los predios villaclareños, que era bienvenido en tooooodas las fiestas, con la interesada esperanza de que retumbara en los periódicos habaneros. Se firmaba Rafael Domenech, pero todos le decían familiarmente "Felucho", incluyendo a Emilio de Armas ("Armitas") que mucho le conoció. Otro corresponsal que recuerdo es a José Julio Morales, del periódico "Avance", y destacado en Cárdenas y Varadero. Estos corresponsales, unidos a los millares que en el mundo han sido y serán, forman una estirpe que ha llenado millones de páginas en los diarios de todas partes, estableciendo la imprescindible comunicación entre los hombres "y sus circunstancias"...

Ya en 1891, Ossorio y Gallardo, según el "Manual del Perfecto Periodista", expresa que "la confección de un periódico es mucho más peliaguda de lo que puede creerse a simple vista el comprador, por unos pocos centavos, no sólo de noticias e impresiones de cuanto ocurre o puede ocurrir, sino de molde para sus pensamientos, cauce para sus aspiraciones, forma para sus ideas e ideas para su cerebro".

En ese nutrimiento de las páginas periodísticas está la tripa rellenada por los corresponsales con los actos y hechos que ocurren en las provincias o en los lugares apartados de las urbes. Existen también los "corresponsales espontáneos", como mi amigo José Adolfo González (Fierrito), chofer de guaguas en Cuba republicana y corresponsal de Radio Progreso, a tooooodo lo largo de la ruta que cubría manejando su guagua Santiago-Habana...

Las ocurrencias y casos reportados por los corresponsales dan risa, y algunas guardamos, de periódicos y revistas españolas, entre ellas "Dígame", que dejó de circular hace muchos años, y a la que estuvimos suscritos varios lustros. He aquí, algunos botones de muestra: **"Se ha fugado Taravilla (Guadalajara) el hijo del alcalde del pueblo en compañía de una agraciada joven, sin que hasta el presente se les haya podido detener. Según su madre, el joven iba a estudiar para cura, pero parece que ha torcido el camino..."**

Otra que se las trae: --"En Alba Tornes ha sido preso un individuo a quien se sorprendió dentro de la casa del primer contribuyente, forzando los baúles. Reconocido dicho individuo, resultó ser... el Registrador de la Propiedad"...

Después de todo, si el intruso era el Registrador de la Propiedad, estaba en su legítimo derecho de registrarle los baúles a un contribuyente... Aquí, el Internal nos registra los bolsillos toooooodos los años, y naaaaadie dice nada.

Correspondiendo al elogio que me hizo la señora Corina en su visita a DIARIO LAS AMERICAS, al decirme: --"Leo siempre sus crónicas, porque publica cada cosaaaaaa, que nos traen tantos dulces recuerdos, como para no olvidar", insisto en mi nostalgia cubana publicando fotos y recuerdos de una época insuperable en un país inolvidable... Esta foto que ven, fue hecha en 1953; me la envió Linda Caro, desde Nueva York, y contiene la sonrisa sobradora del primer actor Paúl Díaz, émulo en su juventud de Rodolfo Valentino... aunque en esa época Paúl Díaz en vez de actor, pretendía ser boxeador en Tampa.

¡SEÑORES... POR FAVOR!

Dicen que siempre pasa igual cuando sucede lo mismo, y hemos observado la machacante repetición de "historiadores paracaidistas", que levantan la mano para ofrecer su opinión o dar falsas versiones de hechos que están escritos sin su concurso. Esta verdad axiomática de los hechos en sí mismos, presenciados por testigos que todavía no han muerto, gracias a Dios, nos pincha para tener que saltar en defensa de los pobres "embutidos", receptores del más reciente desaguisado, aunque pienso que, al que afirmó en la televisión, el desatino del que estoy escribiendo, lo engañaron como a un chino...

Concretamente, sucedió el 13 de noviembre de 1999, en el noticiero vespertino del Canal 23 de Miami, y sonó como pescozón en la cara de los televidentes que conocen un poco de la historia reciente de la música cubana. El locutor reforzando lo escrito en la pantalla, engoló la voz para proponer una trivia sobre un personaje de la música nuestra. Y, como un resorte se contestó, orgulloso de su sapiencia: "Desy Aznaz, que se hizo famoso con el cabaret Babalú de Cuba" ¡Aguántenme ese trompo en la uña! ¡Qué desorientación más desorientadaaaaa!

Casi automáticamente empezó a sonar el timbre en el teléfono de casa, introduciendo las voces de algunos amigos, conocedores de nuestro desenvolvimiento musical, unos sorprendidos y otros indignados. Jesús Gorís, por ejemplo, descolgando el aparato, me dijo: ¿Oíste la barrabasada? Y me limité a contestar: Sí, la sufrí...

Y es que, uno ha tenido que soportar tantas agresiones a la verdadera verdad, que se vuelve estoico sin pretenderlo. ¿Por qué no se asesoran bien, señores? Desiderio Arnaz (Desi), vino a Miami en 1933, para más tarde figurar como miembro de la orquesta de Xavier Cugat, y hasta grabó el "Babalú", de Margarita Lecuona en 1946, peeeero su fama nació cuando más tarde se casó con la rutilante Lucille Ball, y filmaron la exitosa serie "I Love Lucy", uno de los más grandes hits de televisión.

Ese "Cabaret Babalú" que mencionaron en el citado Canal, no existió más que en la imaginación de un despistado. Desi adquirió fama en los Estados Unidos de Norteamérica, y no en nuestra Isla, aunque era cubano, hijo del Alcalde de Santiago de Cuba, en tiempos del general Machado. Desi murió a los 69 años de edad, en California. Con Babalú, quien se hizo famoso y lo hizo famoso, fue el famoso Miguelito Valdés, "Mister Babalú"...

ORLANDO (CHICHO) VALLEJO

Esto también sucedió en 1959... Orlando (Chicho) Vallejo, el muy aplaudido bolerista cubano, escoltado ¿? por dos barbudos revolucionarios, al entrar en los estudios para grabar un disco. Algunos se preguntarán ¿y para qué tenían que escoltar a un cantante popular a su trabajo? Bueno, pues, por esas cosas absurdaaaasssss que empezaron a producirse en 1959. Recuerdo muy bien cuando los embullados, con escopeticas de municiones, "vigilaban toooda la noche en la azotea de Radiocentro para defenderlo de la invasióóóónnnn norteamericanaaaaa..." ¡Que picuenciaaaaaaaa! En tooodas las emisoras se apoderaron de la puerta los milicianoooosssss que, muchas veces, eran "voluntarios" compañeros nuestros, que nos registraban, cacheaban", al entrar a nuestros trabajos. ¿Se acuerdan? En la foto, están Castillito, del departamento de publicidad de los discos "Panart: de los hermanos Ramón y Galo Sabat; un miliciano; Orlando Vallejo; oooootro miliciano; y el compositor guanabacoense Juan Arrondo. Así se escribió la amarga historia...

En estos sabrosos días de fríos preliminares, aproveché para releer a mi admirado Octavio R. Costa, en su libro "Imagen y Trayectoria del Cubano en La Historia". ¡Qué descripción tan airosa de la historia cubana, de 1492 a 1902! Confieso que me enorgullece ser compatriota y amigo de un valor tan sólido de la cultura cubana. Salve, Octavio.

LA SONORA MATANCERA CUMPLE...

Este grupo legendario se formó precisamente un 12 de enero de 1924, al reunirse en el número 4 de la calle Salamanca, en la ciudad de Matanzas, un grupo entusiasta de músicos para dar larga vida a la que ha sido y es "**La Sonora Matancera**". Aquellos **primeros** integrantes fueron: Valentín Cané (tresero, tumbador y director, hasta los años 50); Pablo Vázquez "Bubú" (bajista); Ismael Goberna (Trompetista); José Manuel Valera (guitarrista); Domingo Medina (guitarrista); Juan Bautista Llopis (guitarrista); Julio Govín (guitarrista); Manuel Sánchez "Jimagua" (timbalitos).

El conjunto se constituyó con el nombre de "Tuna Liberal", cambiando de nombre varias veces. Así fue "Sexteto Soprano", "Sexteto Sonora Matancera", "Estudiantina Matancera" y, finalmente "Sonora Matancera"... Rogelio Martínez, su actual director y Carlos Manuel Alonso (Caíto), ingresaron al grupo 2 años después de fundado, o sea, en 1926, con el honroso bagaje de haber grabado anteriormente con la charanga del legendario Antonio María Romeu.

No fue nada fácil la tarea de luchar musicalmente en una dura competencia, en la que estaban conjuntos de la jerarquía del Septeto Habanero, Nacional de Piñeiro, Bolaña, el Pinareño, y varios más con características nacionales de definida simpatía. Pero, La Sonora fue cubriendo etapas y subiendo escalones, hasta situarse firmemente en lugar preferencial. En distintos momentos, los retos fueron tremendos. Baste recordar la extraordinaria popularidad del Conjunto Casino, Roberto Faz, Los Jóvenes del Cayo, Alberto Ruiz, Arsenio Rodríguez, y una lista larga y valiosa de líderes musicales con mucha fuerza y razones para triunfar. Pero La Sonora Matancera no cedía un ápice del terreno conquistado. Aunque algunos comentaristas no le concedan a sus largos años tocando en las Academias "Marte y Belona" y : Havana Sport", yo creo que ese contacto diario con los bailadores habaneros produjo una química que los ayudó a consolidar el estilo peculiar y el ritmo autóctono cubano, al que también coadyuvó el maestro Severino Ramos, con sus reiterados arreglos.

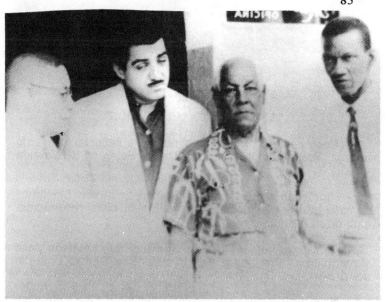

Posiblemente, ésta es la última fotografía que le tomaron en vida a Valentín Cané, fundador de La Sonora Matancera, quien murió poco tiempo después, en 1954. La foto, que me llega por la amable vía del buen amigo peruano Oswaldo E. Oganes, infatigable admirador de La Sonora, fue tomada en las oficinas del conjunto famoso en La Habana de ayer, mientras acompañaban a Valentín Cané, Carlos M. Díaz (Caíto), Nelson Pinedo (El Muñecón Colombiano), y Adolfo Martínez, hermano de Rogelio Martínez, actual director de La Sonora Matancera desde la muerte de Cané. Si se fijan bien, verán que el letrero está al revés por un descuido de quien reveló la instantánea.

Hicieron carrera en La Sonora, músicos notables, caracterizados como pertenecientes a la agrupación: José Rosario Vázquez Chávez (Manteca), desde 1929, bongosero y timbalitos; Calixto Leicea (trompetista desde 1935, que sigue tocando con el grupo, a sus 85 años de edad; Lino Frías (Pianista) y Pedro Knight (trompetista), casado con Celia Cruz, y unido a La Sonora desde 1944; y Angel Alfonso Furias (Yiyo), (tumbadora) que se unió al grupo en 1945. Tuve el gusto de participar en una de las varias películas mexicanas en que tomó parte La Sonora Matancera, estando además en aquel reparto estelar de la cinta "Ritmos del Caribe", Rita Montaner, Susana Guizar, Rafael Baledón, Varelita, Amalia Aguilar, El Tío Lamparita, y otros. La Sonora Matancera sigue siendo aclamada en Panamá, Colombia, Costa Rica, Perú, Chile, Uruguay, República Dominicana, Puerto Rico, Haití, Aruba, Curacao, México y qué sé yo. En Europa han tenido calurosa acogida en España, Francia, Finlandia, Alemania, etc. Sus oficinas están en Nueva York, y su dirección continúa en las manos de Rogelio Martínez, que luce un adolescente de ¡¡¡¡¡90 añosssssssssss!!!!!

"ANUNCIOS CALCIFICADOS"

1.-- Cedo parte de auto como nuevo, a señorita con bajo millaje. Preguntar por Danny y Daniel Soler, en 32 Avenida y Calle 8...

2.-- Empleada doméstica de confianza, se ofrece. Las amas de casa interesadas deberán presentar carta de recomendación de su última sirvienta...

3.-- Vendemos zapatos de legítima piel de camaleón para sinvergüenzas. Preguntar por Pérfido Pérez en el Callejón del Atraso...

4.-- Necesitamos gatos y perros al por mayor para obra benéfica. Dirigirse a la fábrica de embutidos "El Cerdo que Ladra"...

5.-- Intercambio servicios políticos de mi mujer, que nunca está en casa, por mucama joven y atractiva que se ponga a mi servicio doméstico...

6.-- Se solicita secretaria bilingüe, que esté competente y hable que se le entienda. Las aspirantes deben enviar foto en trusa...

7.-- Soy una mujer honrada, y solicito una trusa **tanga**, ya que siendo taaannn honesta no tengo naaaaaddddaaaaa que ocultar...

8.-- Solicito un marido que no sea militar ni albañil, pues no quiero casarme para tener que vivir entre la espada y la pared...

9.-- Joven práctico e inteligente, busca posición con menos **porvenir** y más **presenteeeeee**.

10-- Actor de telenovela urge nuevo trabajo, porque me matan en el próximo capítulo...

CON EL "VIEJITO BRINGUIER" EN 1947

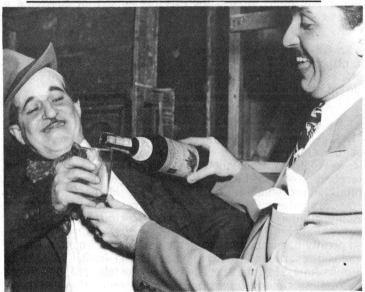

Como tarjeta de Año Nuevo 1997, permítame usar esta foto que nos hizo el fenecido amigo Charlie Seiglie, el 31 de diciembre de 1947, en el escenario del teatro "Martí" de La Habana (haceeee 50 años), en la función de las 12 de la noche, con la Compañía de "Garrido y Piñero". Eran los tiempos felices en que podíamos vivir despreocupadamente las madrugadas en aquella añorada Habana nocturna, sin tener que emigrar a otras tierras buscando la libertad que nos negaron en la nuestra. El archisimpático "Viejito" Bringuier en la foto, brinda con Este Pobre Cura en 1947, y de acuerdo a los sentimientos que le conocimos mientras pudimos gozar de su invariable amistad y compañerismo, debe seguir brindando desde el Cielo, donde seguramente fue acogido, por la felicidad y el regreso a aquella Patria en la que fuimos tannnn felices.
¡Salud y Prosperidad!

OTRA TARDE QUE SE VA...

Hace ya bastante tiempo que me da vueltas en la mente esta crónica, inspirada por una frase que le escuchaba dominicalmente al Dr. Reyes Roque, despidiéndose en su programa musical: "Otra tarde que se va" y que, aparte de la dulce nostalgia que me producía, me recordaba la frase que usaba el periodista Jesús Castellanos en las ediciones literarias de "La Discusión", recortadas y guardadas por mi padre con tanto amor, junto a los escritos de Arthur Brisbane y otros connotados de la época.

La frase era "Una Semana Menos" y yo, con curiosidad infantil, violaba las gavetas donde papá guardaba sus tesoros... Por eso, quizás, la frase de Reyes Roque me llevaba al mundo de mi niñez, envuelto en nostálgicos pensamientos.

El escaparate de mi padre y la biblioteca de la sociedad "El Liceo", eran mis refugios favoritos. Leyendo Conrado Massaguer en la revista "Selecta", y a los grandes escritores de los periódicos diarios, me empapaba de historias que me enteraban de que en "La Discusión" fue donde encontraron hospitalidad los redactores de "Patria", dirigida por Manuel María Coronado, y donde escribían Varela Zequeira, García Kohly, Miguel Coyula, el ilustre poeta Enrique Hernández Miyares, Pancho Hermida, Héctor Saavedra, y otros que, por su prestigio, gozaban el privilegio de trabajar en oficinas privadas o separadas. Los más jóvenes, como Jesús Castellanos, Tomás Juliá, Mariano Acevedo, Valdés Portela, y Miguel Angel Campa, escribían en mesas indistintamente situadas en un espacioso salón, cobijados por el bote en que el general Maceo pasó la Trocha que se mecía sobre sus cabezas peligrosamente.

Pancho Hermida fue no sólo periodista, sino un tipo muy especial, según contaban las crónicas de entonces. Le decían "Pancho Venecia", y era un bohemio impenitente. Naaaaaaadie sabía con quién hablaba ni dónde vivía. Desaparecía repentinamente como si obedeciera palabras del mago Richardine. A veces, recibía reprimendas y castigos por excederse detrás de los encantos de alguna bella bailarina. Después se perdía en la multitud. Iba a Venecia, a Roma, o a París, aunque muchos creían que se refugiaba en lugares apartados del interior de la isla. Pero sus crónicas curiosamente llegaban periódicamente revestidas de interés con sellos extranjeros, fechados en alguna de las grandes ciudades, que evocamos con deleite.

Fueron años, hoy venerables, sin prisas ni empujones, donde teníamos tiempo para la chanza y el choteo criollo. Era Cuba. Nuestra Cuba...

EL CÍVICO PADRE JOSÉ CONRADO RODRÍGUEZ

Desde hace meses, algunos amigos lectores me insistían en que publicara una fotografía del Padre José Conrado Rodríguez, pues oían de él, pero no le conocían. Confieso que tampoco yo había visto publicado ningún retrato del valeroso clérigo cubano. En auxilio mío vino el semanario "La Voz Libre", de Los Angeles, dirigido por el fraterno Angel Prada, que publicó una información de la histórica misa oficiada por el Padre José Conrado, el primero de enero de 1997, en la Iglesia de la Asunción de la ciudad angelina. Para los que me lo pidieron y para todos los demás, ahí tienen la figura joven del Padre José Conrado Rodríguez que, hasta hace 4 meses, fue el cura párroco de la iglesia de Palma Soriano, en el oriente cubano, desde donde tuvo el valor cívico y patriótico de dirigir una carta abierta al dictador Fidel Castro, fustigándolo por la falta de derechos humanos en Cuba.

YO ME ACUERDOOOOO...

*...que en Cuba, una "pelleja" era una mujer que coqueteaba descaradamente para "tumbarle" el esposo a una amiga de mamá...

*...que a los rascabucheadores les decían "albañiles", porque trataban de repellar a las mujeres en las guaguas y en los grupos...

* ...que era obligado "ponerse a los pies de las damas". Ahora, ni el ortopédico Quirantes se pone a los pies de naaaaadie. Manda a un empleado...

*...que en Cuba la educación y buenas maneras se notaban en todas partes. Ahora, se nota la chusmería vestida de modernismo...

*...que un "camaján" era lo que aquí se llama "un seniorcitizen", y allá era el que todavía se consideraba "entero", y le fajaba a las chiquitas...

*...que en Cuba, la trompetilla era el arma más efectiva en contra de la guapería tropical...

*...que una trompetilla tirada a tiempo le rompía el pasodoble al alarde estruendoso del guapo de la esquina.

*...por eso, a estos "guapos del tránsito" de Miami, que por cualquier cosita se irritan y ofenden a los choferes pacíficos, les debíamos devolver sus insultos y el dedo parado, con una sonora trompetilllaaaa...

*... que en Cuba se medía el decoro de una mujer por el tamaño del escote, y el largo de la falda...

MARÍA FÉLIX
CON EL ALCALDE CASTELLANOS

Eran los tiempos republicanos felices en que los cubanos nos manteníamos acorazados dentro de nuestras hermosas costas, y el mundo exterior iba a allí en busca, sólo de nuestra fuerte moneda (a la par del dólar), sino buscando el cariño proverbial de los cubanos y el sabroso ambiente que no encontraba en otras latitudes. Tooooodos los artistas extranjeros, conocidos o no, desembarcaban en Boyeros o en el puerto, armados de una sonrisa y una esperanza que, convertidas en realidad, compartían con los que habíamos tenido la dicha de haber nacido en la tierra de Martí y Maceo. Una superfamosa de aquellos tiempos era esta sensacional mujer llamada María Félix (María Bonita), que fue varias veces a La Habana para recoger laureles de plata y sonrisas amigas, como la del popular alcalde habanero Nicolás Castellanos, a quien la estrella mexicana fue a visitar s su despacho alcaldicio. Castellanos, siempre elegante a la par que sencillo, hizo de la visita de María Félix un ágape cordialísimo compartido con funcionarios y amigos, entre los que se encontraba el Dr. J.E. Ravelo MD, médico muy querido, desde hace muchos años residente con su distinguida familia, en Orlando, Fl. esperando poder regresar en día no lejano a una Patria libre...

FAMILIAS MUSICAS DE CUBA

Naaaaadie osaría discutir que Cuba produjo verdaderos racimos de músicos en distintas familias y diferentes épocas, tanto en la música selecta como en la popular. Recordando al vuelo, nos vienen a la memoria nombres tan connotados como los de Emilio, Ernesto y Eliseo Grenet. Los Lecuona, Ernesto y Ernestina, y Margarita, prima destacada, autora de Babalú y Tabú, entre otras inspiraciones, y un nieto de Ernestina, Leo Brower...

Los Romeu forman una laaaarrrgggaaa fila de consagrados músicos cubanos que cubrieron toda una época, y aún siguen vigentes. Los troncos fueron Armando y Antonio María Romeu, ambos directores de brillantes trayectorias. Armando Jr. director de la orquesta titular de Tropicana, Zulema, Zurama, Rubén (destacado también como escritor radial y muerto prematuramente), Ernesto que rindió labor meritoria en Tampa, al lado de su sobrino Pully Zequeira. De Antonio María, su hijo violinista Antonio Ma. Jr. a quien conocíamos por el apodo cariñoso de Pacholí.

Los Lebatard que formaron parte de la famosa orquesta de su nombre, lidereada por el gran saxofonista Germán Lebatard, y su padre el trompetista Gonzalo. Además, Gonzalo Jr. trompetista, Luis saxofonista y Luis Jr. trompeta. Esa afamada orquesta se llamó también "Orquesta Encanto", y dio origen nada menos que a los mundialmente conocidos "Lecuona Cuban Boys".

En este somero recuento no puede pasarse por alto a los Hermanos Castro (Los bueeeennnnooosssss), Manolo, director y saxofonista, Juanito, pianista, Antonio, trombotista, fenecido en el exilio de Miami, y Andresito, trompetista y el benjamín de la familia

En el Piano, el Maestro Ernesto Lecuoña

Aquí está la orquesta "Hermanos Castro" en plena faena de ensayo, nada menos que en el "Gran Casino Nacional", en la temporada de 1946-47. Se pueden identificar a los Hermanos Castro, y además a Carlos Arado, trompeta, Wakuki, Pedro Chao, el insigne maestro Ernesto Lecuona, al piano, y a su lado el que fue famoso coreógrafo Sergio Orta, que triunfó en Hollywood. Junto al micrófono en el extremo, está Bob Wilkinson que fungía de maestro de ceremonias.

Los hermanos Palau formaron otra agrupación musical con mucho éxito. Todavía charlamos con Tata Palau, recientemente en el ensayo de Bebo Valdés. Los Anckerman tuvieron tres generaciones de famosos. Y solamente Jorge musicalizó cientos de obras del teatro vernáculo, y está enraizado junto a la historia del legendario teatro "Alhambra".

Los Brindis de Salas formaron una dinastía de virtuosos. Claudio (el padre) fue director y patriota esforzado, mientras que su hijo Claudio José llamado "el Paganini Negro", fue una estrella internacional.

Cervantes está considerado el pianista y músico de técnica más depurada, y sus hijas siguieron sus pasos, María Cervantes brilló intensamente en los primeros años de la República. Los Valenzuela, Pablo, Lucas y Raymundo. Los Urfé, en fin, los De Rivera. Paquito y su padre. Los Pratts, Rodrigo, y su progenitor Jaime y Jorge Luis, y esos grandes que han sido los hermanos Jorge y Alberto Bolet. Jorge Bolet ha sido uno de los mejores pianistas cubanos de todas las épocas, y su hermano Alberto, ha dirigido a las mejores orquestas sinfónicas del mundo.

Estos señalamientos nos causan un sincero regocijo, porque marcan el porfiado concepto que siempre hemos tenido y defendido de nuestra nacionalidad cubana.

A TIEMPO CON LOS TIEMPOS...

Viendo el debate de los candidatos presidenciales por televisión, la mente regresa a los vieeejjjooooss años de mi niñez en Cuba, donde lo fuerte de las campañas eran las impresionantes caballerías de guajiros invadiendo el pueblo, y las congas tocando "La Chambelona" o "Menocal sonado el cuero". Ahora, la televisión, que lo ha cambiado casi tooooddddoooo, transforma también el estilo de los aspirantes, y los amarra a un debate, sin chambelonas ni caballerías, pero con maquillaje...

Se ha publicado que Clinton ha recibido clases y asesoría por parte de expertos publicitarios, así como maestros de actuación, para impresionar ventajosamente a los televidentes. Clinton que ha asimilado muy bien las acusaciones sobre ciertos fraudes en su estado, ha asimilado también las lecciones y se le ve poner cara de "yo no fui" cada vez que su contrincante lo lleva recio. y, el público, que es buen asimilador, traga y se emociona con las poses olvidando ingenuamente los hechos...

Pero, no siempre triunfan los consejos de publicitarios y actores. Recordamos como en 1974, el gobierno de Chile, contrató los servicios de la afamada agencia de J. Walter Thompson, que fracturaba en aquel tiempo nada menos que 800 millones de dólares y tenía 6,000 empleados distribuidos en 26 países, para tratar de promover en todo el mundo una imagen nueva, limpiándola del churre que le habían tirado los comunistas calificándolo de "fascista"...

Han pasado muchos años y, a pesar de la radiante prosperidad de Chile y la tranquilidad de que aún goza, a pesar de los escollos que le oponen los empecinados, a Pinochet le siguen llamando "dictador", y al dictador Fidel Castro le dicen inefablemente "primer ministrooooo...

MAESTROS LECUONA Y GONZALO ROIG

Otro éxito doble puede calificarse el que obtuvieron Mara y Orlando, en el Dade County Auditorium de Miami, con "Una Tarde en la Habana de los Años 50", y "Una Noche en el mismo lugar en los años 40", con un derroche de música y estrellas, como Xiomara Alfaro, Chamaco García, Olga Díaz, Rolando Ochoa, Los Cancioneros, Los Guaracheros, Juan Bruno Tarraza, Rita María Rivero, Elsa Valladares, y el legendario MaitreD "Casa Juancho", don Miguel Herrero. En la foto pueden ver a los maestros Gonzalo Roig y Ernesto Lecuona, recordados por Mara y Orlando en festival anterior,

ESCRIBIENDO HISTORIA...

Naaaaadie puede osadamente discutir (aunque muchas veces lo hacen) que aquel simpático programa que logramos disfrutar siendo aún niños, de "Catuca y Don Jaime", incorporados sus personajes por el talentoso Sergio Acebal y el puertorriqueño aplatanado, Pepe del Campo, fue el programa de mayor permanencia en la radio, entre los que se destacaron primero. Otro de los que marcó pauta y ejemplo, fue sin duda "La Hora Múltiple" de Luis Aragón Dulzaides, por haber constituído, una novedad artística, sin chabacanerías o vulgaridades. La "Múltiple" fue un programa tan pulcro como su creador y, sin embargo, acaparó la atención de la radioaudiencia de la época, desmintiendo a los defensores de la chusmería.

"La Hora Múltiple" empezaba y terminaba sus transmisiones con "La Comparsa" de Lecuona, sobre la cual surgía la inconfundible voz de Luis Aragón, diciendo: "Siempre Hay Algo Interesante entre "Comparsa" y "Comparsa"...

Estuvo fuera de la costumbre posterior de basar su éxito en la política, aunque debido a la agitación de aquellos años del 30, se creó, en 1932, un personaje nombrado "Don Cornelio", interpretado por el actor Antonio Valladares, que cantaba con música de "La Cucaracha" las coplitas hechas puyas con el estribillo-parodia de "La Siguaraya, La Siguarallaaaaa"... Algunos tropiezos con las autoridades de la época tuvieron los autores de aquella guasa con orden, pero sin llegar la sangre al río... que terminó cuando su creador Luis Aragón comprendió que era mejor dejarle el paso a las nuevas corrientes que surgían, de la mano de fuertes anunciantes, rompiendo los moldes cooperativos que hicieron posible la avalancha "novelera" que ha llegado a nuestros días... En aquellos tiempos nos referíamos al año 2000, con una expresión taaaaannnn vaga que nos parecía inalcanzable y "cosa de los muñequitos" y, sin embargo, el Siglo XXI está casi al doblar de la esquina...

FOTO HISTORICA EN C.M.W.

Es un regocijante placer presentarles esta foto original, con los integrantes regulares de "La Hora Múltiple" que, como ven en la banderola que cuelga del micrófono, se producía en la CMW, (que se encontraba en el Paseo del Prado, frente al Capitolio Nacional, y que más tarde, se trasladó al edificio Packard, en Prado 53, donde estaba la RHC-Cadena Azul, con el título de "Cadena Roja", dirigida por Flor Angel Cañizo y Antonio Gil). En la foto, están en la primera fila: Ignacio Corominas (con una "penca" o abanico de guano que entonces sustituía al aire acondicionado, ya que en aquel entonces había que "fabricarse" el aire fresco), le sigue el primer actor Miguel Llao, las primeras actrices Celia Adams y Enriqueta Sierra, que da el brazo precisamente a "Don Cornelio", el valioso actor Antonio Valladares. El trío sonriente detrás, lo forman Luis Aragón, director, abrazado a su esposa Conchita Nogara, musicalizadora, y a la actriz y escritora Aracelli Torres.

AGRADECIMIENTO A GUILLERMO JORGE Y ENRIQUE M. PADRÓN

Inicialmente las experiencias de una justificación por la tardanza en corresponder a una lisonja múltiple, realizada por dos personas amigas y poetas de mérito, me muestran la importancia preferente en cuestiones fraternales. Dicho en palabras directas y humildes, porque hablé antes como si fuera un funcionario de la Cepal, estoy agradeciendo al Dr. Guillermo J. Jorge y a Enrique M. Padrón, los sendos sonetos que publicaron y dedicaron a mi persona, por el acendrado amor a Cuba y otras particularidades de carácter y proceder. Yo, con un cocuyo en la mano y un gran agradecimiento en la pluma, les escribo otro soneto...

Al Dr. Guillermo Jorge y Enrique M. Padrón

Repleto de colores el paisaje,
cansado de tener la puerta abierta
y la esperanza dentro casi muerta,
dos amigos me invitan para un viaje.

Sus sonetos me brindan tal lisonja
surgidas del afecto, que por tanto
me siento confundido, y el encanto
me colma de rubor cual una monja..

La voz se quiebra y no puedo decir
siquiera gracias, pero sabe Dios
que júbilo y placer para los dos
antes del sueño pido cada noche
y pido, aunque parezca esto un derroche,
volver los tres a Cuba, a sonreír...

EL "LADIES TENNIS CLUB" DE SAGUA LA GRANDE

Me envuelve un halo de feliz nostalgia, siempre que veo alguna imagen como la de arriba, con aspecto y ambiente reminiscentes de aquella inolvidable Cuba que saboreamos en la niñez. Sinceramente afectado por la foto, reproduzco el pie de grabado que acompaña a dicha foto, en la portada de julio del órgano oficial del municipio de Sagua la Grande en el Exilio: "Ladies Tennis Club. Esta imagen del Ladies Tennis Club en la década de los 20 o principios del 30, adquiere un íntimo carácter de rememoración de tiempos lejanos pero nunca olvidados. Sociedad fundada en 1922 por iniciativa de la señorita Esperanza Alfert y Aroix, ha pasado a la historia de las instituciones sagüeras que más contribuyeron al progreso cultural, social y deportivo de Sagua, sirviendo además de modo excepcional para situar en planos muy superiores el nombre de la mujer sagüera, sus logros y aspiraciones.

Si algo, en fin, permanece de verdad en nuestras más amadas remembranzas, es esta del Ladies Tennis Club. (Foto enviada desde España por Ana Mari Usandizaga Beguiristain a Clarita Beguiristain).

Me causa cierta pena, además, que mi otro municipio, Placetas, la que fue hermosa Villa de los Laureles, no posea también un órgano informativo tan valioso como "El Undoso", para unirnos en afectos y recuerdos...

AUTORES DE ALTA ESTIMA

Raúl Tápanes Estrella y Francisco Henríquez son dos de los autores a los cuales debo excusas por la tardanza involuntaria en dar merecida contestación al gentil envío de sus últimas producciones literarias. Tanto el libro de Henríquez como el de Raúl Tápanes, merecen la atención justa que reclama el contenido atesorado en tan importantes obras. Debo confesar que la publicación de buenas obras en la actualidad es tan prolífera que el tiempo no se estira todo lo razonablemente que quisiera para poder gozar plenamente su lectura.

Otro consagrado autor, el Dr. Octavio R. Costa, nos brinda la singular ocasión de aquilatar con amenidad la vida ejemplar del Dr. Modesto Mora, médico dedicado a repartir el alivio y el bien a espuertas, y en cuya obra ando por los primeros capítulos, muy regocijadamente. También el distinguido amigo Guillermo Cabrera Leiva me hace llegar los "Seis Sonetos de Fincho Leiva", su primo poeta, que nos traen a la memoria imborrables momentos de nuestra etapa estudiantil.

Como es época de dar gracias, las doy también a la elegante revista "La Playa", asi como al sagaz redactor Teodoro Rodríguez y la fotógrafa Myriam Granados, por la entrevista, publicada en este número "Especial de Navidad", cuyo título nos honra: "Rosendo Rosell Símbolo de la Alegría Cubana". Gracias a tooooodddoooossss, agregando los invariables e indesteñibles que no olvidan enviarnos Felicitaciones Navideñas, que recibimos y agradecemos: De Eva Alzugaray, madre del Dr. Manolo Alzugaray y Familia... Del actor Manolo Alván, desde Nueva York... De Jorge J. Wirshing y Familia.... De Lucy Licea... De la cantante Olga Guillot... De Félix D. Ortega, de Chicago... De Horacio Tamés de West New York... Del Dr. Juan de Juan M.D. de Flushing, New York... De la poetisa Carmen Rosa Borges... De Francisco Salgado B... De José Barturen (Bartender) desde New Orleans... De Rosa Silva y Familia, desde Tampa... Del compositor José Carbó Menéndez, desde Weehawken, N.J...

FERNANDO ALBUERNE Y GONZALO DE PALACIO

Siendo la Navidad de 1996, queremos recordar esta reunión en la misma fecha de 1961, en un modesto hotel de Miami donde comentábamos Fernando Albuerne, Gonzalo de Palacio y Este Pobre Cura, acerca de la ceguera de muchos sectores cubanos que no acababan de comprender la enorme desgracia que había caído sobre nuestra patria.

Hoy, que está más cercana la liberación de Cuba, lamentamos la ausencia de Gonzalo, la delicada salud de Fernando, y los sufrimientos soportados por nosotros en estas laaaarrrrggggggaaaassssss décadas de expatriados, aunque seguimos con la levantada voluntad de regresar a una Cuba libre...

LA HISTORIA LOS RECORDARA....

Es justo que en un momento determinado se puntualice sobre las personas que desenvuelven una actividad descollante en algún sector específico. Y este es el caso que nos ocupa hoy, respecto a la labor continuada y visiblemente fructífera de la Sociedad Grateli que, los días 25 y 26 de enero de 1997, puso con toda dignidad en el escenario del Dade County Auditorium de Miami, la zarzuela "Luisa Fernanda" de Moreno Torroba. A continuación, los nombres de los personajes y sus intérpretes, por orden de aparición:

Rosita: Tania Martí... Mariana: Daisy Fontao... Cacharrero: Ariel Mesa... Don Luis Nogales: Carlos Poce... Duquesa Carolina: Denise Vidal... Jeromo: Jesús López. Saboyano: Moisés Hernández... Don Florito: Mario Martín... Luisa Fernanda: Mara González... Aníbal: Raúl Durán... Javier Moreno: Bernardo Villalobos... Vidal Hernando: Rafael Coloma... Bizco Porras: Luis Celeiro... Don Lucas Gerardo Pedroso... Un hombre: Julio Pérez... Pollo Primero: Ariel Mesa... Pollo 2º: Daniel Martínez... Churrera: Luli Alvariño... Mozo 1º: Antonio Nieto.... Mozo 2º: Julio Pérez... Vecina: Javiera Mederos... Criada: Aurora de los Reyes... Capitán: Gerardo Pedroso... Un vareador: Jesús López...

Ballet Grateli: Elizabeth Acuña, Zabrina Cortina, Damaris Martínez, Doris Martínez, Peter La Fox, Alan Gasel, Walter López y George Prieto.

Dirección Musical: Maestro Alfredo Munar... Dirección Coral y Solistas: Maestro Jesús García Rúspoli... Coreografía: Peter La Fox... Vestuario: Antonio... Escenografía y Luces: Demetrio... Peinados y Maquillaje: Carlos Gomerí y Marcos Mere... Utilería: Héctor Andrés Vega... Asistente de Dirección: Diana Reyes... Asistente de Vestuario: Iliana Navarro... Auxiliar de Vestuario: Niola Montes... Asistente de Producción: Andrés Benítez... Jefe de Tramoya: Al Suárez... Dirección General: René Alejandro... Productores: Marta Pérez y Pili de la Rosa... Fotos: Asela... Video: G. Cutiño...

Hemos mencionado hasta el último personaje del espectáculo, gracias a Dios, aunque no siempre tenemos esa regocijante oportunidad. Debemos juzgar con justeza y no hacer juicios precipitados con relación a la buena voluntad del que escribe. **Conciencia y corazón marchan parejos, sin remordimientos.**

UNA RAREZA DE FOTOGRAFÍA

Esta foto es una rareza de las que tenemos la suerte de publicar a menudo para solaz de nuestros lectores. Son vestigios de la grandeza cubana de antaño, cuando se celebraban en Cuba carnavales a todo dar, que captaban la admiración y el aplauso de propios y extraños. Como ven, es una corpórea locomotora como las de George Wirsching, sin vapor y sin acero. Es una carroza hecha por la cervecería La Polar, por el ingeniero Zeledón, y el entusiasmo creativo del desaparecido amigo Osvaldo Farrés, en 1938. La primera con la falda corta, es nada menos que la preciosa cubanita María Antonieta Pons, que subió toooooodos los escalones de la fama, como vedette y actriz en el cine español, dirigida por Juan Orol y Ramón Pereda. El niño que va adelante, es el hoy vetusto don Bernardo Martínez Niebla, que entonces era "Bernardito". Esta carroza fue paseada en casi todos los carnavales celebrados en las ciudades del interior, después de haberlo hecho en el de La Habana, como era costumbre de las grandes industrias. Farrés, como saben muchos, además de ser un acertadísimo compositor musical, fue dibujante y publicitario que tuvo a su cargo esa responsabilidad en La Polar, y según una carta del propio compositor, esta carroza, en 1940, fue vendida a la Feria de Nueva York.

Diiiiiiice Julio Iglesias que desea que su nuevo hijo con Miranda, crezca como campesino, a diferencia de sus tres primeros retoños... Y dice Celia Cruz que va a seguir cantando hasta que el manco eche dedos...

ADELANTO Y EFICIENCIA DE LA RADIO DE CUBA, EN 1940...

Varios grandes acontecimientos acaecidos al comienzo de la década del 40, dieron oportunidad a las huestes del Noticiero de la RHC-Cadena Azul, para demostrar su pujanza y eficiencia: Las elecciones para elegir Delegados a la Asamblea Constituyente; después, la toma de posesión de los elegidos; más tarde, los debates en pleno recinto asambleísta y, por último, la firma de la Carta Magna de la República, en el lugar mismo donde se había producido el anterior acontecimiento histórico, en el legendario Guáimaro, en la provincia camagüeyana.

Pero, no solamente fueron esos sucesos constitucionalistas, sino las famosas regatas de Varadero, con micrófonos instalados en la mismísima Playa Azul, narradas muy profesionalmente por el inolvidable Manolo de la Reguera. Y, como si no fuera suficiente para aquella época, debemos anotar en el libro de la historia radial cubana, muchos casos que fueron verdaderos sucesos nacionales, y que esta radio de Amado Trinidad y Cristóbal Díaz, impulsada en el sector noticioso por el sagaz Armando Canalejos, escrutó exhaustivamente para dar a conocer al pueblo hasta el último y más mínimo detalle...

Recuerdo que uno de los hechos más destacados de aquel veraz noticiero, fue el caso de "la mujer descuartizada", el crímen más espeluznante reseñado por la crónica roja cubana. En aquel desatino, el Noticiero de RHC, dio a conocer con 8 horas de antelación a los demás periódicos, tanto aéreos como terrestres, el nombre, sin lugar a dudas, de la infeliz mujer que, durante más de un año, mantuvo la expectación de todo el mundo: Celia Margarita Mena Sánchez. Y, en el propio caso, el autor del crimen, a través de las ondas azules, narró palabra por palabra la confesión de su horrendo crimen. El criminal se llamaba René Hidalgo Ramos, y solamente cuatro personas ajenas a la policía oyeron el relato según lo hacía el detenido. De esas cuatro personas, tres eran reporteros del Noticiero RHC Cadena Azul que, por distintos caminos, realizaron las investigaciones, logrando juntarse para llegar al mismo fin. Eran ellos, Armando Canalejo Gil, Lorenzo del Valle Sánchez, Esteban Yániz Pujol, y Armando Mora, de la redacción del periódico "El País"...

Esta histórica fotografía confirma y demuestra la veracidad de todo lo que decimos con respecto al adelanto que ya teníamos en 1940, en el eficientísimo servicio radiofónico al pueblo de Cuba. La gráfica que publicamos aquí, recoge el instante en que los integrantes del Noticiero RHC-Cadena Azul, desenvolvían actividades durante las elecciones del 14 de julio de 1940, manteniendo al pueblo informado de todos los detalles del importantísimo evento. En este ángulo del recinto informativo están algunos de los reporteros, auricular en mano, receptando los pormenores. ¡Qué boniiiiiiiittttttoooooo es recordaaaaarrrr...!

Y.... hablando de la Radio, según el libro de Vicente Vega, "Repertorio Universal de Efemérides", la primera transmisión de radio en Inglaterra tuvo lugar el 23 de febrero de 1925, consistente en un concierto transmitido desde Chelmsford, o sea, ¡tres años después de haberse inaugurado oficialmente en Cuba, el 10 de octubre de 1922...! ¿Qué les parece? Así andábamos de adelantados...

Aquel 10 de octubre de 1922, el Dr. Alfredo Zayas y Alfonso, a la sazón Presidente de la República, desde su despacho, pronunció el discurso inicial frente a un venerable micrófono, y cuyas palabras terminaron así: "¡Tres vivas a la gloria de los Estados Unidos! ¡Tres vivas a la ABSOLUTA INDEPENDENCIA DE CUBA!"...

Ah, y otro agregado al asunto. Cuba fue el primer país del mundo, después de los Estados Unidos, en televisar programas en colores... ¡Esa era Cuba, Chaguito, antes que llegaran los "reformadores revolucionarios", para ponerlo toooooodo al revés!

Pero, hay que asimilar la dura experiencia, y continuar viviendo al derecho y con apego a los derechos.

RIFLE...XIONES (RELATIVIDADES)

*-- La gran prensa del mundo libre se escandaliza por un soborno parlamentario.. en Perú, y ni se entera de los graves escándalos producidos en Cuba por más de 40 años...

*-- La luna de miel de Castro con la gran prensa es la más laaarrrgggaaa del mundooooooo...

*-- En el debate televisado por la senaduría neoyorkina, que perdió Hillary Clinton, "no hubo ganadores ni perdedores..."

*-- Clinton no ve amenaza de recesión"... pero el pueblo, sí...

*-- Survey, acomodación de intereses...

*-- Verdad, una terrible mentira...

*-- OOOOTRO Cantar:

    Nos muerde la expectativa:
    ¿Será cierto que nos venza
    esa infernal desvergüenza..?
    ¿Es verdad o... relativa?

QUÉ BONITO ES... RECORDAAARRR...

Este es un amable recuerdo de aquellos primeros tiempos de nuestro laaarrrggggoooo destierro. Transcurrían los jóvenes años 60, y nos defendíamos como podíamos. Esta foto fue tomada la noche del debut de la mimada cantante Olga Guillot, en el "Monsieur Pierre", un cabaret ya desaparecido, que estaba situado en la calle 79 del Northwest, donde actuábamos como animador, y el recordado maestro Eddy Lester dirigía la orquesta. Fatty Romagosa era el Maitred, y Armando Galbán se encargaba de manejar la tumbadora. El trío de la foto está formado por Fatty Romagosa, la reina Olga Guillot, y Armando Galbán. ¡Qué bonito, pero que boniiiiiittttoooo es Recooooorrrrdaaaarrrr...!

Honda pena me causa tener que consignar la desaparición de un buen amigo, para el que trabajé más de diez años en el Cuadro de Comedias de Sabatés. Fue José Manuel Viana un experto director Publicitario de aquella poderosa firma, y uno de los puntales comerciales de la pujante industria radial cubana. La triste noticia la recibí de Zaida, su esposa por más de 60 años, la que, profundamente conmovida, me hizo el doloroso relato de sus últimos momentos, el aciago 17 de septiembre de 2000, a las doce meridiano. José Manuel Viana logró inteligentemente rodearse de un eficientísimo equipo para cosechar innumerables éxitos en aquel medio tan competitivo. Recuerdo con verdadero cariño al enérgico Viana, con sus colaboradores, José Obelleiro Carvajal, Jesús Alvariño, Caridad Bravo Adams, María Eloísa Alvarez del Real, Armando Couto, Raúl Du Breuil, Luisita Martínez Casado, y otros no menos connotados, que escribieron páginas tan bonitas y exitosas. Paz a los restos del buen amigo José Manuel Viana.

Leí que colocaron en primerísimo lugar en la lista de los famosos "más extravagantes", en un análisis británico, a Elizabeth Taylor, que una vez tuvo los ojos de color violeta... En segundo lugar quedó la actriz Julia Roberts, taaaaaannn extravagante, que hizo cambiar las tuberías para poder bañarse con agua mineralllllll. Bueno, esas son extravagancias, o... "comegofierías"...

Gracias mil, a la periodista Sonia Frías por la deferencia de buen tono, dedicada a este Pobre Cura, en su positiva sección "Quién es Quién" en días pasados. Resulta admirable en estos tiempos ver a personas que usan el lenguaje utilizando el sentido noble de los vocablos. Gracias, otra vez.

Con perdón de los que exaltan hasta el hueso las virtudes "geniales" de Buñuel, debo decir con toda honestidad, que nunca había visto su película "Gran Casino", que realizó en los estudios mexicanos, después de una ausencia de 15 años, pero... imparcialmente juzgada, me pareció una tontería cinematográfica.

EN TODAS PARTES...

Este titular le pertenece a la amena sección que escribe el Dr. Charlie Sierra y Guzmán en el periódico "La Semana", de Caguas, Puerro Rico, con una vigencia exitosa de 30 años. Desde allá, el fraterno Hugo del Cañal, me hace llegar un ejemplar en donde Sierra Guzmán hace alusión al acontecimiento del domingo 7 de junio, nuestro, que agradezco por espontáneo y valioso. Después de una crónica bien sazonada sobre el compositor José Alfredo Jiménez, expresa: "... El elocuente y siempre vencedor de mil batallas en su largo recorrer artístico en los medios: radio, televisión y el mundo del disco, sin apartarnos de su habilidad periodística en su muy leída columna publicada en DIARIO LAS AMERICAS, en la cubanísima metrópoli floridana, que ha cumplido 60 años haciendo reír. Falta algo amigo, a qué edad empezó. Así sumando llegaremos a una conclusión real para que sea miembro del club de los antañones o como el periodista amigo Hugo del Cañal, honorífico...".

Desde Pasadena, California, nos llegan noticias de otro veterano de las letras: "Efectivamente, el tiempo corre con la velocidad del rayo y nos niega espacio para lo que queremos y no podemos hacer. Tu comentario sobre los libros que obsequiaste al Salvation Army para aligerar tus estantes, estupendo. Hace mucho que he notado sin darte cuenta, te has convertido en dueño absoluto de la farándula y el chiste, en un magnífico "escribido" como diría Vargas Llosa. Mi felicitación. He disfrutado del último párrafo "resulta un verdadero milagro que con la falta de tiempo para fabricar muchachos, nazcan completos"...

Por esta visita epistolar verás que todavía estoy vivito y coleando a pesar de mis ¡94! con pase para 95 el primero de junio, si Dios quiere. Tú también el 7 de ese mismo junio llegarás a los ¡60! y harás reír a los que te quieren y a los que envidio. Un abrazo fuerte de José Albuerne".

Pues, dilecto Sierra Guzmán y querido José Albuerne: Mi reconocido y leal agradecimiento a distinciones taaaaaannnnn regocijantes.

LA CALLE 8 DE LOS PRIMEROS TIEMPOS...

... Me refiero a los primeros tiempos del exilio, en una panorámica de oeste a este, desde la avenida 16, frente al estudio de Gort, y cuando el restaurante de esa esquina se llamaba "Badías". Observen la línea de carros, y verán que no son los modernos flamantes que venden Danny y Daniel Soler, en su lote de 32 Avenida y Calle Ocho. No había ni uno solo de los rascacielos que la industriosidad y afán de los cubanos levantaron en aquel momento. Muchos recuerdan el primero que unos hermanos cubanos levantaron en Flagler y Biscayne Boulevard, y donde Norman Díaz estableció su tienda de ropas, en la que yo carente de divisas, no podía vestirme, y Norman, con su habilidad financiera, trataba de convencerme, diciéndome: "**No importa que no tengas cash. ¡Tíraselo a Master Card!**...

EQUIVOCADOS CAMINOS DE LOS CAMPEONES

Más difícil que llegar es mantenerse, reza un apotegma verídico y fácil de comprobar. La estimada compañera de páginas, Beatriz Parga, en su "Candelero" del domingo 3 de septiembre, del agitado 2000, informa que el carismático campeón de boxeo, Oscar de la Hoya, ha estado recientemente en Miami para trabajar en su nuevo disco; y en esta ciudad la revista del jet set, "Selecta", le ha dedicado 7 páginas con fotografías a todo color, destacando su nueva carrera como cantante al lado del productor Rudy Pérez.

Hasta ahora, y mientras duren los relucientes millones ganados a trompadas limpias en el ring, la aventura musical suena bien, pero... si descuida su condición física y su amor al deporte que lo ha consagrado, lo veo como en los casos que conozco requetebien sucedidos con dos campeones cubanos, que lo fueron del mundo, con facultades para regalar en el cuadrilátero, pero que se equivocaron queriendo emular las hazañas musicales de un "fuera de serie", como Sugar Ray Robinson.

Primero fue Kid Gavilán (Gerardo González) formando una Compañía teatral y presentándose en el teatro Martí de La Habana. Aquello fue humorístico donde el admirado campeón mundial de boxeo trataba de dar pasos de baile al compás de la música, sin lograrlo. Los humoristas cubanos se banquetearon publicando que el Kid era el único de su raza que no sabía bailar la rumba...

Claro que antecedentes hubo, pero al revés, en nuestra amplia cosecha de atletas de categoría mundial. El ejemplo más elocuente lo tuvimos en el gran Miguelito Valdés, quien primero fue boxeador y posteriormente transformose en "Mister Babalú", campeón mundial de los cantos afro-cubanos, aunque sin dejar de interpretar tremendos y sentidos boleros. Pero ese caso no se repite fácilmente. En el fenómeno de Oscar de la Hoya, ojalá que se repita, y pronto se convierta en otro Frank Sinatra, pero la historia nos enseña que ésa no es la regla, sino la excepción, como en el caso de otro gran campeón cubano: Luis Manuel Rodríguez...

FOTO DE UN CAMPEÓN CUBANO
BAILARíN Y CANTANTE

Y...como me gusta apostillar con pruebas las cosas que escribo, publico aquí esta foto histórica del entonces campeón de Cuba (era 1960), cuando se preparaba, para disputar el cetro mundial de los welter, pero que, al mismo tiempo grababa como cantanteee, con la firma Modiner, acompañado por el Cuarteto Los Embajadores... Confieso que no recuerdo el nombre del compositor, pero sí el título de la canción. Puede dar fe el señor Nilo Gómez, dueño del sello disquero, que anda por estos recovecos miamenses del exilio, desde haceeee muuuchos años. La canción se titulaba "Ballerina", y están sonriendo en la foto, el aspirante a cantante Luis Manuel Rodríguez, escoltado por el popularísimo bolerista Ñico Membiela en un flanco, y Nilo Gómez en el otro. El amigo Nilo quizás no se acuerda de quien tiró la instantánea, pero del éxito o fracaso de la grabación, seguro, seguro que se acuerda, porque... los atentados contra la economía se hacen a costa del bolsillo, pero se graban en la menteeee...

El honor recibido la noche del 7 de septiembre, otorgado por la prestigiosa organización FACE, Facts About Cuban Exiles, merece mi más profundo agradecimiento, que haré constar en detalle en crónica posterior. Vayan, pues, por adelantado, estas sinceras gracias por el Premio "Excelence 2000", que respaldado por las personalidades que integran FACE, me fue concedido, y que me obliga a dar gracias a Dios por el privilegio.

La sensacional Julie Andrews ganó una reclamación millonaria contra los médicos que le echaron a perder sus cuerdas vocales. Un caso igual o parecido al de Lucho Gatica, sólo que como la intervención quirúrgica no fue hecha en Estados Unidos, **la exigencia no tuvo "dolarización"**...

TABARES Y JIMÉNEZ
LOCUTORES DE RADIO PROGRESO

Esta otra foto histórica, tomada en octubre de 1960 (poco antes de que tuviésemos que apurar el amargo trago del destierro), en la cabina de transmisión de las emisoras Radio Progreso, al borde de ser arrebatadas a sus legítimos dueños, los hermanos Manolo y Ovidio Fernández, nos muestra a Héctor Cabrera, el popular cantante venezolano, creador de "El Pájaro Chogüí", que hizo furor en Cuba en aquellos días, en compañía de Joseíto Pagés, de la firma de discos velvet, el locutor Oscar Jiménez, y el también locutor de Radio Progreso, Juan Manuel Tabares. Saco del archivo la foto, precisamente, por el recordado amigo Tabares, quien no solamente fue un destacado locutor de aquellas emisoras, sino que sus amenas crónicas recorrían la América, ya que **Juan Manuel Tabares** era miembro de la Cadena Latino Americana de Comentaristas de Discos. Tabares murió en el exilio, en **Panamá**. De izquierda a derecha: Tabares, Jiménez, Pagés, y Héctor Cabrera.

DOS COLOSOS BORICUAS
DE LA MÚSICA CUBANA

Los varios buenos amigos que tengo en Puerto Rico me envían cartas, preocupados por la falta de reconocimiento existente en diferentes pagos, a nuestra rica y generosa música cubana. Uno de esos buenos amigos, Vicente García, me ha hecho llegar dos tremendos fajos de artículos sobre la cuestión, y realmente "me preocupa la preocupación" y el temor que alberga este afectuoso congénere, por la eventual pérdida de algo taaaannnn cubano como el son y el danzón.

Para disipar dudas y temores voy a tocar, una vez más, el interesante tema, señalando agradecido, las palabras testimoniales de dos ilustrísimos borícuas refiriéndose repetidamente a la identificación basamental de la música cubana en tooodos los movimientos ritmáticos que se han producido alrededor del bongó, las maracas y las claves... Son ellos, nada menos que el legendario Tito Puente, Rey del Timbal, recientemente fallecido, y "el rumbero del piano", Eddie Palmieri, quien ha declarado a la sagaz periodista Aisha Hevia Sánchez, directora de la bien informada revista "Farándula" (para la que tuve el gusto de escribir cuando se editaba en Nueva York, bajo la dirección de su recordado padre, Bernardo Hevia), lo siguiente:

*--En Cuba hubo un desarrollo y una cristalización de ejemplares ritmos que han animado al público por años. La música cubana proporciona los fundamentos en los que yo siempre me rijo. Lo que se vaya a crear tiene que partir de esas bases. El intercambio cultural es lo que hace que la música sea magnífica. Y agrega Aisha Hevia: --Eso, en un artista como Eddie Palmieri, cuyo excelente afrocubano y su asimilación al jazz son evidentes en sus astutas composiciones y arreglos, que unen ingredientes de ambos géneros produciendo verdaderas obras maestras...

TITO PUENTE Y CHARLIE (EDDIE) PALMIERI

Da gusto ver la franca camaradería que existe entre algunos consagrados en cualquier rama del arte, en este caso de la foto, entre el "rey" y Eddie Palmieri, a quienes debemos agradecer su franca y cívica posición, reconocimiento en todas las ocasiones que es la música cubana, la base fuerte donde se apoya toooda la escaramuza musical que dan en llamar "tropical", "salsa", etc.

RAREZAS. Qué raro que la ventaja de 15 puntos de Bush sobre Gore, hace a penas 2 meses, se haya esfumado en un dos por tres... Qué raro que los presidentes Clinton y Pastrana, se hayan puesto a bailar la cumbia en medio de las dramáticas preocupaciones del pueblo colombiano... Qué raro que en un periódico serio se haya publicado una lista de personajes históricos gagos o tartamudos, cuando la historia afirma que Demóstenes (uno de los mencionados) "tenía un defecto de pronunciación (que no se dice cuál era) quedó definitivamente eliminado... Qué raro resulta que ahora las estrellas femeninas de la pantalla o el canto, anuncian la boda después de tener los hijos... Qué raro que Clinton pida "que se levante el silencio sobre el SIDA, y no exige que se levante el silencio sobre Cuba... Qué raro que "Cuba prohibe la salida de profesionales"... "Cuba prohibe que la cubanita Niurka Montalvo representa a España en las Olimpiadas"..."Cuba acusa a tres periodistas suecos"... "Acusa Cuba a Estados Unidos de "manipular las cuestiones migratorias"... Bueno, pero por fin, ¿quién diablos es el que está sentado en el banquillo se los acusados...? ¿El violador o los violados..."?

A la legendaria cantante cubana Celia Cruz, le tienen reservado un merecido Disco de Platino en Chile, por las ventas astronómicas de su álbum discográfico "Mi vida es cantar"... Brooke Shields, la bellísima artista que estuvo casada con el sensacional tenista André Agassi, eliminado en el round 2 del Abierto de U.S.A., la semana pasada, se está "casando" de nuevo, por segunda vez, con el productor Chris Henchy. Suerte que tienen algunos productores...

RIFLE...XIONES

*.--El dinero compra la conciencia, hasta a los que no la tienen...

*.--Por lo que estamos viendo el dinero lo compra casi tooooddooooo...

*.--¡Cómo han cambiado los tiempos! Lo que antes era incorrecto, ahora es "correctooooo"....

*.--El sistema comercial de ahora, hace que gastemos el dinero antes de haberlo ganado....

*.--Ahora, se ven gentes comprando cosas que no necesitan, aprovechando la ocasión de que están baratas....

*.--Unos son poseedores de riquezas, y otros poseídos por la riqueza.....

*.--OOOOTRO Cantar:

> Por aliviar penas y agobios
> hacen esfuerzos ingentes;
> tratando de matar microbios
> los galenos matan las gentes...

REVOLTILLO DE NOTICIAS. Recibimos, muy bien impresa y en inmejorable papel, la interesante (interesantute) "Raíces Cubanas", un documento histórico de colección, a cuyo Consejo Editorial nos honramos en pertenecer. Felicitaciones a su editora Dra. Estrella Rodríguez, su director Arturo Garrote, y los valiosos colaboradores... El polémico Pablo Milanés suspendió sus conciertos en República Dominicana, porque... su pasaje era en Cubana de Aviación, que no tiene "primera Clase", y su categoría (¡oigan esoooo!) no se rebajaba a viajar en "clase turista". ¿Qué les parece "la humildad" del camarada Milanés...? Elenita Sabat me acaba de dar la triste noticia de la muerte de su querido padre, Galo Sabat, copropietario, con su hermano Ramón, de la poderosa firma de discos cubana Panart, que tuvo bajo su égida a los principales valores musicales de Cuba, como Fernando Albuerne, Cachao, Arsenio Rodríguez, Orlando Vallejo, Fajardo, y una lista interminable. Galo Sabat fue un amigo de los verdaderamente buenos, y absolutamente cumplidor y serio en los negocios (lo afirmó por propia experiencia). Se desenvolvía en la industria como un experimentado conocedor, sin alardes vanos ni petulancias innecesarias. Inteligente y sencillo, hizo honor al tabaco, que saboreaba, casi hasta cumplir los 91 años que vivió. Descanse en la paz de Dios el inmejorable amigo Galo Sabát.---Uno de los legítimos fundadores del Latin Jazz, el cubano Chico O'Farrill, que ya cuenta 78 años de edad, tiene en el mercado desde el año pasado, el compacto "Heart of a Legend" que le valió otra nominación del Latin Grammy. Chico O'Farrill es un musicazo, cuyo trabajo ha influenciado a tooooodos los músicos destacados del género.

RECUERDOS DE LOS AñOS 40...

Vean como en 1940, Cuba se abría al progreso con la adecuada idea de trabajo en cada rama. Era Ministro de Agricultura Joaquín Pérez Roa, y Subsecretario el Dr. Eduardo Lebredo, quienes desarrollaban una conveniente gestión a favor del mejoramiento de la vida campesina, según los planes del Presidente, entonces coronel Batista. Pérez Roa consideraba a la radio como uno de los medios más eficaces para la enseñanza y divulgación agrícola, por lo que la utilizaron, dando vida a "La Cadena Agrícola Nacional del Ministerio de Agricultura", de la que era Directora Artística, la declamadora Aida Cuéllar, a quien ven en la foto delante del micrófono de la potente RHC-Cadena Azul de Cuba, y a su lado, la locutora, Sra. Guillermina Valdés.

En aquellos programas mañaneros tomaban parte diferentes artistas, entre los que recuerdo a la cancionera Lutgarda Arencibia, el pianista Manolito Llinás, El Trío Izquierdo (del que formaba parte Mario Recio, después integrante del Trio Servando Diaz), Hilda Guerra, Margarita Garisoain, y otros, cuyos nombres no logra alcanzar la memoria.

continuación

Aquellas mujeres cubanas, vestían de "damas", no de milicianas, como ven en la foto, y que tuvieron que emigrar o fueron expulsadas por los revolucionarios del desorden, plantaron bandera en el destierro, y enseguida dieron muestra de sus valores, iniciando negocios o trabajando en las tomateras. Muchos recordarán una bodeguita cubana administrada por los hijos del Dr. Andrés Rivero Agüero, el último Presidente de la República de Cuba... Y la tintorería del ex-Senador Arturo Illas, a quien vimos muchas veces recogiendo ropa de casa de los pocos clientes que conseguía... Y se acordarán de "El Primer Titán", el grocery de Luis Sabines y su hermano Rolando, que tantas lágrimas enjugaron...

...Y de "Jomares Marquet", donde Humberto García y Joseíto González, ayudaban a los exiliados... Y, recordamos al ex-Presidente de la República, Dr. Rafael Guás Inclán, dirigiendo el periódico "Cuba Libre", cuya administradora era la batalladora Martha Flores... Y, si no se acuerdan, yo se los recuerdo, que en la calle de Flagler, casi frente al cine "Tívoli", se abrió una bodeguita, administrada nada menos que por el gentil caballero Dr. Cauce, que había sido Ministro de Educación... Todos estos nobles señores, y muchísimos más, que no tenemos espacio para nombrar, tomaron parte en la construcción de aquella Cuba próspera y dinámica que conocimos, y pusieron los primeros cimientos del pujante Miami que hoy disfrutan todos....

Siempre recuerdo al chinito Tomás, del restaurante Hong Kong, y otros honorables asiáticos-cubanos del exilio, como los del Wakamba, El Asia, y los muchos otros chinos que nos han acompañado en el exilio, desplegando la bandera agradecida de los que se aplatanaron en nuestra querida Isla, y no soportaron los desmanes que aún siguen presentes. Aprendí a respetarlos cuando hacía la presentación y despedida del noticieron Man Sen Ya Poo, que perineaba en indioma chino, mi recordado amigo Guillermo Wong...

LAS "PROEZAS" del gobierno cubano...

Hasta el más fuerte flaquea cuando le derrumban sus sueños, y eso me viene pasando desde hace cuarenta largos años de destierro, con el corazón partido y los sueños rotos. Cada vez que me muestran alguna fotografía de los despojos que van quedando de la Cuba que conocimos, donde nacimos y vivimos hasta que la maldad se apropió de ella, imploramos a Dios para que termine de una vez el despiadado martirio de esa tierra, "la más hermosa que ojos humanos vieron"...

Ahora, me toca más de cerca aún, con las fotos que nos trajera un miembro de la familia, joven, muy joven, y con una mente fresca, de inteligencia muy apreciada, estudiante de medicina, que fue involucrado en un grupo de 75 alumnos que viajaron por un mes a Cuba, por "el intercambio cultural"...

Dizque a recibir "un curso de español (que, según él, le pareció elemental), y otro ejercicio de medicina que tampoco le resultó académicamente estimable. Este estudiante de segundo año de medicina, en la universidad de San Francisco, tuvo que pagar $1,300 dólares por ambos "cursos". Se alojó (lo alojaron) con los demás del grupo, en un edificio del Vedado llamado "Centro Nacional Para El Perfeccionamiento de la Medicina, Para Médicos Extranjeros"...

Practicaban también en un consultorio de una doctora cubana, donde se preocupaban igualmente explicando extensamente las bondades de "SU" sistema de salud pública, "en el cual toooodos tienen acceso a los más adelantados métodos, aunque carecen de los fármacos necesarios debido al bloqueo, etc. etc".

A esos inexpertos muchachos los llevaron a hospitales escogidos, laboratorios preparados; los pasearon por ciertas zonas del Vedado, Santos Suárez, y Miramar, donde las casas y edificios están menos derruídos que en el centro de La Habana, aunque él, mi allegado, pudo fotografiar muchos de los destrozos causados por el desastre revolucionario. Entre ellos, la casa nuestra, en Santa María del Mar, devastada y saqueada, como si hubiera sufrido la guerra de Kosovo, sin ventanas, sin puertas, sin cristales, sin piezas en los baños. Una ruina, como la pueden ver aquí...

FOTO ELOCUENTE

Esto es lo que queda de aquel sueño de Martha y mío, cuando con esfuerzos sin límites, vimos culminada la obra de nuestra casa, en la que pensamos cuerdamente (no había razones para no pensar así), vivir nuestras vidas, y dejarla intacta a nuestros descendientes. Era eso lo correcto y lo decente, como se estila en los sistemas políticos y sociales donde se respete el sagrado derecho de vivir en paz y de acuerdo a los cánones de la razón y la justicia. Pero la injusticia se apoderó de la patria de todos; y las vidas y haciendas no pertenecieron desde entonces a sus legítimos dueños, porque la vida de cada ciudadano es propiedad de un amo, que practica un sistema sin piedad...

Lo cierto es que, visto desde un ángulo netamente práctico, una casa fabricada con esfuerzo y sudor, resulta un pequeño valor comparado a los millares de vidas arrancadas sin razón, al desastre general, la miseria, y la falta de derechos para el pueblo, visto impasiblemente por un mundo sin sensibilidad, que otorga impunidad, otorgándole a un grupo canallezco el sucio derecho de atentar contra la felicidad de los demás. Y los llamados "informadores" escurriéndole el bulto a un super-tirano que desprecia a su propio pueblo, y que, incomprensiblemente alimenta a ciertos elementos que, bajo la sombrilla de las leyes norteamericanas piden "entendimiento" con el que no entiende nada...

Así se escribe la historia absurda de la Isla que fue la más cuerda en el concierto de las naciones de América...

Y, contestando al amigo lector, Hildo Valdés, le diré que discrepo de su opinión, y muy respetuosamente le doy la mía: el danzón que más se ha tocado es "Almendra" de Abelardito Valdés. Fueron popularísimos "El Cadete Constitucional", "Masacre", y el monumental "Tres Lindas Cubanas", del recordado maestro Antonio María Romeu. Hay, indiscutiblemente muchos y muy buenos danzones. En lo que sí estamos de acuerdo, es que fue Miguel Faílde, en Matanzas, quien estrenó el primer danzón. Gracias por su amable carta.

RITA MONTANER Y EL ENTUSIASMO DE PILI...

Serían las once de la noche (y no las 3 de la tarde) cuando sonó el teléfono de casa, accionado por el entusiasmo de Pili de la Rosa, que a esa hora trabajaba con Ileana Cabanas, en la preparación de la estampa que intercalaría, con versos del gran poeta Luis Mario, en el concierto de Enrique Chía. Quería Pili averiguar conmigo si la mítica Rita Montaner hacía la crítica política en los versos musicales de la guaracha, o en la prosa hablada que cortaba inconclusa, para dejar el suspenso intencionado clavado en la diana del oyente.

Le expliqué mis experiencias con aquella deslumbrante estrella, en los programas radiales, donde yo fui figura complementaria, como también lo fueron en ocasiones anteriores o posteriores, Alvarez Guedes y Alejandro Lugo. En mis andanzas cabareteras, compartí con Rita, risas y aplausos, preferentemente en Montmartre, en aquellas revistas inolvidables que el público todavía, a pesar del tiempo transcurrido, recuerda con nostálgico cariño.

Las tantísimas cualidades naturales y cultivadas de Rita Montaner han sido cantadas por bardos de mucha mejor voz que la mía, pero tengo la ventaja de que también fui su amigo y compañero en diversas aventuras, así como también por afición conservativa, puedo dar fe de la riqueza de su arte.

En la Sala Falcón de La Habana, se ofreció un concierto con música de Mozart ("Flauta Mágica", arreglada para 6 pianos), Trío en Sol, de Haydn, el exquisito Vals de Rubinstein, donde la señora "Montané", como solía señalarla el afrancesado Carpentier, que gustaba arrrastrrrraaarrr las errrres con pronunciado acento, aún estando en el Prado habanero, y no en la parisina Rue de la P, escribió: "La señora Montané nos llamó la atención por su timbre de voz exquisito, que acaricia el oído, así como por su mucha seguridad al atacar las notas altas, y su escuela inmejorable".

Los enterados sabían lo que gran parte del público ignoraba: que Rita era una virtuosa pianista, una conocedora profunda de los secretos del pentagrama, y una educada cantante con dominio de su potente voz, por donde, precisamente, le arrancó la vida un cáncer traicionero, el 17 de abril de 1958...

Había nacido Rita Aurelia Fulceda Montaner y Facenda, el 20 de agosto de 1900, en los umbrales del siglo XX, que ella habría de transitar hasta unos pasos más allá de la media centuria, seduciéndole con su arte original.

Rita Montaner fue mi amiga y compañera de escenarios y micrófonos, repito, ligeramente dolido (estoy acostumbrado a soportar los dardos de la ingratitud) por esa costumbre raigal de los comunistas, que tiende a tergiversar hechos, e ignorar olímpicamente a los que "estuvieron", por la simple razón o sin razón, de no pensar como ellos. En aquel movimiento de protesta para lograr el decreto-ley que obligaba a los cines de estreno, poner shows con artistas cubanos, iniciado y llevado al éxito por el ya desaparecido José Fernández Valencia y este Pobre Cura, Rita fue de las primeras en ponerse al frente.

Ni aún Arriete y Bambiteli, del Sindicato de Músicos, ni Eddy López, de los Artistas, nos apoyaron al principio, y sólo se sumaron cuando vieron que la cosa iba de veras. Rita, sí. Pero, en los libros que he leído, publicados bajo la égida socialista, somos impúdicamente ig-no-ra-dos... Y en toooodos los hechos donde es-tu-vi-mos personas de carne y hueso, y tomamos parte, se producen de igual forma procaz... Asimismo (tengo las páginas presentes), al describir punto por punto los pasos de la gran estrella, escribe el autor: "Un largo período emprende Rita Montaner en 1942 en la emisora RHC-Cadena Azul, presidida por Amado Trinidad. En el programa "Yo No Sé Nada", vuelve a encarnar el personaje de la Chismosa que de nuevo será prohibido por disposición gubernamental, etc". Pero, de los demás que es-tu-vi-mos históricamente allí, con Rita, ni pescado frito, y así en toooodo lo demás.

La foto que ven arriba es de 1954, en el escenario del lujoso Cabaret Montmartre, durante la producción titulada "El Son", donde éramos, con Rita, protagonistas. Pero, los "amigos" que se cogieron a Cuba, con tooodas las pertenencias adquiridas hon-ra-da-men-teee, no nos anotan, simplemente por no pensar como ellos. ¡Caaaaramba... que injustos y rencorosos son los mandamases de Cuba roja!

RIFLE...XIONES

*.--A todas estas ¿dónde guardarán las tijeras de cortar las cintas de toooooodas las inauguraciones...?

*.--Castro es tan ególatra que aún no ha escrito sus memorias, creyendo que no se va a morir nunca...

*.--Comparando las dictaduras de Fidel Castro con la de Joseph Stalin, es cuando uno se da cuenta de que las comparaciones con odioooooossssss.....

*.--Pensé que era oooootro producto de la misma línea prostática, al ver en las pantallas de la TV, la palabra "Prostart", pero se refería a una batería de autos... Menos Mal.

*.--A los automovilistas les resulta taaaaaaannnn agradable la subida de la gasolina, que debían organizarse en manifestación para celebrarlo....

*.--Todos muestran su contento por la subida de los precios gasolineros, y se acuerdan cariñosamente de la familia de los responsables....

*--OOOOOTRO cantar:

No es que son reservados o cazurros
los que arguyen temor por las erratas.
No quieren ponerse en las cuatro patas
"pa" que no se pongan bravos los burros...

JOSEPHINE BAKER, ROLAND GERBEAU Y YAMIL CHADE

Poniendo de relieve una vez más lo coincidente del arte con el deporte, traemos a esta columna la foto que ven, de un manager de boxeo, Yamil Chade, que lo fue del famosísimo Kid Gavilán, camagüeyano que llegó a brillante campeón mundial, y posteriormente de otros, entre ellos, el actual monarca puertorriqueño, Tito Trinidad. En el centro de la gráfica, el simpático chanssonier francés, Roland Gerbeau, y en el otro extremo, la mundialmente célebre artista Josephine Baker, retratados la noche de su "despedida", en el teatro "Olympia", de París, allá por el mes de junio de 1956.... fecha en que Yamil, amigo nuestro, andaba concertando por Europa, los postrímeros combates importantes del campeón.

Cuando Josephine Baker fue a actuar en La Habana la primera vez, hacía chistes con el apellido de su esposo Mr. Boullon, y llevó en su elenco al desenvuelto Roland Gerbeau, a quien le gustó tanto Cuba que pronto se "aplatanó" y se quedó con nosotros por varios años. Josephine tenía perennemente una risa amplia y contagiosa a flor de labios, y fue reina de los escenarios de París (sobre todo en el teatro Olympia) durante muchos años. Paralelamente con su carrera artística llevaba a cabo una bonita labor social, como todos recuerdan, y adoptó a varios niños de diferentes latitudes con distintas pigmentaciones en la piel, como Jari, de Finlandia; Luis, de Colombia; Akio, de Japón; Teruya, de Corea; Moisés, de Israel; Claudio, de Francia; y algunos más, de los que no tenemos datos.

Nos contaba Yamil Chade que una de las satisfacciones más grandes de aquella visita que hizo al camerino de la Baker, fue al felicitarla por las palabras que dijo en su despedida desde el escenario, con respecto a la pareja de bailes cubana de Alexander y Marta Castillo. Dijo Josephine Baker:- "Me siento satisfecha cuando en unión de dos bailarines cubanos, Marta y Alexander, me presentó al público europeo"....

Gracias a la Academia Poética de Miami, y a la Sociedad Cultural Santa Cecilia, así como al poeta Efraín Riverón, por la invitación a la presentación del libro "Antología Poética" "Desde Donde Vivo", del insigne poeta Francisco Riverón Hernández, a la que no pudimos cumplimentar por tener contraídos compromisos anteriores.

El amigo Edelmiro Hernández, de Coral Gables, nos da su elegante queja, creyendo que lo olvidamos, pero hacemos gestiones tratando de complacerle... Silvia Lopetegui nos anuncia la venta por Internet de pinturas del valiosísimo artista Juan Lopetegui://lopetegui/art.com... Muy concurrida la presentación en Ediciones Universal, del libro "Leyenda de Amor", del escritor cubano Alexander Aznarez, cuya introducción estuvo a cargo del escritor Angel Cuadra,,, Mil gracias al amigo lector Rubén Antúnez, de Hialeah, por su amable felicitación referente al premio Excelencia 2000, que nos otorgan, pero el amigo Antúnez se quedó escaso de años, al halagarnos diciendo que lleva 20 leyéndonos aquí, cúmulo de tiempo que cubre la mitad exacta de la labor que, orgullosamente, llevamos escribiendo para el querido DIARIO LAS AMERICAS. Gracias de nuevo, dilecto amigo. Y, para toooodos muuuuuchos Productos Kirby.... Múúúúcha garantía de la que dan en los carros que venden, Danny y Daniel Soler, en 32 Avenida y Calle Ochooooooo.... Y sabor del bueno, en las comidas y bebidas que se sirven en "Casa Juanchooooooo"....

EL BURRO DE BAINOA...

Hubo en Cuba Republicana, dos burros que podían competir, si cabe, con el famoso "Platero" de Juan Ramón Jiménez. fueron éstos, "El Burro Perico" de Santa Clara y "El Burro de Bainoa", del poblado de igual nombre, como se indica. Sería increíble que a algún cubano de la época se le haya olvidado, o no se acuerde del Burro de Bainoa... O, del "bobo de Batabanó", o del "Gallo de Morón", y subiendo un poco en la escala zoológica, de "Los Liberales de Perico" o de "La Fiesta del Guatao"...

Pero nos concentramos hoy en el famosísimo burro de aquel poblado. En aquella alegre Cuba anterior a Castro, el Burro de Bainoa jugó un papel protagónico en cuanto se caía en el propicio terreno de las comparaciones. Si alguien lucía bruto, era más bruto que el Burro de Bainoa... Si un tipo tenía las orejas pronunciadas, tenía las orejas más grandes que el Burro de Bainoa, y así.

Pero no deja de llamarme la atención el hecho real de que tooodo el mundo y su tía conocían al burro, pero ignoraban dónde estaba Bainoa... ¿Les parece que exagero? Pues, no señor, era, y creo que sigue siendo así. Estoy casi seguro que si los que me leen tienen la curiosidad de preguntar a sus amigos cubanos si conocen a aquel popular cuadrúpedo, tooodos van a contestar que sí. Pero, si a continuación les interrogan dónde se encuentra Bainoa, seguro, o casi seguro que contestan que es un pueblo del interior de la Isla, o que no se acuerda exactamente. Y es que... siempre sucede igual cuando pasa lo mismo...

Yo, aunque me recorrí a Cuba de punta a cabo, en mis andanzas teatrales, con Compañías de la legua, y por haber vivido 10 años en Santa María del Mar, una playa cercana a la jurisdicción del burro, en la que solía adentrarme buscando frutas frescas, que las había riquísimas. Y aunque nunca tuve la suerte de encontrarme con el asno, ni averiguar si aún vivía, el hecho de estar en la tierra de un burro popularísimo, me daba pie para recordar la fábula literaria de Iriarte "El Burro Flautista", saliendo de aquel pequeñísimo poblado silbando sin flauta, como bien puede hacer el burro de una fábula...

EL TRÍO PINAREÑO

Miren que curiosidad más curiosaaa: Este, como pueden ver, es el aplaudido Trío Pinareño, ya desaparecido, que fue aclamado en la Cuba de nuestros amados recuerdos, pero la curiosidad consiste en que ellos hacían una verdadera creación de la guaracha "El Burro de Bainoa", en la que Ferrera realizaba un número determinado de rebuznos, dignos del mismísimo habitante de Bainoa. Item más, esta guaracha, simpatiquísima por cierto, constituyó una exclusividad del Trío Pinareño, porque si mal no recuerdo, no se la escuché jamás a ningún otro trío. En la foto están los integrantes originales del Trío Pinareño: Ricardo Ferrera, con su laúd; Miguelito Díaz, la voz guía; y el guitarrista Manolo Fondevilla. Es curioso también que, en los tríos de este tipo se usara el laúd, aunque quizás fue un antecedente del "requinto" que usó en el Trío Los Panchos, el güero Alfredo Gil.

Ustedes, seguramente, estarán esperando que especifique, por fin, el lugar geográfico que ocupa Bainoa. Pues, les diré que Bainoa es un barrio del término municipal de Jaruco, en la costa norte de la provincia de La Habana, dato que yo también conocí tarde, por esa mala costumbre de creer que uno sabe toooodo lo que no sabeeeee...

Ah, otra curiosidad de burros. ¿Saben que el famoso actor de Hollywood, Walter Brennan, fue descubierto para el cine cuando hacía de burro en un voice-over, tratando de ayudar al director, que no encontraba la forma idónea de doblar a un burro en una película..?

Y, volviendo al Trío Pinareño, les diré que Ricardo Ferrera rehizo el conjunto en el exilio de Miami, sin Miguelito, pero con Fondevilla, incorporando al cantante Benny Castillo, quien años después fundó el Trío Castillo.

SILVIA MEDINA DE GOUDIE
PIONERA DE LA T.V.

Como homenaje de reconocimiento y recordación, traemos hoy a nuestra columna, a Silvia Medina de Goudie, cuya elegante magia personal cautivaba a compañeros, amigos y público en general. Y hago esta referencia porque tuve el privilegio de ser su compañero en los primeros e inolvidables tiempos de la televisión cubana, mientras trabajábamos en la señorial casona de las calles Mazón y San Miguel, residencia que fue de la familia Mestre, donde el legendario Gaspar Pumarejo plantó con éxito, la CMBF, Canal 4 de Televisión Nacional, primera estación de video que tuvo Cuba, inaugurada el martes 24 de octubre de 1950, desde el Palacio Presidencial por el Primer Mandatario Carlos Prío Socarrás.

En aquellos ilusionados primeros años de la televisión, veíamos a Silvia Medina de Gaudie, trabajar incansablemente para presentar en las noches sus programas llenos de distinción, al influjo de su capacidad y disciplina. Fue Silvia una verdadera pionera de la Televisión Cubana que, por sus principios y convicciones, tuvo que abandonar la patria, junto a su esposo Cecil Gaudie y sus 6 hijos.

Era el año de 1960, posterior al despojo de los derechos civiles y las propiedades, que se produjo la también injusta ley de la Patria Potestad (confiscación) de los hijos) abortando una estampida descomunal hacia el exterior, y Silvia, en prevención de los males que crecían, se alejó de su tan querida Cuba, para venir a las playas de Miami, donde murió, enhiesta como las palmas.

Aquí, como antes en el lar patrio, dio muestras de su talento y trabajo creador, y muchos recordarán seguramente que fue Silvia Medina organizadora y directora de "Cuba, Llora, Canta y Baila", el primer show cubano que se ofreció en el Dade County Auditorium de Miami. En aquella ocasión, con su demostrado patriotismo, entregó un cheque de $5,000 dólares al Comité de Familiares de Prisioneros de Guerra, ayudando de esa manera al rescate de los mismos.

Muchos gestos de cubanía y desprendimiento, tuvo aquella gallarda mujer, sembradora de una sementera de saludables frutos, que siguen alimentando el surco que ella horadó. Tus amigos Silvia, te recordaremos siempre con el afecto y admiración que tu inspirabas.

Acabo de hablar telefónicamente (en 3-Way), con Bebo Valdés, en Estocolmo, y con Artiles, en Miami. Me dio una gran alegría escuchar al sobresaliente músico cubano enunciar las palabras, sin el atasco que produce la embolia que ha superado, gracias a Dios. Me contó su odisea frente al hecho, y el estoico valor con que enfrenta los meses de terapia por venir, para recuperar la vuelta al dominio de sus manos sobre el piano. Pero lo sentí, como siempre, lleno de planes y con su patente sentido del humor. Tuvo que declinar la invitación desde Alemania, para el estreno de la película "Latin Jazz", en la que también figura Israel López (Cachao), Tito Puente, y otros grandes del Latin Jazz.

Qué bueno que el destacado locutor Eduardo González Rubio, no padece la inexplicable fiebre de otros locutores que se dirigen a su audiencia de adultos que sólo hablan es-pa-ñol, y ridículamente pronuncian títulos y nombres en inglés, con más rancio estilo sajón que Winston Churchill, en sus tiempos de corresponsal de guerra.

A LLORAR A PAPA MONTERO
¡ZUMBA! CANALLA, RUMBEROOOO..!

Por supuesto que no pude conocerle en persona aunque se dice que existió en verdad, Fue un personaje sumamente popular en el teatro cubano de los años 30 y, por consiguiente, en décadas subsiguientes. El papel como tal fue llevado a la popularidad por el intelecto de un gran cómico cubano, Arquimedes Pous, el negrito "que fortaleció las bases ya creadas por otros de su misma cuerda, dentro del Teatro de Bufos Cubanos", Pero en la realidad según el libro de Estampas Folklóricas Cubanas, de la Dra. Lilia Bustamante, Papá Montero fue un feliz mortal, bailador y rumbero, que abandonó la vida con una sonrisa, después de pedir que en su funeral hubiese alegría con rumba abierta y toque de tambores. Las lágrimas debían dejarse para otros velorios menos alegres....

Es curioso que Armando Martínez Moiné plasmara en un lienzo, que tituló "Papa Montero", a este mortal con la alegría que le caracterizó en vida. Y otro pintor cubano del exilio con mucha categoría, Mario Carreño, lo idealizó en un cuadro titulado "Los Funerales de Papá Montero", en 1949. Seguro estoy de haber leído que otro pintor, Emilio Fernández de la Vega, bailador y rumbero, describiéndole como un negro de cabeza blanca de canas, al que jamás vencieron los años o los sinsabores, y cuya sonrisa no pudo apagar ni la muerte...

La música de la mentada obra la atribuyó a Eliseo Grenet, el acertadísimo creador de tantos estribillos populares en aquella eclosiva etapa de los Bufos Cubanos. No tuve la suerte de ver al inmenso Arquímedes Pous en ésta, ni en ninguna otra de sus obras. Eso sí, me conformo con recordar a otro famoso "negrito" teatral, Ramón Espígul que, con su Compañía, la representó varias veces en el teatro "Eligio Torres" de mi localidad placeteña. Ramón Espígul, a quien se atribuye la autoría de "La Guantanamera", adornaba sus actuaciones cómicas, pintándose de negrito, y haciendo gala de sus habilidades como inimitable chiflador. era tanta su destreza en ese sentido que escogía ciertas frases y, chiflándolas, el público creía entender que las enunciaba con la voz.

Si verdaderamente existió Papá Montero, ademas de en la ficción teatral, fue un tipo digno de ser imitado y recordarse con cariño, porque... el Papá Montero escénico que yo recuerdo, ante la sorpresa de todos los asistentes se incorporaba en el sarcófago y orquestaba tremenda rumba, contagiando a los circundantes del velorio que bailaban y cantaban frenéticamente las cadencias, "a llorar a Papá Montero, ¡zumba!... Canalla rumberooooo...

JESÚS ALVARIÑO
ACCIDENTADO EN UNA PELÍCULA

¡Ojo con este Cura¡ No se trata del Padre Alberto, acompañado de dos fieles haciendo una rogativa, ni de Este Pobre Cura buscando un tema para esta columna; se trata de un Cura ficticio, ayudado en su dolor por dos amigos. La foto tiene un intenso valor histórico-dramático, por tratarse de una escena real dentro de la filmación de la película "El Regreso de Los Villalobos", que se rodaba en la finca "Palo Quemado", en la zona de Cascorro, Camagüey, en el verano del año 1959. El "Cura" es el que fue famosísimo actor Jesús Alvariño, que hacía el papel de sacerdote, y en una de las escenas, montaba un caballo alazán de 7 cuartas que, de repente, se puso en dos patas, tratando Alvariño de dominarlo, con tan mala suerte que el brioso corcel cayó hacia atrás sobre el cuerpo del destacado artista, provocándole, según el reporte médico, la separación de la sinfisis del pubis y 4 costillas fracturadas (esto último si lo entendí). La escena recoge el instante en que el director del film, Enrique Zambrarno y el actor Eduardo Pérez "El Becerro", le sostienen entre los lógicos quejidos de Alvariño. La foto fue tomada por Alfonso Rey y nunca antes había sido publicada en el exilio. Alvariño se repuso después de muchas semanas de terapia y, como todos saben, murió en el destierro de Miami, hace ya varios años.

BUENA VISTA... MUY MAL VISTA...

El documental que vimos por el Canal 2 en noches pasadas sobre el "Buena Vista Social Club" nos permitió observar el herrumbroso esqueleto de lo que fue la Cuba que conocimos. ¡Qué lástima! ¡Nos cambiaron el país!

Lo más lamentable es comprobar todos los días cómo se perforan las barreras; la complicidad manifiesta y negada al mismo tiempo, tratando de justificar lo injustificable por los que se prestan, apoyados en la Clave de Sol unos, o en los turbios artilugios que conocemos, otros.

Recuerdo ahora las alarmadas palabras de mi hermana Elsa desde San Diego, cuando esta embajada llegó a presentarse allí. Me preguntaba ella si la música que traían ellos era nueva o distinta a la que conocíamos desde que tuvimos uso de razón. Le contesté que era el mismo ritmo, idéntica sabrosura y sensuales cadencias, iguales a las que siempre tuvo nuestra música cubana. Oyendo a Compay Segundo, a Ibrahim Ferrer, a Pio Leiva, o a Puntillita, experimentamos igual sensación que cuando les escuchábamos desde la penumbra de cualquier sala de fiestas en la entonces relumbrante capital habanera. Pero, ahora, la propaganda zurda, abundante y tenaz, los presenta como un fenómeno, surgido del vetusto desastre cubano, aunque la música, el ritmo, el gracejo, y el sabor, sea el mismo con el que cantaron y bailaron nuestros lejanos ancestros.

Menos mal que, dentro del controlado ambiente, algunos de los integrantes expusieron sus recónditos y frustrados sentimientos. Las vistas, malas vistas, estuvieron presentes en las pantallas cada vez que la cámara paseó su vista por las calles escombradas y las casas arruinadas. A los que conocimos la deslumbrante Habana de antes del 59, se nos humedecen los ojos de rabia y nos encona más con los responsables del tremendo desastre, obligándonos a repetir: ¡Nos han cambiado el país! ¡Nos han dejado sólo escombros..!

UNA FOTO ENTERNECEDORA
DE LA CALLE MONTE

Esta desoladora fotografía de la calzada de Monte, casi esquina a Estévez, donde estuvo la radioemisora CMCJ, en cuyos estudios perifoneó Cuco Conde, y yo canté tangos, es una entre las decenas mostradas en el citado documental y que exhiben propagandísticamente, en favor de las huestes de Compay Segundo. Viendo la catástrofe que se proyecta, uno se santigua mientras se pregunta: ¿quién engaña a quién..? Porque ahi está la realidad, surgida del viaje a Cuba en 1996, del guitarrista y compositor Ry Cooder, el mismo que hizo la música para las películas "París-Texas", y "El Fin de la Violencia". En aquel viaje tropezó con estos abuelos del son cubano, liderados por el Compay afortunado, por tanto tiempo olvidado, y todo terminó en una estratégica grabación en los estudios de la EGREM, a la que pusieron por título "Buena Vista Social Club", que sirvió para que le fuera otorgado el premio estadounidense Grammy, que favorece, como es de suponer, el éxito que están teniendo en la tierra del dólar...

Estos músicos viejos, a quienes conocí en los 40 y los 50, eran músicos de profesión, formados en grupos u orquestas, sin que barrustaran siquiera que 40 años después, iban a deslumbrarse al conocer el Nueva York nocturno, como hizo Ibrahím Ferrer, mareado a sus 70 años por las luces de los rascacielos iluminados, exclamando: "¡Caballeros, yo ignoraba que estas cosas existían..!

Pero ni la admirable digitación pianística del villareño Rubén González, ni los conocimientos y dominio de Richard Egües, Orlando López "Cachaíto", Manuel (El Guajiro) Mirabal, las cadencias de Omara Portuondo, y los potentes 90 años de Francisco Repilado Muñoz, pudieron endulzarnos los tristísimos aspectos del rimero de abandonos en las calles habaneras. ¡Dios mío! ¿qué se ha hecho de aquella pujante ciudad que rivalizaba con las primeras de América? ¿A dónde han ido a parar los miles de millones de dólares que tan torpemente han endeudado a la Patria de Martí..? Pero... ¿será posible que este mundo siga sordo y ciego..?

RIFLE....XIONES

*--El gobernante venezolano Hugo Chávez, fue el inventor de BAJAR la producción de petróleo para poder subir el precio de la gasolina...

*--Tratando de poner un parche a tal desaguisado, el presidente Clinton, siempre taaaaannn acertado y eficaz, propone para resolver la preocupante crisis, hacer una promesa a San Pueblo Desválido, y una penitencia a base de Tanques Vacíos....

*--Los espiritistas están de plácemes ya que serán llamados para pedirles que invoquen a los espíritus acerca del espiritado espíritu de la gasolina....

*.--Juan Manuel Salvat está trabajando arduamente en la edición de un nuevo libro titulado "Los Sudores Espirituosos de los Choferes", o "El Saqueado Bolsillo del Pueblo"...

*--Marta Pérez, la destacada cantante, dijo que ella maneja, pero ha observado que últimamente su asociada de Grateli, Pili de la Rosa, utiliza mucho más la locomoción de a pie...

*.--Una fuente que no quiso revelar su identidad, aseguró que con la subida abusiva en el precio de la gasolina, se está logrando un menor desgaste en las gomas, por lo que Balado, el gomero, ha organizado una protesta callejera, seguida de una huelga de gomas caídas....

*.--OOOOOTRO Cantar:

La gasolina, un azote
al bolsillo del chofer,
"Clinton lo va a resolveeeerrrr"...
¡Piña, Mamey y Zapoteeeee...!

MIGUEL HERRERO
RODEADO DE BELLEZAS... EN 1959

Era el mes de julio de 1959, cuando todavía se vivía el esplendor de la Cuba democrática, junto al confusionismo revolucionario. Cuando todavía el empresario del teatro Opera, de Santiago de Chile, Buddy Day, deslumbrado por los shows de los cabarets habaneros declaraba--: Estoy maravillado. En Nueva York no hace más de 15 días asistí a los espectáculos que se presentaban en los mundialmente famosos "Latin Quarter", "International Casino", "Copacabana" etc., pero ni uno solo de ellos puede compararse en lujo, luces, vestuario, coreografía y coordinación a los de La Habana": En aquel momento, cuando todavía la llamada revolución no había dañado profundamente la iniciativa empresarial del cubano, el hotel más fastuoso de Cuba, "Habana-Hilton", iniciaba el 18 de aquel mes de julio en su salón "El Caribe", bajo la experta dirección de Raúl González Jérez, triunfador en Sans Souci, y en cuantas empresas había acometido, su temporada de grandes revistas musicales, confiándole a Miguel Herrero, la producción general de un espectáculo titulado "Mosaico Español", con Carmelita Vázquez, El Martín, Mario Alvarez, Imperio de Triana, la actuación especial de Ada Zanetti y Víctor Alvarez, un espléndido cuerpo de bailes, Aleyda Leal y María Teresa Vales, dos bellezas de la televisión, como presentadoras, y el refuerzo musical de la afamada orquesta de Jesús Moreno y sus Gitanos.

En esta foto histórica que ustedes ven, está el gitanísimo Miguel Herrero, actualmente Maitre'D de "Casa Juancho", el mejor restaurante de Miami, interpretando entonces una zambra a la esbelta modelo que lo está retando. Tomaban parte paralelamente en el Hilton, en el concurrido bar "Seven Eleventh", Meme Solís, Elena Burke, y el Cuarteto de Felipe Dulzaides. Estas fotos que avalan las historias que les narro, me producen nostalgia, pero.... me hacen exclamar: --¡Qué boniíííttttooo, pero que boniíííttttooo es recordaaaaaarrrrr!...

El noble y apreciado amigo René Costales, me expresa que desea obsequiar a personas que gusten de la poesía, la obra de su hermana (QEPD) Esther Costales de Verdura, valiosa y admirada poetisa cubana. Los interesados pueden llamar al teléfono: (305) 443-7761.

Y, como a ustedes les gustan estas "curiosidades-curiosas", les diré que la película más repetida en la televisión sigue siendo "Casablanca", filmada en 1943, con Humprey Bogart e Ingrid Bergman. Y....un símbolo sexual creado por Hollywood, mucho antes que Marylin Monroe, la actriz Jean Harlow, "la rubia de platino", tenía una aspiración mayor que ser actriz: escritora. Y, no sólo fue un deseo, sino que escribió una única novela, titulada "Today is Tonight", publicada en 1965, mucho después de su muerte...

RIFE...XIONES...

*-- Aunque no seamos médicos, siempre que vemos a una mujer luciendo un escote demasiado atrevido, uno piensa que está buena para una operación de corazón abiertooooo...

*-- Manzanero usa el viejo chiste de que por ser taaaannnn bajito naaaadie lo puede pasar por alto...

*-- Hay tipos con tan mala fama que después de estrecharnos la mano, uno se cuenta los dedos...

*-- Es una total falta de delicadeza invitar a los camarones a participar en una fiesta de gourmets...

*-- El flaco Martínez se pone bravo cuando le dicen "Martini Seco"...

*-- Las mujeres fáciles son, regularmente, de mala reputación, pero de bueeena ornamentación...

*-- OOOOtro Cantar:

>Astrónomo que descuellas
>en otoño o primavera,
>te pasas la vida entera
>fisgoneando a las estrellas...

"GENERACIONES"
CON VALENTÍN TRUJILLO

Magda González hace elogios del CD "Generaciones", del conocido pianista Enrique Chía, y en sus justificadas palabras cita la colaboración del talentoso pianista chileno Valentín Trujillo, diciendo: "Enrique Chía invitó para esta producción a los maestros Valentín Trujillo y Roberto Perera. Con el primero hace un impresionante dúo de pianos con: "Gracias a la vida", y con el arpa paraguaya del segundo interpreta "Mis noches sin Ti" y "Regalo de Amor" "Acertadísimo el comentario de la valiosa periodista, al que me permito agregar una sugerencia a los disqueros Enrique Reyes, de Lily Records, Rolando y Zoraida de Do Re Mi, a Vicente Rodríguez, a Lázaro Fernández, todos disqueros fuertes, que recomienden una grabación con el maestro Valentín Trujillo, pianista fuera de serie, director musical del visto programa de TV, "Sábado Gigante", a quien pueden ver en la foto sentado al piano durante una de sus actuaciones televisivas.

GRACIAS....

El Dr. Eduardo J. Padrón, PhD, presidente del Miami-Dade Community College nos envía esta afectuosa misiva, que nos honra y satisface" "Estimado Rosendo: ¡Felicidades! Me da mucho gusto saber que recibirás el premio 2000 Excellence Award', en la categoría Espectáculos otorgado por FACE.

"No me cabe la menor duda de que esta distinción es bien merecida y que personas como tú han salvado para la posteridad buena parte del legado artístico cubano. Recibe un cordial saludo de, Eduardo J. Padrón".

Amabilidades semejantes por ese fausto motivo he recibido del Dr. Luis Botifoll, y del arquitecto Jaime Canavés, aunque la de este último era casi obligatoria, por su condición de ser mi querido hijo político. Gracias, generosos amigos, y gracias a la prestigiosa institución FACE. Gracias por este gran honor a mi pequeño aporte.

Precisamente, con la delicada periodista Magda González, hablábamos sobre lo que puede considerarse un privilegio divino del que goza la enorme Celia Cruz, quien, a pesar del intenso trabajo que realiza, los agotadores viajes en avión hacia todos los rincones del mundo, conserva su brillante y característico trino vocal y ese carácter jovial y amistoso que siempre la ha distinguido.

MATRIMONIO DESAFINADO

Este que trato de describir es una unión de amigos que observa bastante buenas costumbres, honestos, y trabajadores, pero... a veces, pierden la tabla y se enredan en largas discusiones por cuenta del megamony y la lotería. Ella, es jugadora compulsiva y él, totalmente "abstemio" al juego. Con decirles que siendo cubano, no juega al dominó "defecto" que lo sitúa como excepción de la regla. Por esa disparidad no dan una nota armónica, y todo por cuenta de los dichosos boletos y boletines de la lotto...

Cuando fue sometida a elecciones la cuestión del juego en los hoteles de Miami Beach, él salió a recorrer la barriada haciendo campaña por el "NOOO", y su mujer, en cambio, fundó un comité para votar a favor de los casinos playeros. Claro, como la ley no pasó, ella se encerró en sostenido mutismo, manteniendo una virtual actitud fronteriza a la separación por disparidad de ruletas... Sólo evitó el divorcio la casi inmediata creación de la Lotto que, progresivamente ha ido creando obras bolitas diarias. Felizmente esa bolita ha sido la válvula de escape de esta señora jugadora que, cada vez que pilla un dólar, compra un boleto. Así, mientras el marido "abstemio" pelea, ella le raciona los víveres y, a los calzoncillos y las medias del sufrido marido, no les cabe un zurcido más...

Hace poco, tuve que intervenir durante una de sus broncas habituales que son sólo a 4 rounds, porque ellos ya no tienen edad para peleas de campeonato. Los separé, mientras él cogía respiración por el acaloramiento, y ella se tiraba en un sofá, muy Dama de las Camelias, "porque estaba al borde del infarto". Les pedí entonces que dialogaran como personas razonables, y ambos se señalaron con el índice, echándose la culpa mutuamente. Pregunté el motivo de la fuerte disputa, y ambos respondieron al unísono: ¡El Juego!

El agregó: ¡El vicio del juego! y ella ripostó: ¡No, la esperanza de "volverme" rica!...

Yo, no sabia qué hacer, cuando el marido, con las ventanas de la nariz como un hipopótamo, gritó: --Si esta mujer no acaba de acertar la Lotto, me voy a quedar más flaco que Eneas, el de los muñequitos, y con menos ropa que Trucutú!

Menos mal que ya está entrando el verano y pasará menos frío...

EL DUEÑO DE LA BODEGUITA DEL MEDIO

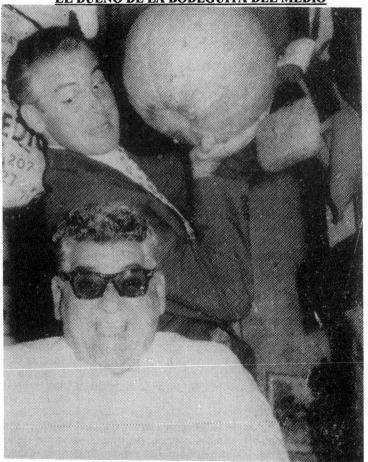

Este señor de espejuelos oscuros debía ser sumamente conocido, y no lo es tanto como el restaurante del cual fue dueño. Y digo "fue", por la sencilla razón de que en la Cuba de las injusticias, de 40 años a esta parte, tooooodo el mundo y su tía, sabe quién es el dueño de tooooodo, en contraste con la Cuba republicana donde cada quien era dueño de su cada cual, y aquella casa de comidas era regentada por su dueño, el Sr. Martínez, y tan famosa como "La Casa Juancho" de Miami, claro que sin la virtual categoría de "Casa Juancho.

Pues bien, esta aparente broma pasó en "La Bodeguita del Medio", en 1959,, año en que comenzaba "la época del callo", y muchos propietarios necios creían que "a ellos no les quitarían lo que le quitaban a otros"... Y. se reían de bromas similares, preparadas por el chanssonier francés Roland Gerbeau, que es el que sostiene la calabazota en alto amenazando con estrellarla en la cabezota del propietario Martínez, de La Bodeguita del Medio. Ya ven que todavía en el 59 la gente impresionable tiraba la cosa a broma, sin aceptar la negra realidad de que Fidel no iba a dejar títere con cabeza, aunque la tuvieran del tamaño de una calabazaaaaaaa...

RIFLE...XIONES

*.--A veces, es preferible meter la pata que quedarse laxo...

*.--Hay gentes equivocadas que empiezan a ser jóvenes cuando ya han llegado a viejos...

*--¿Es justo que un abuelo se indigne porque el nieto no le respete el peluquín...?

*.--Sólo por el hecho de ser jóvenes, algunos desorejados creen tener un pasaporte que les permite viajar a todos los excesos...

*.--La Universidad de la Experiencia no concede la maestría a naaaaadie hasta que no llegue a viejooooo...

*.--Es sumamente difícil que algún caballero llegue a ser Don Quijote, sin antes haber sido Sancho Panza....

*.--OOOOtro Cantar:

> No mires alrededor
> echando culpa al error...
> Por el maldito egoísmo,
> la culpa es del hombre mismo...

ROLANDO LASERIE, EL GUAPACHOSO

Esta vetusta foto de Gort, recoge el instante feliz en que un grupo de muchachitas y jovencitos, admiradores del guapachoso Rolando Lasserie, esperaban que este les autografiara fotografías suyas, en la entonces popular Tienda de Discos "Ultra Records" en la famosa Calle 8, el día 28 de enero de 1963... ¿Donde están y qué se han hecho aquellas niñas y niños, y qué alegría o nostalgia les producirá contemplar la vieeeeeejjjjjjaaaa foto...? ¿Cuántos de ellos permanecerán en Miami, y cuántos habrán ido a plantar sus raíces lejos...? Y...¿cuántos ya tendrán hijos? Y.... ¿cuántos ya tendrán nietos....?

REVOLTILLO DE NOTICIAS.---Nancy Pérez Crespo, que produce su programa los lunes en el espacio de Tamargo, por Radio Mambí, es un firme fanal que ilumina la verdadera verdad que viven en Cuba, los integrantes de toooodas las clases sociales e intelectuales, que discrepan del sistema. Nancy difunde esa verdad interior de Cuba con un sentido patriótico admirable.---'
-El Dr. Octavio R. Costa, a pesar de sus 80 y tantos, cantados en preciosos sonetos, alusivos a sus sucesivos cumpleaños, se mantiene como una dínamo intelectual, y está en los quehaceres editoriales de dos nuevos libros, que serán como todos sus anteriores, verdaderos aciertos de crítica y de público. El Dr. Costa es un legítimo orgullo, no sólo de los cubanos, sino del género, por su extraordinaria capacidad e inteligencia, así como también por su altísima calidad humana.---Dos mazazos contundentes al corazón recibimos, casi al mismo tiempo, empezando el mes de julio del 2000: Primeramente, la muerte del fraterno caricaturista Silvio G. Fontanillas, y casi inmediatamente, la desaparición física de mi entrañable amigo Fernando Albuerne, un artista y un cubano muy difícil de emular. Ambos, honraron a la patria nuestra con su arte y su conducta ciudadana. Es lamentable que gente de tantos kilates también tenga que morir.---

ORGULLOS CUBANOS DE SAGUA LA GRANDE

Hay distintas clases de orgullos, pero el ligítamente sano, puede ser exhibido sin que ofenda, ni produzca desazón en quien lo practica. Yo, por ejemplo, vivo orgulloso de los amigos que me quedan, de mis dos patrias chicas: Placetas y Sagua la Grande. De ser cubano rellollo. De mi familia. De mi honroso exilio...

Entre mis amigos, descuella José Barturen (Bartender) con su cornucopia de afectos y recuerdos siempre a cuestas; gladiador de la buena causa cubana que permanece en su arena de New Orleans, desde donde me envía cartas que enaltecen la amistad mantenida desde los generosos tiempos nacientes de nuestra televisión.

En mi enraizada costumbre de hacer valer los valores a las generaciones presentes, exalté los del gran músico sagüero Ramón Solís y, casi automáticamente recibí una afectiva misiva de Barturen, en cuyo párrafo medular, dice: --"Me gustó lo comentado sobre el parque de la Independencia, que escribió Raoul García Iglesias, y lo que a propósito dices tú de Solís. En gracia a lo cual te obsequio esta pequeña y vieja foto del busto del músico, que tomé hace un "seremillal" de años, cuando vivía frente al mencionado parque..."

En esta carta Bartender hace merecidos elogios, no sólo del imponderable narrador natural que es Raoúl García Iglesias, sino del fenecido Fernández Caubí, magistral manejador de la síntesis, y encomia las dotes literarias de su culto hermano Juan Barturen, escritor de estilo medular, parecido al de Mañach. Después de extenderse sabiamente en niveles literarios con su espontánea simpatía cubana, baja al tono coloquial para despedirse, diciendo: --"Un fuerte abrazo de quien mucho te aprecia. Tu "ecobio". Bartender".

Otros queridos amigos sagüeros, como el comentarista Emilio Milián y el arqueólogo Pedro Suárez Tintín, han comentado sobre la grandeza de otros valores del patio, como el médico Alabarrán, de quien reproduzco esta valiosa anécdota leída en "El Undoso: "Mañach hizo un estudio especial en La Sorbona sobre Derecho, y al despedirse del Decano, éste le preguntó de dónde era, respondiéndole Mañach que era de un pueblo muy chiquito pero que tenía un nombre muy grande en Cuba, diciéndole al fin que se trataba de Sagua la Grande. Dice Mañach que aquel hombre muy impresionado al oír aquello le dijo: "Ese es el pueblo de Albarrán, uno de los tres sabios que nos mandó América el siglo pasado"...

FOTO ENVIADA POR BARTUREN

Esta es la foto enviada por Barturen, hecha por él en el parque de la Independencia, en Sagua la Grande, al busto de Ramón Solís Fernández, nacido en la ciudad del Undoso, el 1ro de febrero de 1854. Solís recibió las primeras lecciones de música en su nativa ciudad. Pasó al "Real Conservatorio de Madrid, obteniendo el Primer Premio y Medalla de Oro, entre los 27 aspirantes al premio. Laureado en París, condecorado con la "Rosa Blanca" del Brasil, y con la Orden de Cristo de Portugal, fue proclamado por la crítica de Europa y América como "El Primer Flautista del Mundo". Puso su arte al servicio de la independencia, cooperando con el Apóstol Martí en la obra de arbitrar recursos para la causa mambisa. Fue un músico impecable, que hizo vibrar de entusiasmo y admiración a los centros artísticos superiores donde se presentó. Murió en su ciudad natal, el día 10 de enero de 1891.

El Primer Encuentro de Centros PEN de Hispanoamérica, convocado por el PEN de Escritores Cubanos en el Exilio constituye un honor más para el destierro cubano, y un aplauso adicional para Cuadra y los de su escuadra.

RIFLE...XIONES

(COMO HA SUBIDO LA GASOLINAAAA...!)

*.- La Asociación Pro Derecho de las Personas Decentes, ha declarado el alto precio de la gasolina No Apto. Para Mayores....

*.-La Liga Contra el Inflamiento exige más inflación... para el salario mínimo...

*.- Proponen una rogativa al Cristo de Limpias para que no sigan "limpiándole" el bolsillo a los pobres choferes....

*.- Oooootro Cantar:

    Es posible presumir
    que toooodo se arreglará.
    Ese día llegará...
    si no hay naaaada por subir....

LA FACHADA DEL MONTMATRE Y SUS RECUERDOS

Esta semblanza de la parte frontal del recordado cabaret Montmartre, de la familia Pertierra, considerando el lugar más alegre de las noches habaneras, nos sugiere sanas nostalgias de aquella luminosa ciudad capital, que fue orgullo de las Antillas en general. Por Montmartre desfilaron muchas estrellas nacionales e internacionales, entre ellas Maurice Chevalier, Carlos Ramírez. Katina Ranieri, Dorothy Lamour, Jimmy Durante, etc. pero cuyos shows tenían siempre la base formada por artistas nacionales. Recuerdo particularmente, cuando el cabaret Tropicana llevó contratado a "Cristina Jorgensen", casi inmediatamente después de su célebre operación sexual, por la entonces exuberante suma de $15,000 dólares semanales, Montmartre presentó para competir, "La Transformación", revista escrita por Juan Herbello, y protagonista por este Pobre Cura. Gracias a Dios, Montmartre ganó la **competencia a salón lleno...**

UNA "GISELLE" DE NOVELA

Y, cambiando el tema, como suele decir Llano Montes, Ballet Etudes anuncia para abril 15, a las 8 p.m. y domingo 16, a las 3 de la tarde, otra "Giselle" de novela, nada menos que con Dagmar Moradillos, Charles Askegard (N.Y. City Ballet), Ethan Brown (American Ballet Theatre), Michael Cusumano (American Ballet), y un completo cuerpo de bailes. Respaldados por una gran orquesta, dirigida por el maestro Alfredo Munar. Información y Tickets: Ticket Master, y Dade (305) 358-5885 y Broward (954) 523-3309.

Los artistas famosos invitan a oler. Sí, no sólo es Elizabeth Taylor con su línea de perfumes caros. También el puertorriqueño Chayanne anuncia su "Agua de Coimbra", y Antonio Banderas, anuncia, además de perfumes, vinos. Así es que los artistas parece que tienen buen olfato para preferir también el de los sabrosos Frijoles Kirby... Y, en la revista Estrellas que acaba de salir, el conocidísimo guitarrista y cantante ciego, José Feliciano, admite que su padre nunca lo abandonó... Y Olguita Guillot anuncia un nuevo CD, y comenta agradecida el exitazo que obtuvo recientemente en Buenos Aires. Precisamente mi bolero "Cobarde" lo escribí pensando escucharlo en la interpretación de Olga Guillot, que nunca lo cantó... Anoche vimos tremendo y espectacular programa por el Canal 17, de Celia Cruz, que como el beso del poeta Urbina, se le escapó al sello anterior, y firmó con Sony un ventajoso contrato... Y nos preguntamos con Estrellas, ¿qué pasaría con el sello "Azúcar", que Celia había anunciado... ¡Bueno, pues., no se rompan la cabeza ni manejen con intranquilidad.

Soy escritor no importante,
católico militante,
y también soy protestante
adjunto a Cabrera Infante....

LOS CUBANAZOS...

Ser "Cubanazo" es una condición que se da en toooodas las nacionalidades, pero nos la han endilgado como si los cubanos tuviésemos la exclusiva para cosechar este producto humano. Es como una patente de corso que compran gratis algunos, considerando que con ello ya tienen el título oficial de simpáticos. Son escandalosos y exagerados. El cubanazo de Miami "se bota" de peligroso en la Calle Ocho y, antes de entrar en la barbería de Neneíto Temes, se planta como un semáforo, para ver pasar "las leúcas" y homenajearlas con un piropo: ¡Ave María, muchacha, ¿en qué market compras tú las vitaminas? ¡Niiiiñññaaa, en esas curvas quiero volcarme yo!..

La Calle Ocho tiene bastante de la Calzada de Monte, donde solíamos emerger detrás de las columnas de la sastrería El Gallo, algún exagerado con el piropo en la mano. O, con una cadenita "de oro puro", tratando de venderla por 80 centavos...

El cubanazo de Cuba es muy parecido al cubanazo de aquí. Conozco a uno que presume de marinero porque vino en balsa. Es el mismo que afirma estar vivo porque supo sortear las olas y escoger el tiempo "sin tormenticas",,, "Figúrate, mi socio, que yo no tengo que oír el radio para saber cuándo va a llover. Si me duelen los callos y el cielo está "empedrado" ya está el café... Yo sé más que el tipo del Observatorio de Belén...".

Ah, y si al cubano lo dejan entrar en una partida de dominó, ahí se acabó el melao. Pone la ficha precisa para precipitar el "tranque". Y le forma una bronca al compañero por poner "la fresca" y no "dar la dura", porque el brother no sabe ni donde está parao... "El cubanazo suele llamar al programa de radio y decirle a Pérez Roura lo que tiene que hacer. Saluda a Tamargo y le dice con absoluta suficiencia: "le voy a advertir, o déjeme decirle que..."y dispara una granada de mano (más bien de boca) con menos sentido común que Carter y más desparpajo que Clinton.

Recuerdo una vez que el desaparecido amigo Dieguito Tendedera, me invitó a participar en su programa de televisión por el Canal 41, de Nueva York. Me sentó a su lado, y en cuanto encendió el foquito rojo de la cámara, se encaró por larga distancia, nada menos que con Richard Nixon, a la sazón Presidente de los Estados Unidos, espetándole: --Mira, Richard, tú serás presidente, pero yo estoy en la calle, y sé lo que hay que hacer, etc, etc... Así llenó el tiempo del programa y no me dejó poner una, para anunciar el show en que me estaba presentando. Al regresar a Manhattan desde N.J. en su flamante carro del año, me aclaró: "Esta noche te voy a ir a ver. Dame 4 tickets, que voy con unos amigos"... Era un cubano definitivamente exhuberante. Lo que se llama un cubanazooooo...

El pobre Nixon, al parecer, le hizo caso a los consejos de Dieguito, y eso le costó el puesto en la Casa Blanca. Es que... Dieguito hablaba con taaaannnnta autoridad que impresionaba hasta el mismísimo pinto de la Paloma...

FOTO HISTORICA

Esta foto es una verdadera joya histórica. Figúrense que están viendo nada menos que el primer programa dramático de la Televisión Cubana por el Canal 6, de CMQ, en el mes de mayo de 1950. Fue el día de la inauguración del espacio "Tensión Por el Canal 6" en Radio Centro, con Eva Vázquez, Carlos Badías, José de San Antón, Margarita Prieto y Gaspar de Santelices. Observen que el escenario descansa sobre un practicable, elevando la escena cerca de 2 pies de altura, porque se suponía que esto le daba mayor teatralidad. Sin embargo, de lo que estamos seguros es de que aquel entarimado le daba mayor trabajo a los escenógrafos y carpinteros. Pero, así fue la historia, para que podamos repetir: ¡Qué boniiiiitttoooo es recordaaaarrrr!

CON EL CAMPEÓN
"MANO DE PIEDRA" DURÁN

Esta foto de Rigo no pretende ser muy vieeeeeeja, porque data solo de 1988, durante un aparte en nuestro "Show de los Grandes", celebrado como muchos otros en el Dade County Auditorium de Miami. Infinidad de amigas y amigos asistieron, y entre los mismos, podemos ver en la gráfica, nada menos que al sensacional ex campeón mundial de boxeo, Roberto (Mano de Piedra) Durán, legítimo orgullo de los panameños. También estamos en esa foto del recuerdo, Víctor del Corral, Reynaldo Fuentes, propietario de "El Palacio de los Batidos", en Union City, N.J., que vino a disfrutar el show, y Este Pobre Cura.

Algunos amigos lectores de otros estados me indican en sus cartas, la suerte que tenemos de vivir en Miami, por la cantidad de espectáculos que aquí se presentan. Y, ciertamente, si uno analiza, lo comprueba fácilmente. Ahora mismo, Grateli está preparando la zarzuela cubana "Amalia Batista", para el sábado 25 de marzo y domingo 26, en el Dade County Auditorium, con Ana Gloria Vázquez y Bernardo Villalobos, respaldados por un elenco estelar, y una orquesta teatral, dirigida por el maestro Alfredo Munar.

En abril 15 y 16, Ballet Etudes, de Susana Prieto, presentará en el Jackie Gleason de Miami, una "Giselle" con todo el arte y elegancia a que nos tiene acostumbrados, reforzado con figuras de los mejores ballets de Nueva York..

En afectuosa carta desde Pasadena, California, el fraterno José Albuerne, nos hace elogios de esta modesta columna, y concuerda "que siempre en esta columna se ofrecen cosas del pasado que hacen sentir hondo", y se hace eco de la foto que publicamos recientemente, de la esquina de Galiano y San Rafael, donde estaba entre otras, la tienda El Encanto, la más linda del mundo...

Y leyendo el nutritivo artículo de María Argelia Vizcaino, "Los Frijoles Negros", se da uno cuenta de la indiscutible importancia que tienen los sabrosos Frijoles Kirby... Y, conmovedor el acróstico que nos envía Manuel Blanco, dedicado al niño Elián González...Y, oportuno y acertado el enfoque del Dr. Juan de Juan, de Flushing, N.Y. envolviendo a Herodes y Fidel Castro, en el caso del niño Elián, a quien considera simbólico de la libertad de Cuba... Gracias al amigo lector Abelardo Navarro, por su interés en el tema del Tango, que no es cubano precisamente, como afirma, pero en el que tuvo participación e influencia la Habanera Cubana, como ya hemos escrito en anteriores ocasiones. Gracias a todos los que dedican algún minuto de su tiempo a leernos, y hacérnoslo saber por medio de sus cartas.

RIFLE...XIONES

Ser poeta es saber pintar con la pluma en abstracto...

Lon Chaney, llamado al actor de las Mil Caras, sin embargo, no era político...

Esa mujer es más repetitiva que un pleonasmoooo...

¿Por qué llamamos progreso a lo que va en marcha atrás...?

Los búhos no reflexionan, aunque lo parezca...

Dije los búhos, no los burros, que tampoco reflexionan...

OOOOOtro CAntar:

    Si es la verdad que el dinero
      no hace la felicidad,
     díganme, por caridad,
    ¿es feliz el limosnero...?

EL GRUPO FOLKLÓRICO CUBANO

Esta histórica foto del Grupo Folklórico Cubano fue posiblemente la última de una agrupación verdaderamente artística, salida de Cuba, en 1958. Nos la envió el amigo Mario Alberto Godínez, y fue publicada en el Rotograbado del Diario de la Marina, el martes 27 de mayo del año señalado; y dice el pie de grabado:- "El grupo de bellas bailarinas integrantes del Grupo Folklórico Cubano que patrocinado por la Dirección General de Educación Física actuará en una tournée de tres meses en varias ciudades de España, Paris, Roma y Lisboa, embarcó en un Super-G de Cubana de Aviación que las condujo a Madrid. En la foto aparece el grupo al que acompañan la señorita Alegría Bonafonte, en representación de la doctora María Luisa Bonafonte, que preside el Grupo Folklórico; la doctora Martha Blanco Rodríguez, directora artística; la doctora Isabel Menocal y otros funcionarios".

¿DONDE ESTABAN Y QUE HACIAN LOS ARTISTAS CUBANOS AL COMIENZO DEL EXILIO..?

Como no son todos los que están ni están todos los que son, bueno es que recordemos a los que salieron para no volver, y a algunos que se "guillermonicaron" con la vuelta.--- Como casi siempre pasa cuando se triunfa, a la gran Celia Cruz y La Sonora Matancera, le pusieron en México una demanda por 25 mil dólares, mientras Celia sostenía un duelo cancioneril con la mexicana Toña La Negra.--- También en México el enorme músico Bebo Valdés mantenía su popularidad en el programa de televisión patrocinado por Max Factor, al frente de una tremenda orquesta.--- En "La Terraza" de la capital mexicana, otra de nuestras grandes, Olga Guillot, se presentaba en un show dirigido por Tito Ledouc, con el cantante cubano Orlando Montes de Oca, la italiana Marcella Davilland, y un grupo de modelos y bailarinas, todos haciéndole marco a la Guillot.

Roderico Neyra (Rodney), volvió a presentar un gran espectáculo en el cabaret "Señorial" de la capital mexicana, y volvió a tener un exitazo de taquilla en aquel sitio, Naaadie como él sabía mover en el escenario a las modelos y bailarinas (como nadie ha podido hacer en "Tropicana" desde que él se fue). En el Show de Rodney de aquellos primeros años del exilio, en el "Señorial" actuaban, Pedro Vargas, la soprano Carmen Torres, y la vedette Mónica Castell, con el trío de bailarines cubanos "Los Watusi". Después que terminó Pedro Vargas, entró al show Sergio Corona, y reapareció el cuarteto vocal cubano "Los Bucaneros", y también estuvo en el elenco Gigi Ambar.

EL CUARTETO "AYALA" Y ARIEL FERRER

Otro cuarteto cubano de aquel momento, "Los Cafros", integrado por Margarita Ordoñez, Melba Díaz, Tino Rodríguez y Toni Cortés, tras triunfar en Puerto Rico, vinieron a Miami, donde grabaron dos temas de Este Pobre Cura, titulados "Cuba Libre" y "Escambray", respaldados por el Conjunto Miramar de Rolando Scott, y auspiciados por el recordado Dieguito Trinidad. De ahí, saltaron al "Señorial" de México con las producciones de Rodney, más tarde, según me dijeron, se fueron a Europa, donde les perdí la pista, pero pienso que con las voces estupendas que poseían, hayan alcanzado el éxito también en el viejo continente.

En aquellos revolucionados momentos iniciales de revolución, algunos ilusos empresarios comenzaron a abrir negocios, y entre esos nuevos proyectos estuvo el "Olokkú Club", en Calzada y E, en el Vedado, que los embullados llamaron bonito, y que trataba de presentar ritos y leyendas de la selva en pleno corazón del elegante barrio habanero. En una de aquellas eufóricas noches se tomaron estas 2 fotos que vemos, actuando el Cuarteto Ayala, de género internacional, compuesto por Juanito Ayala tocando el xilófono, (fallecido en el exilio de Miami recientemente), Leonel Allegues, Arnaldo Lazo, Gerardo López, y el cancionero Ariel Ferrer.

Xiomara Alfaro llegaba procedente de Lima, Perú, a Colombia para presentarse en el Grill Europa y la Radioemisora Nueva Granada, donde tenía "pegados" varios discos.--- Miguel Herrero y su compañía de Arte Español, debutaba en el teatro Colón de Bogotá con rotundo éxito. Vale decir que posiblemente la mayor atracción de la exitosa Compañía fue José Miguel, el hijo de Miguel Herrero y Carmela Vázquez, quien con sólo 6 añitos de edad, cuando salía al escenario, nada tenía que envidiarle a ningún profesional que llevase varios lustros en las tablas. Cuando José Miguel declamaba, cantaba o bailaba, el público bogotano se desbordaba en atronadores aplausos, reconociendo la genialidad precoz del pequeño gran artista. En la Compañía de Miguel Herrero iban, entre otros, El Martín, Mario Álvarez, Ada Zanetty y Víctor Alvarez que de allí saltó a Venezuela como coreógrafo del Canal 4 de TV y director artístico del hotel Tamanaco. Miguel Herrero es actualmente anfitrión y MaitreD del prestigioso restaurante "Casa Juancho", el restaurante que es orgullo de la ciudad de Miami.--- También en Colombia se hallaban Migdalia "La Baby Doll" y Lolita Chanquet presentándose en T.V. mientras el esposo de Lolita, Miguelito CMQ, hacía de Publicitario.--- Muere repentinamente en Puerto Rico, la cantante gorda Freddy. Tenía sólo 24 años de edad en 1962 cuando el deceso. Pudo disfrutar de su estrellato solamente un año y medio.---

¡Ay, Mamá Inés...!

Los tomadores de café no hallan por cual camino agarrar para alcanzar el mejor café, bombardeados por las bondades, premios, y ventajas que le ofrecen las distintas marcas. Mientras unos anuncian que su café es más sabroso y aromático, Tito Hernández quiere convencer a los potenciales gustadores del rico producto, preguntándoles qué quieren, y contestándose:-"... Que le pongan la tacita en la boquita..."

Quizá allá en Francia, se contagiaron y el sello "Lusáfrica", de 16 Quai de la Charente 750, París, sacó al mercado disquero un CD de la orquesta Aragón, con el título "Quien Sabe, Sabe", de Este Pobre Cura, que es también el título de uno de los temas del álbum, siendo un cha-cha-chá con muuuuuucho sabor, como para "ponerlo en el oiditoooo de los bailadores...

Pero volviendo al café. Hemos leído diferentes historias de cómo el hombre se hizo amigo del aromático "néctar negro de los dioses blancos". Una de ellas, dice que hace muuuuuuchos años un pastor de cabras observó que su rebaño se alegraba sobremanera, saltando y brincando toda la noche. Al día siguiente siguió observando, y vio que sus cabras comían las hojas de un arbusto en el que hasta entonces no había reparado. No esperó más el pastor para hacer una infusión de aquellas hierbas y, al tomarlas él mismo empezó a dar brincos toda la noche, como sus cabras...

El descubrimiento se corrió por toda Etiopía, donde empezaron a tostar las semillas y, saltando, saltando, la saltadera pasó a Arabia, donde la bebida tomó el café, dijo el nombre de "Kawa", por semejanza con la piedra santa de la Meca llamada LA Kaaba, según algunos historiadores, por ser esta de color negro.

Las autoridades del Islam tomaron cartas y prohibieron el uso del café, originándose prolijos debates y discusiones y, al final, se autorizó a los fieles a seguir metiéndole mano al café. Y no sólo siguieron colando y tomando café, como la Mamá Inés famosa de Eliseo Grenet, sino que inventaron una leyenda de que el propio Arcángel Gabriel había ofrecido la primera taza al Profeta Mahoma, para que velase tooooda la noche...

Razón tenía Grenet al expresar musicalmente "Ay, Mamá Inés, todos los negros tomamos café"... Y tooooodos los blancos también, agrego yo.

LA ORQUESTA DE CHEO BELÉN PUIG

Por primera vez en el exilio público esta vieeeeejjjja fotografía, hecha en 1939, en el estudio dorado de la C.O.C.O., del capitán Luis Casas Romero, en la calle de San Miguel 314, con la orquesta completa del maestro Cheo Belén Puig, con su cantante Alfredito Valdés. Esta fue la orquesta con la que hizo sus mejores y últimas presentaciones, el legendario Pablo Quevedo, el Divo de la Voz de Cristal, a través de la CMQ. Una extraña sensación de gusto y tristeza, nos da contemplar a Cheo Belén al piano, Alfredito Valdés, al frente, y al popular flautista José Antonio Díaz, detrás. Todos fueron buenos amigos míos, con los que compartí en innumerables programas y emisoras. Esta orquesta típica fue de las mejores de Cuba, en los años 30, 40 y 50$. ¡Que boniiiiiiittttttooooo es recordarrrrrrrr..!

LA VANIDAD EN ALGUNO MAS QUE OTROS...

El cable nos trae la noticia de que Roberto Cantoral, el reputado compositor mexicano, viajó a Chile invitado para integrar el jurado en el Festival de Viña del Mar, pero que, a la hora de la hora, se negó a salir del hotel hacia donde tenía lugar el evento, porque... habían situado a otro autor de menor relevancia, también mexicano, como Presidente de dicho jurado. Expuso o cantó Cantoral diversas razones refiriendo que su obra autoral era superior a la del otro; que respetaba muuucho los méritos del otro autor, pero no podía permitirse el irrespeto a su jerarquía, y esto y lo otro, y lo de más allá.

¿Ustedes se extrañan de esta actitud? Yo no, porque me he desenvuelto en el ambiente farandulero, donde cada cual se considera el ombligo del mundo. Hasta el más humilde (y que no enarquen las cejas los que menos pueden hacerlo). Recuerdo a Manolo Riera, un buen actor cubano de muchos méritos, sin llegar a alcanzar los de Sir Lawrence Olivier, que sieeemmmpre que observaba el esfuerzo de otro actor sin su experiencia, se paseaba atrabiliariamente dejando escuchar su repetida frase: "En el teatro todavía hay ca-te-go-rí-as...". A pesar de que su larga carrera no había ocupado los sitios preponderantes de las carteleras, él insistía en su imaginaria posición cimera...

Claro que esto no reza con Cantoral, que tiene una demostrada calidad superior, aunque coincide hasta cierto punto con la atronada condición interna que muestran al viento muchos, sin ser miembros de ninguna Academia. No hace mucho leí una anécdota, ilustrativa acerca de la vanidad de artistas, escritores, actores, y demás miembros de la fauna creativa. Por ejemplo, se dice que un día le preguntaron a Manuel Fernández y González:

--¿Quién es mejor escritor: tú o Cervantes?

¡Hombre, te diré! --dijo dudando aquel gran folletinista. El autor del libro donde leí este pasaje, hace constar que lo de "folletinista" no lo usaba como adjetivo peyorativo, porque follenistas fueron Balzac, Dickens, Tolstoi, etc. Pero para establecer cierta justificación a la vanidad de artistas y escritores, deberá reconocerse los merecimientos cada cual, y Roberto Cantoral no hizo más que reclamar el lugar que él considera merecer, después de sus trascendentales canciones, "La Barca", "El Reloj", y otras tantas, además de su respetada posición de dirigente autoral en México, y otras organizaciones internacionales. Hay que cuidar el rango, amigos, verdaderamente por qué no decirlo...

FOTO HISTORICA EN C.M.Q. TV
DEL AÑO 53

¡Qué fenómeno! ¡Cuántas volteretas nos hace dar la vida! Fíjense bien en esta fotografía ya anciana, del año 1953, y verán a 3 figuras destacadas de la televisión cubana, rodeados de varios "extras" (así se les designaba a los que hacían grupos). Podrán distinguir en el centro, al brillante imitador Tito Hernández, escoltado nada menos que por el primer actor Carlos Badías, y el "tenor de las Antillas", René Cabell, en el musical espacio de "Cita con René Cabell", que se televisaba por el Canal 6 de CMQ-Televisión. Tiempos vieeeeejos, tiempos idos y que ya no son los mismoooo, pero ¡Qué boniiiiittttoooo es Recordaaaaarrrrr...!

Tras el escándalo del espía en Inmigración, puede esperarse que algún escritor zurdo publique un artículo recomendando moderación con Faget, para evitar que pueda dañársele su reputación, y perjudicarle para el jugoso retiro. Suerte que lo agarraron antes de que pudieran enviar a Elián de vuelta a Cuba, que si no, el artículo bien lo pudo haber escrito Faget, afirmando que "la ley se había cumplido", y hasta a los mismísimos Pérez Roura y Tamargo, les hubieran restado argumentos. Con el descoco existente, casi nada nos resta por ver...

EL INSTINTO DE LA PROPIEDAD

Hay una perceptible bifurcación en el concepto humano, más bien zoológico, en cuanto a la propiedad. Eso de que "toooodo es de tooodos", suena bien para el que nada tiene, ni piensa esforzarse para tener algo. Pero, hasta el más incoloro de los seres, incluyendo a un "Mayimbe" revolucionario que tuve oportunidad de tratar en Cuba, en los tiempos funcionales del ministerio de Re-cu-pe-ra-ci-ón", comprobé la dualidad del concepto.

El hombrín, a quien habíamos escuchado disertar acerca de "la colectivización", La propiedad en común, y otras ideas divulgadas durante el precedente período a su colocación como "propietario" de una residencia "recuperada" a su legítimo dueño, invitaba a sus amigos y conocidos a jugar dominó bajo la sombra inocentemente acogedora de un frondoso árbol de nísperos, que crecía en el patio de la casa secuestrada. En una ocasión pasaba yo por esa calle de la barriada, cuando por poco me despachurra con un jeep militar (era capitán el tipo), al pasar yo, y salir el mayimbe. Un poco nervioso, dije, por decir algo: Caramba, no sabía que usted vivía aquí... Y me contestó muy capitalizadamente: "Sí, esta es Mi casa. Hace 2 semanas que vivimos aquí...".

FOTO AUTÉNTICA
DE GALIANO Y SAN RAFAEL

Es emocionante mirar esta foto. Para mí, lo es. Y, supongo que para ustedes también. ¿La reconocieron? Ciertamente, es la archifamosa esquina de Galiano y San Rafael, por donde paseaban las mujeres más lindas del mundo. A la izquierda del semáforo que cuelga en el centro de las calles, sobresale un costado del señorial edificio de la tienda "El Encanto", de la firma Solís, Entrialgo y Cía.

El instinto de la propiedad había capitalizado en aquel "colectivista", aunque siguiera aplicando el principio de que "Toooodo es de toooodos"... pero para los demás...

Aquel incidente me vino a la mente, por un "homeless", como llaman en inglés a los que viven en las calles, que diariamente veo durmiendo plácidamente en un lugar de la ruta por donde suelo caminar en la playa. Por lo observado, no se pela, ni se afeita, ni se baña, pero eso sí, mantiene visiblemente el instinto de la propiedad, porque tiene acumulados 3 carritos, sustraídos sin violencia de algún market, abusadamente repletos de porquerías, entre las que he distinguido al pasar, colchas, almohadas, zapatos, palanganas, latas vacías, y cada vez reúne mayor cantidad de desechos, al borde de lo inservible; pero su instinto de propiedad le impele quizás a revisar, doblar y redoblar los trapos, aumentando cada vez su colección de muñecos y muñecas alrededor del camastro que arma para dormir.

El cuadro me sugiere que, con esos muñecos, aquel infeliz ha creado su "propia" familia con la que vive, rodeado de sus "propiedades". indiferente a la organización social del entorno...

"Al poco tiempo de Castro tomar el poder, la tienda El Encanto fue totalmente quemada por patriotas desafectos al régimen. Se rumoreaba por entonces que los propietarios fueron los que planearon su destrucción", según publicó en su interesantísimo libro "Memorias de un Cubano Sin Importancia" el ingeniero Napoleón Padilla.

Tengo el inocente orgullo de haber trabajado algunos meses en el departamento de expedición de El Encanto, allá por 1938, y conocí íntima y totalmente aquella maravillosa tienda, que vendía los mejores artículos de la moda mundial, a precios alcanzables para todos. Después de haber visitado las tiendas similares en París, Londres y Nueva York, me permito asegurar que las hay mayores de tamaño, pero ninguna se iguala al gratísimo olor que envolvía a El Encanto, ni tienda alguna presentaba el panorama femenino, nutrido de empleadas elegantemente vestidas y maquilladas. Aquí, debe prevalecer mi acostumbrada frase "Qué boniiiiiitttttooooo es recordaaaaaaaarrrrr

CIEN AÑOS DE CINE CUBANO

Acabo de recibir el libro "Cien Años de Cine Cubano 1897-1998", de Eduardo G. Noguer, poeta y escritor que salió de Cuba después de varios años de vicisitudes. Este libro trasluce el propósito investigativo, cronológicamente narrado, del movimiento cinematográfico realizado en Cuba desde 1897 hasta 1998. Como se sabe, el sistema es tan hermético que nosotros a 90 millas, apenas conocíamos algunos títulos de películas hechas por el famoso ICAIC y, sin embargo, hemos visto en este volúmen de 486 páginas, los títulos de producciones que ignorábamos, con nombres de actores, directores, y artistas desconocidos, de Cuba y otros países, en cuyos elencos figuran también actores que se quedaron apoyando un régimen que les dio poco valor, y los descendieron en la escala de la importancia.

Así vemos, por lo que dice el libro, que Miravalles, Leonardo Wood (que antes se llamó Leonardo Robles) Raquel Revuelta, y algún otro consiguieron escalar posiciones y hacer varias películas, que no puedo juzgar por no haberlas visto.

En cambio, otras actrices y actores, lucen muy desmejorados y descendidos de las posiciones que ocuparon en el sistema democrático que ellos combatieron tanto. Los incluyen, sin distinciones, en los repartos, sin que puedan reclamar o gritar, como los malditos del Tenorio... Imagino que, en lo profundo de sus almas deben haber hecho un examen de conciencia, arrepentidos de su errática actitud, algunos de los cuales vemos paseando su decepción por estas tierras de libertad "después de haber amado mucho"...

Aquello (que nunca tragué) de "aquí se acabaron las primeras figuras", y "fuera los egos" era parte de la intensa demagogia, desarrollada desde el principio con el fin de que brillara más la primera figura del elenco nacional"...

El libro es razonadamente beneficioso en el sentido de divulgar que el cine de Cuba, igual que otras armas, no requerían el vuelco hacia atrás, así como tampoco la actitud despreciativa y desprestigiadora en que lo han querido sumir. El cine revolucionario y su lisiadura lo define bien el autor Noguer, en la página 89 del Estado donde era oportuno e imprescindible sobresalir primero como revolucionario, y después como artista"...

MARÍA TERESA ROJAS Y EVA VÁZQUEZ

Llegando a la frontera de 1958, Cuba se hallaba a la cabeza del continente en radio, televisión, cine, y teatro, es decir, en las artes escénicas. En lo musical ¡ni hablar! como decía Pérez Prado. Esta vieeeja foto es una muestra de aquella pujanza. Ahi ven a la primerísima actriz Eva Vázquez, y la directora del Grupo Prometeo, Teresa María Rojas, profesora de Arte Dramático en el Miami Dade Community College, cubriendo, en los tiempos de Cuba democrática, 1958, una culminante faena en "Cordón de Plata", en el prestigioso programa "Gran Teatro del Sábado", por el Canal 6, de CMQ Televisión.

SANTOS INVENTADOS...

Cuando estudiábamos Historia Universal, nos parecía que nuestro profesor, Dr. Severo García Pérez, se sabía toda la laaaarrrgggaaaa secuencia que abarca el viaje del hombre sobre la faz de la Tierra. Por supuesto, los siete tomos de Mallet, que era el texto que debíamos vencer para aprobar el año, nos pareció una tarea ciclópea y definitiva. Cuán lejos estábamos entonces de lo burro que íbamos a estar más de medio siglo después, cada vez que tropezáramos con el desconocimiento, ya familiar, en cada nueva obra que leemos.

Una referencia a un pequeño libro, hecha por un ameno historiador, nos pone en contacto con lo sucedido en el bautizo de Napoleón, del que creíamos saber mucho sin saber que no sabíamos casi nada, aparte de que se llamaba Napoleón Bonaparte; que nació en una isla del Mediterráneo; que su madre se llamaba Leticia; que tuvo 3 hermanas y 4 hermanos, de los cuales 3 fueron reyes, etc. etc...

¿Qué decía el librito? Pues, que el obispo que confirmó al que después fue emperador de los franceses, antes de imponerle el sagrado crisma le preguntó cómo se llamaba, respondiendo éste que Napoleón, a lo que replicó el prelado: "¡Napoleón! No recuerdo haber oído nunca el nombre de ese santo, ni lo he visto en el martirologio, ni lo he leído en las actas de los Mártires, ni..."

--No importa --interrumpió el joven Bonaparte, algo amostazado-- San Napoleón es un santo corso y eso basta..."

También en el pequeño libro "Pequeña Biografía de un Gran Pueblo", me refiero a los tipos populares de Placetas, entre los que destaca un hermano del cojo Rumbaut, quien para aliviar la lucha por la vida ideó poderes espiritistas en su esposa, con el loable propósito de reforzar ventajosamente el condumio diario. Con ese fin inventó un santo, al que bautizó como "Ciriaco Guaré", el único Santo con guayabera canonizado a Guanabacoa... Y lo curioso del caso es que algunos lo creían. ¡Mira que la gente inventaaaaa!...

LA PROTAGONISTA FEMENINA DE CHAN LI PO

Nos complacemos grandemente de poder publicar esta vieeeeja foto de una valiosa artista que ocupó, en las décadas brillantes de la radio cubana, una envidiable posición de primera figura. Por su extensa colección de turbantes (siempre los usaba) y el colorido elegante de sus vestidos, resultaba una mujer exótica, al propio tiempo que una dama cultivada y fina. Así era, y ojalá siga siendo, Juana Viera Scott (Nenita Viera), que vino al mundo en Santiago de Cuba, donde mismo se inició, como pianista y cantante, y a continuación como actriz, en la CMK. De la mano del legendario Félix B. Caignet, se estableció en La Habana, donde la conocimos en la COCO y CMCK, en aquellos triunfadores episodios de Chan Li Po, en los que Caignet hacía gala de su fértil imaginación.

Además de en aquellos famosos episodios, Nenita Viera permaneció como protagonista en bien cotizados espacios radiales, en la RHC-Cadena Azul y CMQ. Honor y recuerdo a quien lo merece y a quien vivía orgullosa de su querida hija.

Aplausos para el Club Cultural de Miami "Atenea", por la publicación, digna y elegante, de la "Antología Poética", Miami Siglo XXI. Orestes A. Pérez en su encomiable labor difundiendo poesía y cultura, merece la admiración y el respeto de toda la ciudadanía.

Otra personalidad que merece admiración y aplauso es Juan Manuel Salvat, cuya Editorial Universal no cesa de lanzar nuevos volúmenes para enriquecer el conocimiento del pueblo.

Nos participa el amigo Jorge J. Wirshing, que el homenaje al destacado saxofonista placeteño Mario García, el día 23, quedó fe-no-me-naaaalll.

LA SALSA ES EL SON...

Entre las prioridades del nuevo milenio estuvo la de dedicar esta crónica a uno de los legítimos padres del son, Miguel Matamoros, progenitor de ese son impropiamente llamado "salsa"; porque el Son, que sieeeemmmpre ha tenido muuuucha salsa, como inmejorable plato que es de la cocina mejor, ha dado un poco de ajilimójili a tooodas las variantes inventadas a su costa...

El pentagrama, a pesar de los pesares y el tiempo transcurrido, se sigue componiendo de 5 líneas y 4 espacios, para escribir en él las notas y los signos que han conformado las obras más sublimes y las populares. El ritmo del Son tiene taaannnta salsa que alcanza para condimentar todo lo que se toque a compás de claves... Y, Miguel Matamoros, Ignacio Piñeiro, Eliseo Grenet, Arsenio Rodríguez, y otros grandes creadores cubanos, construyeron las bases incommovibles que pretenden desconocer los grandes desconocedores actuales.

Es tanta la trascendentalidad que si decimos Miguel ya se sabe que en materia musical viene detrás presupuestado el Matamoros; de la misma manera que al decir Sindo no hace falta mencionar el Garay ¡qué caray! En idéntica posición figura la salsa que, en su tarjeta de presentación, tiene que decir: SON... El Son tiene muuucha salsa, y la salsa es toda son... Son cubano y Sabrosón...

Miguel Matamoros que hizo muchos boleros bonitos, trazó su camino a la Gloria, cuando estrenó su "Son de la Loma", que es pura salsa, y subió la loma del éxito, de la que no se bajó más que para bajar a la tumba. Cualquiera de sus sones: "El que siembra su Maíz", "La Mujer de Antonio", "¿Quién Tiró la Bomba?", "El Paralítico", "Lágrimas Negras", en fin, cualquiera de sus inolvidables temas, tiene hoy tanta actualidad como la tuvo ayer... Y, si no, vean el triunfo que logran los intérpretes de hoy, cada vez que graban en discos un éxito de ayer...

Ya lo dijo el propio Miguel, en "Olvido"

"Aunque quieras olvidarme
ha de ser imposible,
porque eternos recuerdos
tendrás siempre de mi..."

ÚLTIMA FOTO DE MIGUEL MATAMOROS

Hace algún tiempo publiqué la primera foto profesional del Trío Matamoros, y ahora, para notoria recordación en el nuevo milenio, cábeme la inmensa satisfacción de ser el vehículo que actualice la visita a su casa de Santiago de Cuba, hecha por sus entrañables compañeros Rafael Cueto y Ciro Rodríguez, cuando ya a Miguel Matamoros, casi ciego, le resultaba sumamente difícil desplazarse a La Habana para reunirse con ellos. Cuántos destellos de gloria se distinguen en esta gráfica que recoge las vencidas sonrisas que se apagaron, pero que, sin embargo, nos da pie para repetir esta frase favorita: ¡Qué boniíííííto es recordaaaaarrrrr..!

SE SABEN HASTA EL GENESIS...

Viendo un programa del Padre Alberto (por cierto, sumamente interesante), nos maravillamos viendo el resultado de las pesquisas e indagaciones realizadas por los productores para encontrar a los varios invitados que acuden a desenvolver los temas planteados. Aquel programa sobre las apariciones marianas, con sus testimonios, y las bien explicadas razones dadas por aquellos panelistas, resultaron subyugantes, hasta para un amigo bastante descreído que me afirmó: "Chico, empecé a verlo distraídamente y ya no me pude zafar hasta el final"...

Sería realmente bueno, que el Padre Alberto planteara en uno de sus espacios una discusión razonada sobre el Génesis, o sea, la formación concreta de esta maravilla que se llama Universo, su ritmo, su perfecto balance, la encantadora y encantada sucesión de los días y las noches; la procesión ininterrumpida de los otoños, los veranos, los inviernos, y las consecuentes y necesarias primaveras...

Algunos programas vistos en compañía de Martha, nos han subjetivado a tal punto que, absortos por la locuaz y respetable argumentación acerca de los temas, hemos agradecido al final del envío, la ausencia de sosería insípida. En muchos de los programas de este tipo, pululan los de afectación insoportable que se saben tooooodddaaasss las respuestas, respaldados sólo por el municionamiento de una cultura adquirida en el café de la esquina o en la barbería del barrio...

El otro día, un señor con la prosopopeya de Castelar, llamó al programa de Fusté y le disparó una trova regañona porque el conocido comentarista cometió el pecado de decir que en el 2,000 comenzaba el Milenio... Eran, las 9 de la mañana, y seguro, seguro, que los televidentes pensaron en lo que se estaban perdiendo las Universidades de Miami, con aquel catedrático de pantuflas y payama, disertando telefónicamente, desde la cocina de su casa...

TITO GUIZAR EN EL "JHONNY DREAM" DE LA HABANA

Eslabonar el pasado con el presente es, a veces, harto difícil, aunque de resultados positivos. Por eso, publicamos esta vieja fotografía del astro mexicano Tito Guizar, en el mes de mayo de 1956, mientras estampaba su firma en el contrato de prórroga, para seguir actuando en el "Johnny Dream" de La Habana de antes. Tito Guizar, que murió el último año del siglo XX, o sea, en 1999, siempre fue bien recibido en Cuba, a pesar de unas desafortunadas declaraciones suyas, dichas en el furor de su popularidad, a raíz del extraordinario éxito de la película "Allá En El Rancho Grande". En la foto, están el dinámico Pepe Delage, animador y cantante; Berta Marín, soprano; Johnny Larramendi, propietario del "Johnny's Dream Club"; el Trío Chapaneco, que acompañó a Tito Guizar, aun siendo un trío cubano, pero que interpretaba los ritmos mexicanos a las mil maravillas, y el empresario Norman Zimmmerman, el único que, si se fijan, usa espejuelos, ¡qué boniiiitttoooo es recordaaaaarrrr!

Aquel mismo año de 1956, un poco más adelante, en el mes de junio, la noche del día primero se le dedicaba en el cabaret "La Campana", que estaba situado en la calzada de Infanta, a homenajear a Pérez Blanco, entonces jefe de plana teatral de periódico "Ataja", de Salas Amaro.--- Por ese tiempo, Celia Cruz y Nelson Pinedo, con la Sonora Matancera andaban por Colombia; Adria Elena y el Chicuelo, bailaban español en Chicago; Ninón Mondéjar y su orquesta América, tocaba por el interior de México; la gran cantante América Crespo, debutaba en República Dominicana, mientras yo permanecía en Cuba, comiendo sabrosos Frijoles Kirby. El sábado 16 de junio, el Colegio de Operadores de Radio y Televisión de La Habana, celebraba un festival bailable, en el Coney Island Park...

LA PRIMERA CUBANA CANTANTE DE OPERA

Al guiarnos por los historiadores que exprimen los archivos, como Jorge A. González, y recrearnos con libros taaaannn amenos e ingeniosos como el de Antonio J. Molina, no hacemos más que procurarnos los conocimientos para recordar el virtuosismo de compatriotas que vivieron y triunfaron en el pasado.

Fue con ellos que tropezamos con la primera cubana que actuó profesionalmente en el difícil género operático. Desde 1776 en que se introduce la ópera en un teatro público de La Habana, no hay noticias de otra figura del país que se dedique a esta actividad. Las cantantes eran siempre extranjeras, aunque desde el siglo XVII existían aficionadas y aficionados que se presentaban en representaciones privadas o de beneficio, ya que existía el prejuicio de que ninguna dama de familia distinguida cantara en el teatro...

Pero, y aquí surge el cómo y el por qué, Don Juan Bautista Cirártegui, que durante 40 años fue organista de la Catedral de La Habana, contrajo matrimonio con una dama nativa, y en la segunda década del siglo XIX nació la hija con destino operático. Su padre fue su maestro en los estudios musicales y de canto. Y ya, el 16 de julio de 1843, aparece en la prensa la primera actuación de Concepción Cirártegui, en una función a beneficio de la benemérita Real Sociedad Económica de Amigos del País, en el hermoso teatro Tacón.

Fue así que, más tarde, Don Francisco Mary, dueño del teatro Tacón y relevante empresario de aquellos tiempos, le ofreció a la Cirártegui un contrato para cantar en el teatro Principal en la temporada de 1845-46... después que ésta lograra vencer los escrúpulos de su padre.

Vencida la aprensión familiar, el martes 30 de diciembre de 1845 apareció en el escenario del teatro Principal de La Habana, la primera cubana que cantó ópera profesionalmente, interpretando la partitura de Bellini "Los Montescos y los Capuletos", junto a conocidísimos de aquella época, Cirilo Antognini, Rosita Picó, Federico Badiali, y Attilio Valtellina, bajo la dirección del maestro Isidro Ramón. Con el mismo elenco cantó en años subsiguientes "Norma", y el 4 de diciembre de 1847 se estrenó en Cuba la ópera "Nabuco" de Verdi, protagonizada por la Tedesco, y haciendo la Cirártegui el papel de Fenea. En su corta y triunfal carrera, Concepción Cirártegui, alternó con Fortunata Tedesco soprano italiana que brilló con luz propia en la Opera de París, donde fue seleccionada por el propio Wagner para cantar la "Venus" al estrenarse alli su "Tanhauser".

La sobresaliente carrera de Concepción Cirártegui terminó al casarse con Don Juan Mariano Cuero y retirarse a vivir felizmente en su residencia de el Vedado habanero... ¡Qué boniiiiiitoooo es... Recordaaaarrr..!

RAMILLETE DE PRIMERAS FIGURAS

La imparable tradición artística del cubano continuó ininterrumpidamente hasta desembocar en aquellos luminosos años del 40, durante los cuales se produjeron oleadas de nuevas estrellas, y se agigantaron las que permanecían afianzadas desde años anteriores. Ahi pueden ver la foto, un ramillete de primeras figuras femeninas en los campos del teatro y la radio que, entonces, era el medio artístico más importante. Todas ellas eran sobresalientes en sus respectivas actividades. De izq. a derecha: Julita Muñoz, Mimí Cal (Nananina), Celia Adams, María Valero, Lolita Berrio, Carmelina Rosell, Conchita Nogara, Olga Guillot y Carmita Ignarra, sosteniendo orgullosamente el pergamino que la Asociación de Cronistas de Radio (ACRI) les había otorgado aquel año como premio a su trabajo y talento.

¿SE ACUERDAN LO QUE PASABA EN AQUELLA NAVIDAD DE 1959...?

Todavía la venda no se había caído de los ojos a los ilusionados y desconocedores del desastre que había llegado. Todavía el hotel "Havana-Hilton" conservaba el nombre con que lo bautizaron los que lo construyeron. Los mayores hoteles seguían presentando deslumbrantes shows, como también lo hacían los cabarets de menor categoría. Los ilusos pensaban que no pasaba naaaaddddaaaa.

Pero... los asomos y el aroma presagiante de lo que se estaba cocinando, eran perceptibles: La Banda de la Policía Nacional "Revolucionaria", bajo la dirección del capitán Alberto Romaguera, grababa en discos el himno "26 de Julio", "El himno del Granma", "El de Patrullas Juveniles", etc. adornados con los coros de las Patrullas Juveniles Revolucionarias, dirigidos por Jaime Selema... Los discos "Puchito" celebraban 9 años de su fundación declarando sus mayores éxitos con "Miénteme" por Olga Guillot, con la orquesta Hermanos Castro; "Soñar", por Carlos Díaz y la misma orquesta, y "La Sierra del Escambray", por los cómicos Pototo y Filomeno (Aníbal de Mar y Leopoldo Fernández)... Discuba, distribuidora de RCA, anunciaba como disco más exitoso "Perdí la Fe", por Benny Moré, "Cero Penas" por La Aragón, y "Son Cosas Que Pasan", por Pacho Alonso con la orquesta de Bebo Valdés...

Recuerdo en esa Navidad, la última que pasé en mi añorada Cuba, que la artista Libertad Lamarque anunció ser abuela por cuarta vez, y se dijo que era la "abuela más linda del mundo", mientras filmaba en Buenos Aires junto a Jorge Mistral y Víctor Junco, la película "Creo en Ti"... Lucho Gatica grababa en esos momentos "La Montaña" de Algueró y Moreau, en España, disco que pondría a la venta en Cuba, la Panart, casi inmediatamente, ya que todavííííaaaaa no había sido confiscada a los hermanos Ramón y Galo Sabat... "Stelar", la más joven de las marcas de discos cubanas, grabó "Navidades de Amor", y también "Mi Ultimo Querer", títulos presagiantes de lo que venía, con la orquesta dirigida por el maestro Severino Ramos. La cantante de la grabación era igualmente nueva, y la habían bautizado como Inés "Ricura" María, sin pensar que toooda aquella "ricura" iba a convertirse en Amarguuuurrrraaaa...

ESCÁNDALO DE BIGAMIA CONTRA CANTORAL

Es taaannn importante esta foto de María Victoria Echeverry, que rogamos a Joaquín y el staff fotográfico de DIARIO LAS AMERICAS, que hicieran el milagro de hacerla identificable, porque al sentirme legatario de aquellos recuerdos de 1959, no podía obviar este aparatoso suceso acaecido entre el célebre compositor mexicano Roberto Cantoral, la reina del Festival de Bogotá, y la cubanita Marta Jorge. Resulta que el joven y apuesto cantante y compositor Roberto Cantoral, se enamoró de la Reina del Festival Turístico de Bogotá, señorita María Victoria Echeverry Duque, para la que compuso un hermoso bambuco colombiano. Se comprometieron y, siendo él, el compositor de "El Reloj" y "La Barca", se embarcaron inmediatamente a esa hora, en un jubiloso matrimonio celebrado en Lima, Perú, a donde había viajado con su trío Cantoral, a cumplir contrato. Allí, María Victoria, que había viajado con su señora madre, asintió al matrimonio, el 23 de noviembre del 59, en la capital de los Virreyes. Pero... al enterarse la Iglesia de la noticia, informó a María Victoria que quedaba excomulgada al casarse por lo civil con un artista varias veces matrimoniado, extendiéndose el asunto hasta La Habana, donde la actriz y locutora cubana Marta Jorge, declaró que ella aún se encontraba casada con Cantoral... Confieso que no recuerdo cómo se resolvió el lío de la bigamia apuntado, pero sí que la pareja viajó a Chile, Argentina y Brasil, cumpliendo contratos y disfrutando su luna de miel, antes de regresar a México donde fijaron residencia.

¿SE ACUERDAN DE GABY, FOFÓ Y MILIKI...?

¿Se acuerdan de Gaby, Fofó y Miliki...?

Fueron los tiempos de una Cuba feliz, y estos simpáticos payasos españoles, contribuyeron eficazmente a hacernos felices con sus chistes sanos, y su gracia natural. Aquí los ven, en esta foto histórica, actuando en el "Mulgoba Night Club", enclavado en el bello reparto del mismo nombre, y detrás de ellos, la orquesta titular del cabaret, la recordada orquesta "Cosmopolita", que fundó el saxofonista Vicente O. Viana, y dirigió el gran pianista y compositor Humberto Suárez, casado con la destacada cantante Elizabeth del Río, y fenecido en Puerto Rico. Los grandes triunfos de Gaby, Fofó y Miliki comenzaron en Cuba, y siguieron en Puerto Rico, Venezuela, Argentina, Chile y EE. UU. En Cuba, se "aplatanaron" tanto, tanto, que se casaron. Varios de sus hijos nacieron en nuestra patria: Fofito y Rody, hijos de Fofó; Maribel y María del Carmen, hijas de Gaby; y Ritica, Pili, y Milikito, hijos de Miliki. Actuaron en CMQ y el Canal 4 de Televisión, y fueron tan populares, que fundaron un circo propio, "El Circo Nacional de Cuba", con el que recorrieron toda Cuba y parte de la América. ¡Que boniiiiito es Recooooorrrrddddaaaaarrrr...!

VALIOSO LIBRO DE ALMA ROSA GIL

Hace tiempo deseábamos sinceramente comentar sobre el valiosísimo libro de la fecunda educadora cubana Alma Rosa Gil y, después de saborear su lectura, no encontramos palabras más justas que las del Rev. Martín Añorga, que lo prologó. El libro se titula "Desfile" y, es una Antología de Himnos y Canciones Infantiles, minuciosamente escogidas por la autora. Dice Añorga: - "A Alma la hemos conocido por décadas y honestamente reconocemos que hay en ella una rarísima combinación de habilidades: pinta, compone versos, practica la terapia ocupacional, escribe, trabaja en menesteres de oficina y exhibe un expediente impresionante como educadora. Pero, todo eso, por importante que sea, no es tan importante como el hecho de que Alma Rosa Gil es una cristiana ejemplar y de cuerpo entero. Todo lo que es, y lo que tiene, lo ha puesto en manos de Dios. Mérito mejor que este, de seguro que no lo hay". Reitero mi apoyo a las sabias palabras de Añorga. Las dos "piedras" famosas de Miami en este momento, han sido la dolorosa de Agustín Tamargo, padeciéndola en un riñón, y la jubilosa, concedida a Olga y Tony, en una esquina de la Calle Ocho. Para la primera estuvieron convocados los mejores médicos, para la segunda habíamos sido programados, pero compromisos ineludibles nos impidieron asistir a tan grato momento.

EL PRESIDENTE BATISTA Y DÍAZ BALART
CON LOS ARTISTAS

Esta histórica foto deja ver al Presidente Fulgencio Batista, un militar que gustaba vestir de civil, en contraste con el que lo sustituyó y se aferra al uniforme verde olivo de militar... En la instantánea puede verse a Ernesto Casas, locutor y publicitario, tío del laureado poeta y escritor Luis Angel Casas, la gran actriz mexicana Magda Haller, segunda esposa del primer actor cubano Otto Sirgo, Rafael Díaz Balart, que fue Ministro de Gobernación, y el General Batista vestido de frac.

LA BELLA CHELITO, MUNDIALMENTE FAMOSA, NACIO EN PLACETAS, CUBA

Su arte fue siempre absolutamente candoroso, a pesar de haber sido una de las más famosas estrellas del "Varieté", que a principios de siglo se implantó en Europa, y particularmente en España, donde se cultivaba efervescentemente el "género grande", "el género chico", y este, al que los "preciosistas" señalaban como "género ínfimo". Sin embargo, era el género de que más se hablaba, y el que producía entradas más robustas y continuadas.

En ese estilo "La Bella Chelito" acaparaba la simpatía de un ferviente y numeroso público que le pedía a rabiar los cuplés "Un paseo en Auto", "La Rumba", "Noche de Novios", "La Pulga", "De Dios y del Diablo", y otros no menos deseados. Precisamente aquel cuplé, "La Pulga", interpretado por una de sus tantas imitadoras provocó el fracaso y cierre del teatro Obrero de Cárdenas, cuando una suplantada Chelito comenzó a "buscarse la pulga" sin el candor y el encanto de la verdadera estrella, haciéndolo con tan atrevida y vulgar grosería, que las familias asistentes se levantaron indignadas, dejando el salón más vacío que la casa de un desahuciado...

La Bella Chelito murió en Madrid a los 74 años de edad, y según el decir de su mejor amigo, el compositor Alvaro Retana, "se mantenía increíblemente bella". Siguió diciendo Retana en aquella trágica ocasión: "Chelito representaba la travesura ingenua. Debutó a los 14 años y era tal su inocencia que no comprendía la doble intención de la letra de los cuplés que cantaba. Algunas veces solía decir: "No comprendo por qué el público se ríe tanto con estas letras que no tienen nada de particular "Cuando ya supo toda la picardía que contenían, las seguía cantando como si no lo supiera. Por eso su arte era eternamente candoroso.

En 1924, el empresario José Campua la presentó en el teatro Maravillas, de Madrid, el mismo coliseo donde ofrecimos nosotros en 1977, "La Noche Cubana", asociados con nuestro recordado amigo Segundo Fernández, y el Dr. Oscar Gómez.

En aquel teatro, La Bella Chelito presentaba un espectáculo que hoy calificaríamos de inofensivo, y las señoras de la alta sociedad madrileña, fueron a ver "al diablo con faldas", que hacía faltar a sus hijos a clase, y al marido a cenar en casa, pero cuando la vieron se maravillaron de su finura y elegancia... porque ella era ver-da-de-ra-men-teeeee artistaaaaaaa...

DOBLE FOTO DE "LA CHELITO"

Aquí pueden apreciar, en estas dos fotos "inocentes" de La Chelito, lo que decimos de ella, en comparación con las "pornográficas" actuales. En la foto con el turbante, viste la indumentaria para bailar y cantar "La Rumba", y en la que parece vestida con el indumento para hacer la Comunión, tiene la pose de la célebre "Pulga". Al morir, en 1960, contaba 74 años Consuelo Portela Audet, nacida en Placetas, provincia de Las Villas, Cuba, cuyos últimos años transcurrieron dentro del mayor recato, oyendo misa diariamente en la madrileña iglesia del Carmen. Dejó una fortuna de 40 millones de pesetas (Ignoro el valor al cambio en la fecha de su deceso) La Bella Chelito, brilló en una época en que tuvo rivales de la categoría de Antonia Mercé, Amalia Molina, Pastora Imperio, Raquel Meller, y La Fornarina, quien dijo de La Chelito cuando debutó en el teatro Romea: "Es muy mona esta chica. ¡Lástima que sea tan flacucha!"... ¡Despechos de las no muy despechadas...!

SOBRE LAS OLAS DEL RECUERDO...

El artículo enviado desde Cuba por una amiga, a la distinguida y fraterna escritora Asela Gutiérrez Kann, nos agrega conocimientos respecto al violinista y compositor mexicano Juventino Rosas, autor del inmoral vals "Sobre Las Olas". Precisamente, en el Tomo 2, de "Vida y Milagros de la Farándula de Cuba", publicamos la letra de ese vals, que nos completó Asela, y también la foto de la casa donde vivió el bardo en el pueblo costero de Batabanó, tomada el día que el ministro Dr. Antiga, develó una placa conmemorativa, en el mes de junio de 1945.

El periplo histórico de Juventino Rosas, a salto de datos, nos recuerda en ese artículo el sencillo monumento a su memoria (La casa con aquella placa, ignoramos si ha sido respetada por el tiempo y la revolución), suponemos que todavía se encuentre en su plazoleta, allí, en el tranquilo pueblo de Surgidero de Batabanó, al sur de la provincia habanera..."

"Acerca de cómo y dónde fue escrito el famoso vals existen varias versiones. Una de ellas manifiesta que la compuso mientras viajaba entre los pueblos cubanos de Manzanillo y Batabanó. Otras se basan en el título original "Junto Al Manantial", afirmando que fue creado en las márgenes de Contreras, México, donde le surgió esta inspiración. Los Derechos de Autor del vals "Sobre las Olas", junto con los del chotis "Lazos de Amor", fueron vendidos por Juventino Rosas el 7 de febrero de 1888 (tenía entonces 20 años) en 45 pesos... mexicanos.

"Agobiado por difíciles condiciones económicas y por su innata tristeza, Rosas marchó de México hacia Estados Unidos como miembro de una orquesta. Poco después se unió a una compañía ítalo-mexicana que a principios de la década del 90 se dirigió a Cuba y actuó en escenarios de la región oriental de la Isla. Con esta agrupación musical llegó al Surgidero de Batabanó el 21 de junio de 1894, aquejado de una mielitis espinal aguda. Lo ingresaron en la Casa Quinta Nuestra Señora del Rosario, propiedad del Dr. José Manuel Campos y Martínez.

JUVENTINO ROSAS

JUVENTINO ROSAS

"Enterado de la llegada de Rosas a Batabanó, acudió a darle la bienvenida Isidro Albaina, Secretario del Juzgado de la localidad, individuo muy aficionado a la música y ferviente admirador del destacado compositor. Albaina visitaba diariamente a su amigo, y corrió con todos los gastos a lo largo de aquella enfermedad. En premio al celo amistoso y humano demostrado por Albaina en el cuidado de Rosas y sus pertenencias, el Gobierno de México le concedió el 10 de abril de 1942, la Orden del Aguila Azteca, la primera otorgada a un cubano. ¡Qué boniiiiiiitoooo es recordaaaaaarrrr...!

RIFLE...XIONES

*- Toda nueva civilización necesita para engrandecerse la "estrecha colaboración" de los dos sexos...

*- Vote aquí: ¿Quién ha sido peor en las decisiones internacionales para los Estados Unidos y la Democracia: Clinton o Carter..?

*- "No renuncio por que no me da la gana" y porque no me da pena dejar deshecho tooodo lo que he desbaratado durante más de 40 años". Fidel.

*- Si ahora hubiesen Cristóbales Colones y Hernández Corteses podríamos tener la esperanza de encontrar algún nuevo continente... donde poder vivir con menos agobiooooo...

*- El maquillaje, en las mujeres de mayor edad, es un gran descubridor, porque nos descubre el lindo color que tuvieron sus mejillas y sus labios...

OOOOOtro Cantar:

Si observas que siempre pierdes
consuélate al recordar:
Cuando el mal es de... cantar
no valen guayabas verdes...

LAS REINAS DEL PUNTO CUBANO

En Cuba, no sólo hubo una cantante de puntos cubanos y música campesina, famosa, sino que varias de ellas se destacaron mucho en nuestras emisoras de radio, cubriendo espacios dedicados al género. Hemos recordado en estas páginas a La Calandria que, con Clavelito, cubrió una etapa triunfal. La curvilínea Radeunda Lima, Juana María Casas, Neyda Revuelta, y particularmente, Zoilita Gómez, a la que pueden ver en la fotografía, durante un programa de televisión por CMQ, Canal 6 de Televisión, en una producción de Publicidad Guastella, ya que éramos co-patrocinadores, y Guastella era la Agencia que producía los anuncios de la firma. Creo que Zoilita Gómez era la más joven de las cultoras del género de música criolla, aunque Juana María y Neyda no andaban lejos del almanaque corto. En fin, recuerdo a Zoilita, porque el director de la leída revista "Estrellas", Hugo del Cañal, se encontró con ella en el "James L. Night", el día del estreno de la película "Libertad", y la cantora de puntos cubanos, comentó entre los recuerdos, "Rosendo debe acordarse de aquellos programas". Y Claro que los recuerdo, y lo atestigua la foto de Santos, donde sigo los textos del autor de aquella campaña, el inteligentísimo Dr. Salvador López, mientras estoy sentado a la mesa con 3 botellas de cerveza "Cristal", Clara, ligera y Sabrossssssaaaaa... Saludos, Zoilita Gómez, y me alegro de saber que estás bien, y del lado de los que luchamos por ver a Cuba libre. Detrás está Severino Puente, **El Niño de Pijirigua**. **¡Qué bonito es recordaaaaaar..!**

MICELÁNEA

Nos invitó el conocido actor Jorge Félix, al bautizo del Disco de Versos, "Amor es la palabra Nuestra", el pasado martes 23 de noviembre. No pudimos asistir, aunque la intención fue hacerlo. Ojalá haya sido exitoso el bautizo y la reunión... Las reuniones suelen ser más animadas cuando son matizadas con el rico sabor de los Frijoles Kirby... Nos invita Arenal para la exhibición de la película "La Música de Ayer", el domingo 12 de diciembre, en el Astor Art Cinema, a las 12 del día... No descansa el amigo poeta Orestes A. Pérez y el Club Cultural Atenea, manteniendo una constante e incansable labor de superación. Felicitaciones... Lucía P. Vasallo, presidenta fundadora de "The Cuban American Cultural Society, se une al reconocimiento a Maruja González, y nos recuerda su participación en nuestro programa infantil de televisión en la Cuba democrática, "La Escuelita", en la que ella participó. Hasta Satellite Beach, Florida, donde vive, váyale un saludo cariñoso... Desde Puerto Rico, nos comunica nuestro dilecto Antonio J. Molina, que su muy activa Fundación, unida a la UCE develaron en la Biblioteca Carnegie, de San Juan, en lucida ceremonia, el retrato de la ilustre dama cubana Belinda Ayala, abnegada esposa del prócer puertorriqueño Eugenio María de Hostos.. Aplausos... Y quedamos enterados históricamente que, en abril de 1888, se fundó en Placetas, el periódico "El Heraldo de Placetas", por Rafael Vega Hernández, que usaba el pseudónimo de "Fray Veguita", y era natural de Sancti Spíritus, la patria chica de mi compañero de estudios Dr. Armando Casadevall...

UNA EXCLUSIVA CRÓNICA

Por ARIEL REMOS

César Antonio Suárez es, sin duda, uno de los tenores del momento. Así quedó demostrado en su actuación en el concierto del pasado sábado 23 de julio, uno de los dos que ofreció la Sociedad Pro Arte Grateli para conmemorar el aniversario 27 de su formación.

Hemos escuchado a César desde sus inicios, cuando se preparaba vocalmente con Gina Maretta, la orfebre que convirtió sus magníficas facultades en joya del bel canto. Recordamos sus primeras actuaciones con Grateli. Después lo perdimos de vista al irse del soleado Miami en pos de carrera y triunfos. Pasó cinco años de aprendizaje superior en la famosa Escuela de Música Jiulliard, con beca de la American Opera Center, y un año de posgrado.

Allí lo descubrió Edgard Kneedler. el mismo que trajo a EE.UU. a Monserrat Caballé. Debutó en el papel de Alfredo, de "La Traviata". De ahí comenzó a abrirse paso en una profesión de muchos obstáculos, más humanos que de otro tipo. Contó con el apoyo de Richard Bonynge y su esposa Joan Sutherland, de Pavarotti, quien, cuando vino a Miami en 1978 a cantar "La Bohemia" con la Greater Miami Opera, nos elogió su voz. César había sido el segundo tenor en la grabación que ese año había hecho Pavarotti en Londres de la ópera de Rossini "Guillermo Tell". (Fue precisamente "Guillermo Tell", con la que debutó César en la Scala de Milán, en el papel principal de Arnoldo).

Escena de amor entre Don José (César Suárez) y Carmen (Elizabeth Hinds)

"Para los cantantes es una lotería encontrar un buen maestro", dice César a DIARIO LAS AMÉRICAS, mencionando con admiración y cariño a Gina Maretta, la legendaria Rosa Ponselle y al barítono Ricardo Torigi. "El órgano vocal es un instrumento sobre el que influyen muchos factores: la digestión, la presión atmosférica, la cama donde uno duerme, la tensión. Por eso uno debe estar preparado, cuidando los ejercicios adecuados para sobreponerse a esos factores negativos a veces. El ejercicio es fundamental, como lo es la buena técnica.

Porque es nuestro interés, inquirimos más sobre el papel del maestro de canto. "Una buena técnica y un buen maestro, son un don de Dios. El buen maestro te oye y sabe enseguida si hay potencial

Nosotros tuvimos la oportunidad de escuchar retrasmitida por radio desde San Francisco, la ópera "Los Puritanos", con César Suárez en el papel protagonista de Lord Arturo Talbot. Se trata de una de las óperas más difíciles para el tenor, que necesita ser un virtuoso del bel canto y remontarse a las alturas del re bemol, nota a la que muy pocos tenores pueden llegar exitosamente. César se ve cómodo en esos registros, y logró en esa oportunidad anotarse un "gol ".

Pasaron los años, y César, con razón, arrebató al público de Grateli con su interpretación de la romanza de Javier y el Dúo de la Flor, de "Luisa Fernanda", mas la famosa "Granada" de Lara. Su voz, en la madurez, ha desarrollado un centro de bello claroscuro del que pasa con facilidad y plenitud a los registros agudos.

hay y enseña a superarlas. Lo demás es emparejar e igualar la voz lo más posible en todos sus registros".

A preguntas nuestras, nos cita algunas de las óperas que forman su repertorio, además de las dos ya mencionadas: "El elixir de amor", "Lucia de Lammermour", "Rigoletto", "Adriana Lecouvreur", "La Bohemia", "Madama Butterfly", "Norma", "Carmen", "Sansón y Dalila", "Don Pascual" y "Benvenuto Cellini".

César se ha enfrentado a los públicos más diversos en Italia, Francia, Inglaterra, España, Alemania, Canadá, México, Venezuela y, por supuesto, Estados Unidos. Últimamente ha estado interpretando el Requiem de Verdi, con el maestro Riccardo Mutti. Su nombre ha aparecido en las carteleras al lado de Pa-

César Suárez en el papel de Pollione, en la "Norma" de Bellini, en escena amorosa con Nova Thomas, como Adalgisa

varotti, Samuel Ramey, Sherrill Milnes, Fiorenza Cosotto, Mirella Freni, June Anderson, Beverly Sills, Roberta Peters, James Morris, Giorgio Zancanaro. Entre sus próximas presentaciones, están una "Lucia" en concierto con la Sinfónica del estado de Washington y el "Rigoletto" en La Fenice, Venecia.

Entre las actividades que realiza César en el campo lírico, está la de maestro de canto, y ha tenido el reconocimiento de la National Association of Teachers of Singing. Ha dado clases maestras en la Universidad de Iowa, y acaba de ser contratado por la FIU para un concierto anual y trabajar con los estudiantes de canto.

La esposa de César, Geraldine Novak-Suárez, es también profesora de canto a cuyos alumnos más adelantados supervisa en ocasiones. Con ella, tiene César tres bellas hijas, todas también cantantes: Germaine, Lola Charmaine y Gina Lilia de los Angeles.

No queremos terminar esta entrevista sin apelar, con convicción y por exclusiva cuenta nuestra, a la Greater Miami Opera que ha mostrado últimamente inclinación a darle espacio al repertorio y a artistas de origen hispano, a que dé una oportunidad a este gran tenor que está a la altura de los mejores del mundo.

Carta del maestro Estivill sobre la obra "María la O"

En la Dirección de DIARIO LAS AMERICAS se ha recibido una carta del Maestro Osvaldo Estivill en relación con la música de la zarzuela del maestro Ernesto Lecuona, "María la O", recientemente presentada una vez más por la Sociedad Pro-Arte Grateli. En esa oportunidad se publicaron varios artículos sobre Lecuona y la obra. La carta, que se refiere a un artículo firmado por el Maestro Manuel Ochoa publicado por este periódico, dice entre otras cosas, lo siguiente::

★ ★ ★

"La obra María la O fue orquestada por mí en Cuba, mediante partes para piano que el Maestro Lecuona me entregó para su orquestación. Aquí en Miami realicé una transcripción fiel del disco Montilla para su puesta en escena. Todo Miami conoce de ello.

OSVALDO ESTIVILL

"Sobre los matices sinfónicos, contrapuntos, efectos fugados, bloques armónicos y en especial, el color, pertenece todo ello a la habilidad creadora del arreglista, al igual que compositores de la talla de un Glazuov, Moussorsky y otros, entregaban sus composiciones plasmadas en pentagramas pianísticos para su consumación sinfónica a una figura como Rimsky Korsakoff.

""Ernesto Lecuona, al igual que muchos compositores en todas las épocas, no orquestaba gramas pianísticos, señalando en ocasiones efectos que quería se destacaran en la orquesta. Pensaba mucho en violines, su cuerda preferida y usaba mucho los matices.

"Lamento mucho que la Sociedad Pro-Arte Grateli haya olvidado insertar mi nombre, es decir, a la persona que con su intervención, hizo posible la realización del estreno de la obra María la O en Miami. Los arreglos se encuentran protegidos debidamente registrados en la oficina del copyright en Washington.. .al igual que todas las zarzuelas de Ernesto Lecuona... y del maestro Rodrigo Prats, Amalia Batista. La obra "Al Fin" que no estaba incluída en la obra, fue transcrita por mí a insistencias del coreógrafo Gustavito Roig, cosa a que accedí. Y en favor de Marta Castellanos que interpretaba el papel de Niña Tula, agregué a la obra la "cadenza" que fue éxito y lucimiento para la soprano mencionada." (N.R. — Se refiere al estreno de la obra en Miami por Grateli hace varios años).

Domingo, 5 de marzo
de 1989.

INCREÍBLE, PERO CIERTO

Increíble, pero cierto: Este que ven en la vieeeeeeeeeeeja fotografía, es el Salón Rojo de la antigua Capitanía General de Cuba. La decoración era lujosa. Servía de sala de recepciones. Allí fué donde el último capitán general español entregó el gobierno al primer gobernador militar norteamericano y donde el primer Presidente de la República, don Tomás Estrada Palma, tomó posesión de su elevado cargo, el glorioso 20 de mayo de 1902. Sin duda, es un lugar verdaderamente HISTORICO de nuestra inolvidable Habana y, sin embargo, no había en él, una sencilla placa que rubricara su magnitud histórica. En este hermoso salón, celebraron recepciones tres Presidentes de la República: Estrada Palma, y los generales José Miguel Gómez y Mario García Menocal, además de 4 gobernadores norteamericanos, y los capitanes generales españoles a lo largo y lo ancho de tooooooooodo el siglo XIX...Sin embargo, los amantes de la música del Plata (yo también soy "tanguero"), le otorgaron una placa a una calle por ser la inspiradora de un tango famoso: "Caminito". En tiempos republicanos se omitió el homenaje. Después, con esta gente afanada en borrar la verdadera historia de Cuba, a lo mejor explican a los turistas, que eso "también" fue hecho por la revolución...

En un día tan significativo como éste, siempre hacemos un alto para concentrar nuestros pensamientos en aquella que nos dio el ser. Inversamente al número de años que mi madre lleva a la vera del Señor, el recuerdo se agranda y se confirma aquel pensamiento que guió la inspiración, el Día de las Madres del año de 1941, cuando escribimos estos versos para mamá:

MADRE ES AMOR

Madre es nombre simbólico de amor,
de inmaculado amor, noble y sincero,
elevado y genial, amor primero
que nos da la existencia en su interior.

Madre es nombre que encierra la ternura
más profunda que tiene el universo;
es un amor, tan puro como el verso,
que baña al existir desde la altura.

Madre, nombre que tiene la virtud.
Por él también responde la bondad.
Madre, nombre que es todo santidad,
y el decirlo produce beatitud.

Madre es amor, divino y dulce amor;
es vida y luz al corazón del hijo
pues, cuando falta, huye el regocijo
y viene a visitarnos el dolor...

RETRATO DE MI QUERIDA MADRE

Y... ¡qué casualidad! Esta arraigante fotografía llega a mis manos, después de largos años guardada cariñosamente en el hogar de Monona y Machín Padrón, primos hermanos nuestros, formando parte de un atado de imborrables recuerdos conservados por mi madre, y que, al salir de Cuba, dejó al cuidado de mi querida tía Angela Llanes. En esta foto estamos junto a mamá, aquel Día de las Madres, con el regocijo que se experimenta al saberla sana y fuerte, ajenos totalmente a la tragedia de perderla trágicamente años después. En el lado izquierdo de la cubana guayabera, llevábamos prendido el clavel rojo que testificó aquella alegría. Fue Hugo del Cañal, viejo afecto nuestro y vibrante periodista, quien tuvo a su cargo el tramo final de este acarreo familiar, que nos llega justo a tiempo para el día en que todos los hijos celebran con júbilo la singular ocasión de homenajear a las madres. Gracias, Buen Dios.

¿CUAL ARQUIMEDES...?

La historia es una de las disciplinas que me apasiona. Sin embargo, no dejo de comprender que "la historia la escribe el vencedor", por la sencilla razón de que quienes la escriben son hombres influenciados por sus pasiones, sus simpatías y sus militancias...

Al leer sobre los acontecimientos pasados, debemos hacer la debida aplicación de la lógica, el examen, la deducción, y el sentido común, para llegar a una cercana evaluación de los hechos. En fin, convertirnos en un Sherlock Holmes sacando conclusiones cercanas a lo que verdaderamente pasó...

Pensemos por un momento que hemos vuelto al imponente edificio del Instituto de Santa Clara, donde la Dra. Alicia Torrens nos está dando la clase de Física, Primer Curso, en el tercer año de bachillerato. Nos habla de algo taaaaaannnnnnn manoseado como el Principio de Arquímedes... Y, ¿quién fue Arquímedes? Yo tengo un amigo, no muy cultivado, que al hacerle esa pregunta, me contestó muy suficiente: "**Hombre, Rosendo, viejo... ¿quién no lo va a saber, siendo cubano, quién fue Arquímedes? Arquímedes fue un "negrito" del Teatro Cubano. ... ¡Arquímedes Pous, de Cienfuegos él... Yo he visto la estatua que le levantaron frente al teatro Terry de Cienfuegos...**"

No, no, —le aclaré yo— no se trata de Arquímedes Pous Vives. Y, mi amigo me restregó lo que él creyó era falta de conocimientos históricos: "Nooooo, viejo, él no "vive". **Murió en Puerto Rico...**"

Volví la cara para no reírme en la de él, respetando la importancia del gran actor y escritor cubano, pensando que aquel ignaro desconocía que cuando se dice Arquímedes sin más apellidos, se ha señalado al que murió ¡300 años antes! no de Arquímedes Pous, sino de Jesucristooooooooooo.

FOTO Y NOMBRES REMINISCENTES DE LOS AñOS 20...

De mis tiempos escolares es esta viejííííííísima foto, enviada por uno de mis compañeros de entonces, Mateo Cárdenas, quien la conservó por más de 50 añossssss. Escoltando a la buena maestra Rosario (Charito) Gutiérrez, estamos, de un lado, Macho Choy, y del otro, Este Pobre Cura, el pelo sobre la frente y la corbata al cuello, que taaaaaaaannnnnnto les molestaba a los que se vistieron de milicianos al comienzo del castrato. Imagino que la vista de este grupo producirá idéntica emoción a la recibida por mí, a aquellos que están en ella y gozan de igual permiso de Dios para deambular por las calles de la vida. Identificables, estamos: José A. Bencomo; Raúl Hernández, Roberto Arboláez; Céspedes; Segismundo Obregón; Arnulfo Jiménez; Jesús Santos; Luis Costa; Rafaelito García; Marianito Casanova; Sixto Fernández de Castro; Pedrito Rodríguez; Evelio Rojas; Niño Alvarez; Serafín López; Enrique Oliver; Agapito Cardoso; René Fernández; Wilfredo Pérez; Joaquín Erviti; Antonio Uncal (Uncalillo); Benjamín García; Rocha; Rodolfo León; René Santamaría, Céspedes; Mateo Cárdenas; Pablo Bravo; el chinito Russ; de Zulueta; Carlos Sánchez; Luis Torres; Arturito Choy; Marino Ruiz, Panchito Mora; Rosendo Rosell; Charito Gutiérrez; Macho Choy; René Choy; Eloicito Fernández; Luis Delfín Coca y Raúl Bello. De algunos no recordamos los nombres (ni Mateo ni yo) y nos excusamos detrás de la tooooooonnnnnnnga de años acumulados en fila india desde aquellos pobres pero felices años 20's....

CONTE AGUERO, POLITICO Y TANGUISTA

¡Qué casualidad! Coincidentemente escuché a un envidioso malandrín criticando la armónica afición de Luis Conte Agüero a la música gardeliana, y leí un sabroso artículo de Luis en DIARIO LAS AMERICAS, titulado "No te preocupes, Fidel de atacarnos se ocupan nuestros amigos". ¡Qué verdad amarga! El tipo que atacaba al tanguista no creo que sea capaz de entonar una melodía sin desafinar, y ahí nacía precisamente su crítica. Mientras que el artículo enfocaba fielmente uno de los defectos que nos hace cojear de una pata...

No sé si ustedes habrán notado que aquí, tooooooodo aquel que tiene una iniciativa y empieza a liderar cualquier movimiento contra el castrasto, lo muelen a golpes de críticas y mandobles de erisipela condiciosa. Mientras la gente no se destaca no hay quien le diga por ahí te pudras, pero como en el caso de aquel señor Torriente, que parecía un hombre bien intencionado, en cuando sacó la cabeza le llovieron los detractores. A Mas Canosa le echan con el rayo y tooooodo lo que hace no sirve. El Dr. Orlando Bosch es muy radical. Hubert Matos tiene su historia. Nazario Sargén manda a la gente, pero él se queda. Y, Conte Agüero canta tangos. En fin, que naaaaaaaaadie es idóneo, ni limpio, ni sano. Y si uno se pone a examinar la conducta y los hechos que caracterizan a los detractores de todos los que hace algo, da como resultado que los que no sirven, ni están limpios, no han hecho nada jamás son los que los emplean tooooodo el tiempo en criticar a los que hacen algo...

¡Qué difícil es ser líder en este exilioooooooooo! Si ven entrar a un dirigente a almorzar en "Casa Juancho", comentan enseguida la buena vida que se está dando. Si un líder es contrario a Fidel va un fin de semana a Disney World, preguntan a gritos que quién le habrá pagado el dispendio, cuando esos gustos se los da habitualmente un trabajador de factoría. ¿Qué rayos tiene que ver que Conte cante tangos? Ronald Reagan fue antes de ser un gran presidente de EE.UU. comentarista radial y artista popular. Y hasta el Santo Padre, Juan Pablo II, fue actor en su juventud...

LUIS CONTE AGÜERO JUNTO A EDDY CHIBÁS

Ahí tienen a nuestro amigo Luis Conte Agüero, junto a Eddy Chibás, mientras recorrían la provincia de Oriente, en los tiempos en que Chibás era el líder más popular de Cuba, y el seguro presidente de la nación. Nada tiene de particular que actualmente esté Conte Agüero dentro del cuadro directivo del Partido Ortodoxo en el exilio, habiendo sido el partido que fundó Chibás. Estoy defendiendo la condición de tanguista por noble y enaltecedora, y porque yo también soy tanguero.

REVOLTILLO DE NOTICIAS.---- John John Kennedy, abogado, fiscal, editor y "actor", acaba de dar un golpe maestro de propaganda para su revista "George" interviniendo como actor en el visto programa de CBS, "Murphy Brown", en una escena donde el hijo de Jackeline y John F. Kennedy, se interpretó a sí mismo. El tremendo anuncio que le hizo a la revista que él dirige, durante un minuto y medio, llegó nada menos que a 15 millones de televidentes, lo que le hubiera costado un millón de dólares. Esto quiere decir que John John es un actor requetebién pagado: ¡Un millón de dólares por un minuto y medio de actuaciónnnnnn!.---- Diez organizaciones de las más importantutes de España, pertenecientes al Centenario del Cine, seleccionaron las "42 películas del Cine Español". "La Verbena de la Paloma" (1935) de Benito Perojo. "Cielo Negro" (1951), dirigida por Manuel Mur Oti, el autor del poema de "El Duelo", y "Locura de Amor" (1948), dirigida por Juan de Orduña, y actuada por Aurora Bautista y Jorge Mistral, están entre las primerísimas seleccionadas.---- Con respaldo de piano y trompeta, MARILYN MONROE, acaba de ser subastada en la casa Sotheby de Londres, en una pila de miles de dólares. Es un disco de 12 pulgadas que grabó Marilyn cuando tenía 22 años con voz sensual, y todavía ningún personaje millonario se había cruzado en su epicúreo y complicado camino. El tema que grabó se titula "How Wrong Can I Be", y describe el arrepentimiento de una mujer que rompió un romance por lo celos.---- No sabíamos que en República Dominicana hay una ley que prohíbe que los artistas extranjeros actúan solos en el país.---- A Sylvester Stallone le mandaron por la cabeza una medio millonaria demanda, por daños y perjuicios, acometimiento, secuestro, alteración de la paz, daños morales y emocionales, en Puerto Rico. El demandante (no comandante) se llama César Santos, camarógrafo, de quien dijo Stallone que "es un mentiroso y una bolsa de basura que trata de sacarme dinero"... Estados Unidos tiene una base aérea en Yakota, Japón, donde se dio tremenda Fiesta de la Amistad, con asistencia de 50,000 personas, entre ellas muchos militares hispanos como la de Junior González y otras. Por cierto, hay una orquesta peruana que radica en Tokio, llamada "Somos Latinos", que goza de una fantástica fanaticada nipona que "echan pie", como si fueran latinos.----

HABLANDO DE TODO UN POCO, COMO LOS LOCOS...

#.-- A un vecino le extrañó, que yo deseara el triunfo de los peloteros americanos contra los de Cuba, y le aclaré: --"Es que ellos NO REPRESENTAN a la Cuba QUE YO AMO..."

#.-- En la función del Chamaco García (por cierto, muyyyyy bueeeeeena), confundí al Ex coronel Orlando Piedra, con el ex Alcalde Lolo Villalobos. Esos sí se parecen taaaaaannnnnto, que lucen igualíííííííííttttttttttttoooooss...

#.-- ¿Saben quién bautizó a Rita Montaner con el apelativo artístico de "La Unica...? Pues, el periodista del diario "Alerta" Augusto Ferrer de Couto...

#.-- ¿Y saben quién bautizó al famoso Conjunto "Casino", como "Los Campeones del Ritmo"...? Pues, Este Pobre Cura.

#.-- "Lola Cruz", que pone en escena la Sociedad Grateli, está considerada como una "revista-opereta", y no como zarzuela.

#.-- Es bueeeeeeennnnnoo recordar que en el Vedado (Calle de Línea) se erigió un obelisco como homenaje de los cubanos, a los chinos que pelearon en nuestras guerras de independencia, con un epitafio de Gonzalo de Quesada, que dice: "No hubo un chino cubano desertor, ni hubo un chino cubano traidor"...

#.-- Decía el célebre Maurice Chevalier, ya viejo: "A mi edad, puedo todavía ayudar a una mujer a levantarse. Lo que ya no puedo es ayudarla a acostar..."

#.-- ¿Usted recuerda a quién le decían "El Tenor de las Antillas? Pues... a René Cabell...

#.-- Y, ¿se acuerda con quién estuvo casada la gran actriz Minín Bujones, y cómo se llama el padre de su hija...? Pues... El Tenor de las Antillas...

MARTHA FLORES Y ROLANDO LASSERIE

En esta foto de los años 60, está Marta Flores, que fue con el grupo a darle la bienvenida en el Aeropuerto de Miami, al guapachoso Rolando Lasserie, que venía de Venezuela a presentarse en el cabaret "Mousieur Pierre", donde libramos angustiosamente el sustento. También en la foto de Gort, el maestro Eddy Lester, ya desaparecido, su esposa Isabel, Eliseo Valdés de Discuba, y el bailarín Lázaro. Por cierto, que Martha Flores estuvo muy simpática en el Dade County Auditorium, cantando "Las conguitas" de las campañas políticas en la Cuba de Ayer, y la "conguita" que más aplaudió el público fue la del general Batista...

#.-- También en el Dade County Auditorium, tuvimos la gratííííííííííííísima sorpresa de reencontrarnos ¡después de más de 40 añosssssss!, con la simpatiquísima actriz cubana, **Magda Camorí** y su esposo Miguel Angel. Con Magda hicimos una larga temporada en el Teatro Martí de La Habana, en la Compañía de Mario Martínez Casado. Todavía tengo la marca en una rodilla, de la aparatosa caída que afectuaba yo, admirado de la belleza de Magda Camorí en una de las escenas que tenía con ella. Mario, al ver que cada noche se agravaba mi estropicio, quiso indultarme, diciéndome: "estás en libertad de no hacerlo", contestándole yo: "Ni pensarlo. Yo no le resto esa carcajada al público, del precio de su entrada..."

#.-- El amigo José Giralt me rectifica, al decir, que el "negrito" Sergio Acebal murió en 1966 y no en 1956, como fue publicado. Perdón, fue un **lapsus menti** (¿se escribe así, Fernández Caubí?

VIEJOS GLADIADORES
DE LA CRÓNICA POLÍTICA CUBANA

Aquí ven a dos viejos gladiadores de la crónica política cubana, celebrando el 23 de abril de 1942, los 40 años de edad de uno, organizado por el otro, con "un bacalao bailable", en el restaurante "El Templete". Ambos eran cronistas parlamentarios en plenitud de ejercicio para dos periódicos importantes de la capital: José Julio Morales, enguayaberado, y Ramón Veitía Rojas, oriundo de la finca "Muelas Quietas, en el municipio de Camajuaní, rincón villareño donde se consolidó "La Chambelona", que había empezado en Chambas, según cuentan los viejos de la comarca. Hoy, Ramón Veitía, no se está quieto allá en Columbus, Ohio, a pesar de sus 90 laaaaarrrrgos, y José Julio, rememora minuto a minuto sus crónicas en el periódico "Avance", de la familia Zayas. Felicitaciones y nuestro ruego al Altísimo, porque el próximo Bacalao bailable, sea celebrado en una Habana Libre.

CELIA Y BEBO, AMIGOS DE VERDAD

Dos amigos, puntuales en la amistad, son la inmensa Celia Cruz desde cualquier plaza del mundo, y Bebo Valdés, desde su hogar en Suecia, manteniendo una invariable relación afectuosa, que nos hace mucho bien. Gracias, Celia, por recordarnos. Gracias, Bebo por lo mismo, y ahora, por lo que me dices de mi "Cuba, Cubita Cubera": "Ese número tuyo, letra y música, forman "el matrimonio perfecto", y le acabo de hacer un arreglo para grupo pequeño, y asi poderlo tocar en Miami el próximo mes de octubre. Es una fantasía, con ritmo bailable, excepto la introducción y el final. Sin apartarme del original excepto unos cambios simples de armonía. Dame el placer de regalarte el arreglo, dejo una copia para mi archivo, de ese tema tuyo que es perfecto y hace 34 años que es un éxito de "Los Lecuona Cuban Boys" en Europa. Como siempre, tu hermano Bebo Valdés. P.D. Salud y Belascoaín"... Admiro a los que no disminuyen entusiasmo y energía a favor de la causa cubana, como el Dr. José Mijares de Tampa, que cumple 56 años de casado con su esposa Nenita y, a pesar de aventajarme cronológicamente, nos felicita a Marta y a mi, por los 50...

CATARRO DE JEFE, NO CONTAGIA...

Una forma de catalogar los dichos y dicharachos populares, es con la ausencia de razones académicas. Esta especie de sabiduría en píldoras, ha sido siempre la expresión condensada de los humildes que poseen mucho ingenio y poder de observación, sin mucho tiempo para ponerse a pensar. A veces, uno de estos refranes o dichos se ajusta tanto a determinada situación, que difícilmente un docto escritor podría describirla mejor. Y estos tiros salteados y certeros, existen en todas las naciones, aplicados, claro está, a sus respectivas idiosincracias y costumbres.

Yo pienso que en Cuba, adaptábamos muchas de estas sentencias llegadas de otras playas, a nuestra forma de hablar, y decíamos en vez de "Eramos pocos y parió abuela", "Eramos pocos y parió Catana". ¿Quién era Catana? Naaaadie lo sabe, pero la transmisión por contagio se aferró a nuestro lenguaje popular, y la única que paría era Catana... A la abuela española que originó el refrán, la invalidaron de dar a luz, no por la edad senecta, sino porque Catana era del país...

Cuando no había forma de empatarse con un refrán extranjero, lo inventábamos: "Cada cual conoce el palo donde se rasca", que bien puede ser una variante del dicho español "cada uno conoce las uvas de su majuelo". El Dr. Julio García Paraja, un risueño boticario de mi pueblo, solía decir, refiriéndose a un adulador, guataca o chicharrón: "Catarros de jefe, no contagia"...

En el refranero de Sopena, Barcelona, leemos como refrán español: --"Al que no quiere caldo, taza y media". El cubano, que es "echao pa alante" le agregó taza y media, aplatanando el refrán así: "Al que no quiere caldo tres tazas"... Y le agregamos un colmillo al caballo "regalao"... Y aguajiramos el refrán, diciendo que la yagua que está "pa" uno no hay vaca que se la coma"...

¿POR QUÉ NO ACORDARNOS HOY DE LILIA LAZO?

¿POR QUE NO ACORDARNOS HOY DE... LILIA LAZO?
De las primeras figuras de la farándula cubana que tomaron el camino del destierro, es esta talentosa Lilia Lazo, que ven en la foto acunando a su hijo Mario Alejandro. Se exilió el 1ro de marzo de 1960, un día después de haber firmado un jugoso contrato con la CMQ, de 1,600 pesos mensuales (dólares), que entonces era un fenómeno...
Enseguida se dio cuenta de que "aquello era comunismo". Cuestión de olfato. Detrás, casa propia, muebles, colección de cuadros de pintores famosos, y los lienzos que ella había pintado.

--Tan pronto llegué a Nueva York me entregué con los brazos abiertos a la causa de Cuba --dice con vehemencia. Trabajó con el Alfa 66, el II Frente del Escambray, el Frente Obrero Revolucionario, el Frente Anticomunista Cristiano, y colaboró con el Directorio Estudiantil Revolucionario".

La Bohemia de Cuba comunista, publicó la noticia de su muerte, y dice que "Orlando Quiroga, que ha puesto su pluma al servicio de la peor causa, la honró atacándola... En el Interín practicó el inglés, y recibió clases de arte dramático en el Actor's Studio, donde conoció a Marilyn Monroe, a raíz de su divorcio de Arthur Miller. Formó parte de los piquetes que desfilaron ante las Naciones Unidas, el New York Times y la Embajada Rusa, y sólo hizo una aparición teatral, al celebrarse el Primer Festival Cubano, en el Carnegie Hall.

Hizo un alto en esas actividades, para venir a Miami a cumplir el deseo de que su hijo Mario Alejandro naciera "**en este pedazo de la Cuba de antes**". Ella recuerda nostálgica que "cuando era niña conoció a una guajira que la impresionó mucho. Un día, habló del personaje al escritor Francisco Vergara y él escribió un sketch sobre el asunto, para Cabaret Regalías, con tanto éxito que subsiguientemente tuvo su propio espacio. El personaje de "Popa" estuvo en las pantallas de la CMQ, Canal 6, por espacio de 2 años, "y cuando me enfermé, dice, aparecía en los surveyes con 35 puntos de rating"... En aquella oportunidad Miami no fue el hogar permanente. Volvió a Nueva York, y más tarde a Washington, donde su esposo, Mario Agüero, tuvo un alto puesto en el negociado de la Propiedad Intelectual. Lilia Lazo es una gran actriz desdoblada en pintora, cuyos cuadros han sido expuestos en la John Myer Gallery, el Hall of Art, Vertuche Gallery, y otros centros de renombre. En ese colorido mundo de la pintura, vive inmersa la actriz Lilia Lazo, lugar mágico, donde los pinceles la aplauden...

Y, mientras el mundo sigue girando (¡Gracias a Dios!), los amplificadores exageradamente altos, siguen dañando los oídos de la genteeeeeeee... Entre los conciertos de música escandalosa, y el escándalo que arman muchos adolescentes en sus carros poniendo la radio a niveles inaguantables, la sordera galopa sin brida. He visto últimamente que la industria ha puesto en el mercado, en forma de joyas y con colores luminosos y atrayentes, tapones para los oídos...

EN LA GRATA COMPAÑÍA DE MANOLO REYES Y FAMILIA

Fue la noche del domingo 11 de febrero de 1996, en que tuvimos el deleitoso disfrute, junto al gran amigo de taaaaaannnnnntos años, Dr. Manolo Reyes, su distinguida esposa Cheché, y su radiante hija Gracielita, cuando estuvimos presentes en el nostálgico show de Luisito Tamayo, aquel admirado cantante de los célebres "Chavales de España". Una noche inolvidable, con la involuntaria ausencia de mi querida esposa Martha, que estaba padeciendo una molestísima gripe. Pero, sin que ella se entere, puedo decirles que la pasamos de maravilla, porque estuvimos un poquito en aquella alegre y deliciosa Habana nuestra. (Foto de Rigo).

REVOLTILLO DE NOTICIAS.--- Precisamente, el reciente "Día de los Enamorados" vi una linda tarjeta musical sobre mi buró, al tiempo que Martha me preguntaba: ¿Viste la tarjeta que te mandaron por el día de los enamorados...? Y, yo, maquinalmente, le indagué: ¿Quién me la mandó...? Mi mujer, con una caritativa sonrisa, respondió: ¡**Hombre, Rosendo, ¿quién iba a ser**...? Entonces, fue que caí en lo descabellado de mi pregunta.--- Me complace recordar que Vivian Trigo, hija muy querida del cineasta Juan Trigo, fue ganadora del "Trofeo Tomás Cruz", por más servicios a la comunidad, en la Universidad de Santo Tomás de Villanova. Vivian Trigo es concejal de West Miami. ¿No saben que West Miami es una ciudad aparte? Pues, sí. La ciudad de West Miami, enmarcada dentro de Miami, comprende de la 57 a la 67, y de la 8 hasta Coral Way. Aunque no tan conocido como Maurice Ferré o Steve Clark, Pedro Reboredo fue Alcalde de West Miami.--- ¿Conocen a Garrick el gran cómico de Inglaterra? Claro que sí. Fue tan grande que quisieron elevarle como candidato, al Parlamento. Pero, los verdaderamente grandes conocen sus limitaciones. Garrick contestó: --"No, my lord. Yo **podría hacer bien la parte de un gentil hombre en la escena, pero haría un papel flojo en el Parlamento".---**

--- La uña de gato anunciada por "el centro de instigación de Andrés García" ¿? es competida por la "premier Uña" del también actor Erick Estrada. Todo es puro teatro... La andanada de groserías y mal gusto, contra las costumbres civilizadas, de algunas damas, que creíamos comedidas y educadas, es decepcionante. ¡Cuánto mal gustooooooooo!---

DOMINGO 30 DE JUNIO DE 1996

FRASES... QUE HUBIERAN DICHO LOS PERSONAJES QUE NO LAS DIJERON...

Mi voz es una cosa muy "celia" de verdad... **Celia Cruz.**

Y yo soy "celio", pero no tanto... **Celio González.**

Me he pasado la vida "maullando"... **Lucho Gatica.**

¡Qué casualidad! Adán también fue "manzanero"... **Armando Manzanero.**

Yo me "guillo".... tu te "guillas"... El se "guilla"... **Olga Guillot.**

¿Aloy? ¿Aloy? ¿Quién me habla?... **Chichi Aloy.**

De mis danzones, el que más me gusta es "cachín, cachán, cachumba"... **Cachao.**

¡Eso, sí! Yo soy "tozudo"... **René Touzet.**

¡Ni don Juan, ni Amador! Yo voy que chiflo sólo con el "Rodríguez"... **Juan Amador Rrrrrrrrrrodríguez.**

El "ampalla" está ciego. No se fijó que "Pisé" dos veces... **Muñoz Repiso.**

Pues, mire, yo trabajo como un negro... **Facundo Rivero.**

¡No, señor! Yo tengo mi dentadura completa... **Tito Puente.**

En televisión, me gustan toooodas las "series"... **Rolando Laserie.**

No llevo pantalones cortos, porque no soy tan niño... **Chamaco García.**

CONCURSOS INSÓLITOS

CONCURSOS INSOLITOS

Esta foto es la más PICANTE que podemos publicar. Se trata de un concurso totalmente inusual e increíble, celebrado en Rosamond, California, para ver quien masticaba y tragaba mayor cantidad de ajíes picantes (chili), en el menor tiempo. Gracias a Dios, que este poderosísimo país se ríe de sus propias ingenuidades, y es feroz cuando lo provocan mucho, pero pacífico y suave, y civilizado, en contraposición de otras potencias que llevan el oso dentro. Figúrense que la dama con la boca abierta, tratando de coger aire fresco para refrescarse, fue la ganadora y, ¿cuál fue el premio? Pues, ¡un trofeo! Sí, sólo un trofeo. Valiosísimo para el amor propio del concursante, pero nada más. Imaginamos cómo le habrá quedado el tracto digestivo, tanto a ella, como al caballero del sombrero mexicano (que no puede ni abrir la boca) y que fue el ganador masculinooooooo... Ella, que se llama Nancy, ganó por haber masticado 3 ajíes picantes más que Gil Lueras (el del sombrerón). Ambos, recibieron y agradecieron sus respectivos trofeos... ¡llorandoooooo! de ardor en la lengua.

REVOLTILLO DE NOTICIAS.— Hace algunas noches, vimos por televisión (Canal 10) el regocijante programa: "Sinatra, 80 años, My Way", donde se puso de relieve la veneración que se otorga en este país, a las estrellas declinantes. Como también se pudo observar que no aflojan el cinturón las diferencias y celos estéticos o de orden humano, entre las estrellas de mayor o menor categoría, como pudo verse en el gesto desaprobatorio de Frank Sinatra al colega Tony Bennett, al tomarle éste por el brazo y ser rechazado por el homenajeado, en forma bastante contraria al manual de Carreño. Similares o parecidas divergencias existen entre virtuosos de un mismo orden, como Paquito D'Rivera y Gonzalo Rubalcaba, y/o Arturo Sandoval. D'Rivera y Sandoval fueron figuras de Iraquere en Cuba, pero "diferencias estéticas", según cuenta Nat Chediak, en un trabajo ameno y muy bien hecho, los separan. Por eso, me extrañó que en la fiesta a Bebo Valdés, en la casa de Raúl Artiles, no se unieran para tocar, siendo algo que los numerosos concurrentes deseaban. En cuanto al pianista Rubalcaba, cuya reciente presentación en Miami armó tremendo escarceo, explicó a **sotto vocce** que le perjudicaba que lo retrataran al lado del brillante saxofonista cubano exiliado, aunque expresó con hipocresía que "en Cuba había libertad y no había problema". Paquito comentó que el propio Rubalcaba se puso la soga al cuello.---

LA FIEBRE QUE DESPERTO EL MUNDIAL...

La fiebre del Mundial de Fútbol recientemente celebrado en EE.UU., me despertó hasta a mí, que jamás le he dado una patada a nadie, muchísimo menos a una pelota. Pero, escuchando a los estupendos narradores y leyendo las crónicas y reseñas de Lima en este DIARIO LAS AMERICAS, me embullé de tal manera que empecé a seguir los partidos por la radio. Confieso mi desconocimiento total de un deporte que nunca jugué de niño, ni de grande tampoco. De él sólo conocía los goles de Pelé y las malacrianzas de Maradona, así como su simpatía por el monstruo.

Sin embargo, los eficaces narradores de estos eventos llegaron a emocionarme tanto que, sin conocer el juego, ya ando repitiendo algunas de las ingeniosas frases que les escuché, como, por ejemplo:

... "Pelota que va hacia atrás por Borelli"... La pelota cae en los pies de Morales... La línea lateral se ve horizontal, y se está poniendo vertical... El cuerpo técnico colombiano se destaca, se reúne, estudia, le da la patada con el remate y se va al goooolllll... goooollll... goooolllll...

... El jugador Fernando Redondo se pone cuadrado... Un golazo de primera... Preocupación... Ahora Argentina tendrá que irse al fondo ¿? Leonel llegó a trompicones y se robó la escena... Asprilla ¡un golazo para el estadio de Nuúñez! (Aquí se cuela el locutor comercial, diciendo): Permítanme anunciarles que Abelloooo... (Y continúa el magnífico narrador): Paraguay iguala a Argentina... El Chonte... El Chonteeeee... Es parte de un trabajo psicológico... Goicoechea muy querido en Colombia. .. ¡Deléitese con los Romanceros de Colombia! (Perdón, esta última frase del locutor que se coló otra vez)... Hay un rebote por entre las piernas de Miranda... Miranda se sienta en el balón... El balón se sienta en Miranda... Hay un toque de cabeza... Oscar Córdoba con el Pibe... El Pibe patea a Córdoba... Córdoba se agarra con el Pibe... Todo el mundo es protagonista en el equipo de Colombia... Y, a todas estas, Redondo se queda cuadrado... Gooolll Gooooolllll... Goooooooolllllllll...

Olímpicamente confieso que sigo sin entender una papa del fútbol, pero la magia de sus narradores me ha convertido en un tremendo fanático que no se pierde un juegooooooooo... gooooollllll... gooooollllll.... goooooolllll....

LA ÚLTIMA FOTO DEL ACTOR JUAN LADO

   No puedo asegurarlo, pero quizás fue éste el último acto público al que pudo asistir aquel recordado actor cubano Juan Lado, al serle ofrecido un homenaje multitudinario por "La Casa Cuba", en San Juan de Puerto Rico, al cual concurrieron todos los cubanos residentes en la Isla del Encanto, y muchas figuras represantantivas de aquel lugar, como la interancionalmente conocida Mirta Silva, que aparece a su lado en la foto, estando en el otro extremo la primera actriz Marina Rodríguez, hoy viuda de Juan Lado. Poco tiempo después de ese homenaje, Juan Lado fallecía exiliado en Puerto Rico, dejando una estela de gratos recuerdos artísticos. La foto es del valioso archivo que me regaló el buen amigo Enrique C. Betancourt.

CURIOSIDADES-CURIOSAS DEL LENGUAJE O DE NUESTRA MANERA DE HABLAR...

Creo que ni recurriendo a la docta amiga Olimpia Rosado pudiéramos descifrar el por qué decimos "La Habana DE noche) y "La Habana POR la mañana"... ¿Quién podría decir por qué razón usamos el DE por la noche y el POR en la mañana..."?

¿Por qué "estamos DE acuerdo" y, sin embargo, "estamos EN desacuerdo...? ¿Cuál es la razón para usar diferente palabra en una expresión similar?

Son caprichos o costumbres que las inició sabe Dios quién, y la fuerza del uso las ha hecho invulnerables... Y eso es comprobable EN cualquier momento, y A cualquier hora del día... (¿Por qué en el primer caso es EN y en el segundo A...? Chi lo sá.

Apareció DE noche... Lo vimos POR el día...

¿Te quedas PARA toooooda la semana? -- No, POR un solo día... (Explíquenme quien le encajó el arreglo al PARA y al POR...).

Decimos sieeeeeemmmmmpre "A Caballo". Esto es cierto, pero... si damos un paseo A Caballo, porque damos el mismo paseo EN burro...? Yo, jamás he visto dar un pase A BURRO... (¡Ay, caramba, que burro me he vuelto!).

LOS ABUELOS DE CARLOS GARDEL

Aprovechando la conmemoración del día en que desapareció para siempre el inmenso Carlos Gardel (24 de junio de 1935, a las 3 y cuarto de la tarde), publico esta foto, y no otra del Morocho del Abasto, considerando que muchos lectores van a ver por primera vez, a los **abuelos** maternos de Gardel, Helene Cinegorde Camares y Jean Gardés, según consta en el libro "Cincuenta Años No es Nada", del investigador puertorriqueño Pedro Malavet Vega, quien empleó mucho tiempo y esfuerzo para verter en ese valioso libro, las varias opiniones tejidas sobre la catástrofe ocurrida en el aeropuerto Olaya Herrera de Medellín, y la suya propia, obtenida de sus múltiples viajes y averiguaciones al respecto. Sólo 3 de los acompañantes de Gardel se salvaron en el terrible accidente: el guitarrista José María Aguilar, don José Plaja, el maestro de inglés del artista, y Grant Flynn, jefe de tráfico de la aerolínea "Saco", propietaria del avión F-31, donde viajaban. Gardel fumaba habanos de vez en cuando, el último tango que cantó fue "Tomo y Obligo" en Bogotá, en Argentina y usaba "gomina" "Brancato" en Argentina y "Argentine", en Europa. Jamás se casó, porque decía: --"Pudiendo hacer felices a tantas mujeres, ¿Para qué voy a hacer mártir a una sola?"

HOMERO GUTIERREZ, PRESIDENTE DE F.A.C.A. NOS DICE:

Amigo Rosendo: En días pasados leyendo tu columna del DIARIO LAS AMERICAS, reconocí una foto que publicaste donde me encuentro con mi buen amigo Albertico Insua y con mi también buen amigo Paco Mitchel.

No puedes imaginarte lo agradable que fue regresar al pasado maravilloso de nuestra sin par Cuba de Ayer, a través de esa foto. Han pasado muchos años pero al ver la foto, volví en mi imaginación a aquellos buenos tiempos en que todos los cubanos podíamos disfrutar de bienestar, alegría y prosperidad.

Es innegable que tu columna siempre trae a nuestro triste presente de exiliados, los recuerdos de ese ayer, que ningún cubano puede arrancar de su corazón.

Quiero expresarte mi agradecimiento, no por haber publicado esa foto, que sin lugar a dudas, es una foto que tiene un valor sentimental inmenso para mí, ni tampoco por las palabras inmerecidas que dices sobre mi persona, pero sí tengo que darte las gracias por haber traído una vez más, esos recuerdos del ayer, que viven muy adentro y que cuando vemos una foto como ésa nos trae a flote esos maravillosos recuerdos.

La vida en este país es dura e inflexible en el tiempo, pero a pesar de eso, nosotros siempre estamos al tanto de los triunfos de nuestros compañeros artistas y mucho más porque los artistas cubanos formábamos una gran familia y el exilio, por duro que sea, no puede cambiar eso. Esa es una de las razones por las cuales siempre leo tu sección, porque a través de ella, siempre tenemos contacto contigo y tu gran conocimiento de nuestro ambiente farandulero.

Gracias, Rosendo, como siempre estoy a tu entera disposición. Abrazos.
Homero Gutiérrez
Federation of Art and Culture in America, Inc
(FA.C.A.) Gutiérrez
Federation of Art and Culture in America, Inc.
(F.A.C.A.)

OLGA DÍAZ Y CHAMACO GARCÍA

DOS GRANDES ESTRELLAS EN FUNCION...

Aclararemos que estas dos estelares figuras del arte, Chamaco García y Olga Díaz, están en **funciones** aparte, es decir, cada cual con su cada quien, encabezando maravillosos elencos para beneplácito del respetable. Las trayectorias de la una y del otro son bien conocidas por ser triunfadores consistentes y mimados por todos. Chamaco García, que empezó allá por los años del 50 cantando con la reputada orquesta de los Hermanos Castro (los bueeeennnos), ha tenido una laaaaaarga ringlera de triunfos resonantes que le tienen en la cúspide de la preferencia pública. Olga Díaz goza de muy parecidas distinciones. El, como cantante de primerísima línea, y ella, como pianista consagrada, son valores que honran al exilio cubano.

¿SE ACUERDAN...?

Me recuerda el joyero Heriberto Pérez, que la aplaudida Martha Casañas, además de sus contratos radiales y teatrales, tenía en La Habana, su propia quincallería "La Cubanita", ubicada en Lamparilla, entre Compostela y Aguacate, frente al cine Cervantes... Y, ¿se acuerdan cuál era la calle más corta de la capital? (No se si esta gente habrá recortado alguna otra). Pues, la más corta era el Callejón del Suspiro, al que se entraba por Monte y se salía por Aguila. O, al que se entraba por Monte y se salía por Aguila. O, al revés... Y la cuadra más laaarga de La Habana, era la calle del Cristo, que estaba entre Teniente Rey y Muralla... Y, los mejores frijoles eran y son, los Frijoles Kirby ... Y, ¿se acuerdan del popularísimo callejón del Conde Cañongo..? Yo decía un verso cómico que empezaba así: Calle del Conde Cañongo/ número 93/ esa es la casa de Inés/ la Niña del Batilongo. Y la calle del Conde Cañongo estaba a un costado de la Iglesia de Monserrate, entre San Nicolás y Galiano, Y se componía de una sola cuadra...`

LAS ELECCIONES DE AYER Y LAS DE HOY...

Aun las del cercano ayer y las actuales, muestran diferencias notables. Pero, si escarbamos un poquito el injusto emplazamiento y la crítica inveterada hacia estos Estados Unidos de América, que marcharon sieeeemmpre (desde antes de su independencia) por caminos renovacionistas. El rey de Inglaterra, Jacobo I, en 1614 se "había asombrado de que sus ancestros permitieran la existencia de una institución (Parlamento) que frustraba a menudo los proyectos del rey... porque se creía que los reyes eran designados por Dios y tenían "derecho divino" para gobernar.

Ante esos truenos ¿cómo surgió la democracia occidental moderna? Ahhh, la respuesta histórica está en la Inglaterra del siglo XVII, que vio al rey Carlos I decapitado por intentar la usurpación de los poderes del Parlamento. Fue un período violento que terminó imponiendo el principio de que el monarca "gobernaba en sociedad con el Parlamento y no podía imponer gravámenes sin el consentimiento de éste"...

Más avancista, fue el futuro de Estados Unidos, país en ciernes que declaró simultáneamente su independencia y la igualdad del hombre en 1776, e incluyó elecciones populares en su Constitución de 1787 ¡dos años antes de la Revolución Francesa!

De todos es conocido en 1789, el rey Luis XVI convocó a los Estados Generales, la asamblea legislativa de la Francia prerrevolucionaria, con la esperanza de aumentar los impuestos (pensamiento fijo de políticos y gobernantes de tooooodos los tiempos) para prevenir la bancarrota, y terminó guillotinado bajo los gritos de "libertad, igualdad y fraternidad"...

Desdichadamente, los errores cometidos por alguno de sus connacionales, enseguida los que piensan rápido, se lo achacan a los americanos... Generalización enfermiza alentada, agrandada y mantenida por Lenin y sus descendientes.

¡QUÉ FENÓMENO!
YO, SIN UN PELITO EN LA CABEZA

Esta foto mía (arreglada por la brocha de aire del fotógrafo y dibujante Osvaldo Ozón, padre,) tuvo la gentileza de traérmela al DIARIO el propio Ozón, como prueba de la simpática broma que me dieron él y aquel leído cronista deportivo Jess Losada, y publicada en la gran revista "Carteles", el 7 de enero de 1951, acompañada de este escrito: "El Maquillaje en la Televisión Deportiva". Por Mr. Carey Durege (Jess Losada) (Experto de la Plastic Television Faces Inc.) La televisión, señoras y señores, es un arte nuevo que requiere nuevas caras y cuando hay que usar caras usadas, no queda más remedio que utilizar el arte de remodelar facciones, gestos, cabelleras, cejas, bigotes, cuellos y hombros, y también lo que sea, como se dice en Cuba".

"He experimentado mis dificultades en esta tierra semitropical. El sol es demasiado fuerte y tiende a exagerar o lo que es igual, desproporcionar los rostros. Los casos más difíciles fueron los de Reinaldo Cordeiro y Agapito Mayor. Precisamente me advirtieron que "mandaban feo en cantidad". Y, en efecto, pronto pude observar que mandaban la señal de feo con fuerza coaxial sorprendente. Trabajé tres semanas para eliminar los baches de la cara de Agapito y sintiéndome muy satisfecho de mi obra. El narrador deportivo, Felo Ramírez, fue una labor grata y agradecida: le cambié el peinado, eliminé un 70% de cejas y bigotes, y hoy tiene cara de galán joven. En cuanto a locutores, actores y animadores, nada más fácil que el caso de Rosendo Rosell. Yo no sé si será indiscreto, pero tengo que decir que siendo Rosendo más calvo que una bola de billar, será muy fácil para la TV, en colores que traerá Amado Trinidad, acoplar el cráneo liso de Rosendo a peluquines de distintos matices. Por ejemplo, en el número de "La Vida en Rosa", podría ponerse un peluquín rosado y en "Rapsodia Azul", uno azuloso. Ya hablaremos de otros problemas faciales, pero estoy contento y me siento muy feliz en esta Cuba que es toda alegría y buen humor"...

Y, era cierto, mi querido y recordado Jess Losada: Cuba era un país todo alegría y buen humsor ...

EL ALCALDE CUBANO DE PUERTO RICO

No existe persona alguna excenta de padecer un uñero, ni hay un padre que no corra el riesgo de tener un hijo chueco (sinvergüenza). Lamentablemente sabemos que el bochornoso caso del espía cubano en Inmigración salpica de fango nuestra nacionalidad. Pero, como contrapeso de la falta de vergüenza y dignidad en unos pocos, hay miradas de cubanos regados por el mundo, que dan brillo a la estrella de nuestra bandera cubana.

Todos los días, en alguna parte de la Tierra, un cubano o un grupo de cubanos, con sus proverbiales características, realiza algún hecho positivo que lo dignifica a él, y al patrio lar. Ahora mismo, cubanos y puertorriqueños han ofrecido un homenaje póstumo al Alcalde de Arecibo, con gran asistencia de público.

El homenaje ofrecido al primer Alcalde elegido por el pueblo en 1873, en la localidad de Arecibo, resultó hondamente emotivo. La Fundación Antonio J. Molina y la Unión de Cubanos en el Exilio (UCE) entregaron al Honorable Angel Román, un retrato de Don Luis de Ealo y Domínguez, abogado cubano que fue Magistrado de la Suprema Corte de Puerto Rico, y primer Alcalde de Arecibo en la fecha citada, abolicionista, y defensor de los esclavos, según testimonio de los historiadores Francisco M. Padilla y Freddy Soto.

En el acto, celebrado en la Galería Ridel, el Alcalde actual leyó una proclama relacionada con el homenajeado, haciendo uso de la palabra también, la Arq. Lilliam López, de Preservación Histórica, quien venía representando al Honorable Pedro Roselló, gobernador de Puerto Rico; el profesor William Moreno, del Departamento de Educación, la presidenta de UCE, Sra. Gloria Carballada, el Sr. Ridel Fernández y el señor Antonio J. Molina. También fueron entregados Diplomas de Reconocimiento a personalidades puertorriqueñas y cubanas que han aportado ayuda y esfuerzo a la causa de la libertad de Cuba.

ROBERTO CAZORLA Y SUS LIBROS

Por otra parte, la importante revista española "Hola", publica esta foto, con el siguiente titular y pie: "Nuevo Libro de Roberto Cazorla. El poeta y escritor español de origen cubano Roberto Cazorla acaba de sacar a la luz su libro número catorce con el título "Ceiba Mocha". Se trata de una autobiografía de los primeros doce años de su vida, transcurridos en el pueblo que da título a la obra, en la provincia cubana de Matanzas. Roberto Cazorla, que desde 1965 trabaja como periodista en la agencia EFE, está obteniendo un gran éxito con dicho libro mientras realiza una gira por toda la geografía española presentándolo en los más importantes centros culturales".

En Miami, la Sociedad Cultural Santa Cecilia ofreció el viernes pasado "Música y Ritmos Para una Misa Cubana y Canciones de Cuna", en el South Miami Senior High School... Y el Club Cultural "Atenea" continúa su ciclo de "Taller Literario", en el Teatro Manuel Artime, toooodos los jueves, a las 8 de la noche.

La Sociedad Pro Arte Grateli, anuncia orgullosamente el primer gran acontecimiento teatral del año 2000: La puesta en escena de la zarzuela "Amalia Batista", de Rodrigo Prats, con un reparto estelar, en marzo 25 y 26, en el Miami-Dade County Auditorium...

RIFLE...XIONES

*-- En cualquiera de las numerosas conferencias para el desarrollo de países subdesarrollados que se celebran en La Habana de Castro, debían acordar el poner freno a la velocidad que llevan sus respectivos pueblos a 90 muchachos por minutoooo...

*-- La historia del mundo es compensatoria: la mitad está iluminada y la otra a oscuras. Cuando unos duermen, otros están despiertos, pero... ¿en qué parte del mundo viven los insomnes perturbadores sociales...?

*-- Da lástima matar un mosquito que nos ha picado, cuando no hacía más que ganarse el pan con el sudor de mi sangre...

*-- El día que la novia botó al Llanero, éste se sintió más Solitario que en ninguna otra película...

*-- A los que gustan de resolver crucigramas, les adelanto que el símbolo químico del uranio es ¡Baaaaannnngggg!!!

*-- Taaaannntos congresos cuajados de burócratas inteligentes para resolver el hambre del hombre, y ninguno se fija en los pajaritos en el jardín lo felices que son, encontrando por sí mismos los granitos que Dios les puso allí...

OOOOOOTRO Cantar:

Las sinrazones son malas
y hay hombres que son peores.
Han llenado a Elián de horrores,
tronchando a un angel sus alas...

EL FAMOSO MARCELINO GUERRA (RAPINDEY)

Este es nada menos que el valiosísimo compositor cantante Marcelino Guerra (Rapindey), nacido en Cienfuegos, Cuba, y autor entre otras muchas, de "Buscando la Melodía", "Convergencia", y "Me Voy pal Pueblo", que durante los años del 40 y el 50, tuvo junto al pianista Gilberto Ayala, una de las bandas más populares de Nueva York. Y antes, en Cuba, formó parte del Septeto Nacional de Ignacio Piñeiro, así como también del Conjunto Vocal "Siboney", cuya foto, por primera vez en el exilio, publicamos en esta columna semanas atrás, y por razones que desconocemos su familiar apelativo de "Rapindey" salió con una letra de menos. En esta foto, hecha por Néstor Pinelo Cruz, aparece Marcelino Guerra cantando en 1973, en el café-restaurante "La Viña, de Union City, N.J.

REVOLTILLO DE NOTICIAS.-- Las palabras se pegan y apegan tanto a la persona que la repite a menudo, que "azúca" es una palabra impregnada de la dulce cadencia rítmica de Celia Cruz, y cuando escuché a Albita cantando "Azuca paTu Amargura", en el telemarathón de la Liga Contra el Cáncer, donde participaba Celia, pensé en que me gustaría saber lo que pensó la célebre Celia Cruz, que le había quitado hasta al senador de la República, el hacendado José Manuel Casanova el dominio sobre dicha palabra cuando estampó la frase "Sin Azúcar No Hay País". Claro está, que Albita con su señorío musical y zandunguero, no cometió ninguna falta al utilizar la dulzona y criolla palabra que está en los diccionarios y enciclopedias para que tooodos hagan uso de ella.--- La radio cubana se respetaba tanto, que en el año 1941, el editorialista del Noticiero de la RHC-Cadena Azul, era nada menos que el intelectual Dr. Eduardo González Manet, Ex Secretario de Instrucción Pública y Bellas Artes. El que escribió los editoriales de la CMQ, que leía (muy rebien por cierto) Manolo Serrano, era José Rodríguez Díaz, periodista y escritor de verdadero fuste. Fue consecuencia lógica de ese cuidado que llegó a planos tan elevados.--- Pues, sí señor, contestando a Víctor R. Funes, reconozco que tiene razón. Dominica Verges, fue una excelente cantante de la orquesta Siglo XX", de Alfaro Pérez.--

DAN LASTIMA LOS EQUIVOCADOS...

Da dolor y lástima el mal uso y la liquidación de facultades naturales en varios atletas estelares que, en vez de ser lógicos y encomiables ejemplos para los jóvenes, resultan tooooodo lo contrario. Los poco edificantes escándalos de Gooden (pitcher de los Mets); Strawberry, outfielder de los Dodgers); Maradona (de la selección de futbol de su país); y la muestra del poco modélico O.J. Simpson, nos obliga a pensar en la ausencia de inteligencia y humildad de estos señores, que mal agradecen a Dios sus cualidades, y taaaannnn mal uso hacen de ellas y de los millones que ganan.

Su autodestrucción nos recuerda a varios grandes atletas del pasado que derrumbaron su esplendor en corto tiempo por los vicios. Upton Sinclair en su libro "The Cup of Fury" (La Copa de la Furia) señala a grandes figuras que tropezaron y perjudicaron sus profesiones y actividades por el alcoholismo, como Grover Cleveland Alexander (pitcher); Douglas Fairbanks Sr. (actor de cine); Isadora Duncan (bailarina); George Sterling (poeta); Mickey Walker, John L. Sullivan, Harry Greb y Tony Galento (boxeadores); Jim Thorpe (jugador de fútbol, baseball y corredor); Tommy Armour (jugador de golf); hasta el mismísimo rey Eduardo VIII de Inglaterra...

Los ejemplos cunden, pero los faltos de voluntad y disciplina no aprenden. El vicio del juego desbarató las enormes posibilidades deportivas de un grande del baseball: Pete Rose. Menos mal que surgen figuras como Ken Griffey Jr., de quien escribió el inteligente cronista René Molina, que "para el béisbol, la consagración de Ken Griffey es una bendición celestial. En medio de tanto ídolo con pies de barro, tiene que serlo la aparición en escena de una figura que cautiva por su carisma, que lejos de ser arrogante ofrece la imagen del niño grande que le gusta ponerse la gorra al revés y es al propio tiempo un hombre de hogar; de un jugador que todo lo hace bien sin buscar la espectacularidad y en su comportamiento dentro y fuera del terreno llega a la humildad"...

EL ÚNICO "CATCHER" EN CUBA QUE SUPO RECIBIRLE A WILHELM

La oportunidad es inmejorable para publicar esta foto, hecha por el conocido Ramoncito Fernández y publicada en las páginas de la revista Bohemia, con el siguiente pie: "Dos hijos pródigos de Placetas: Rosendo Rosell, locutor premiado por la ACRIT y el receptor Valdivia, premiado por el fanatismo rojo, que reconoce que el diminuto atleta ha realizado una labor portentosa detrás del plato. El ídolo del micrófono y el ídolo del diamante se saludan con euforia." La fecha creo que fue al finalizar la temporada del campeonato cubano, en el 49 o el 50, y vale decir que Gilberto (El Chino) Valdivia, nació y espigó deportivamente en Placetas, siendo querido por todos, ya que unía a sus dotes atléticas un comportamiento correcto. Es bueno recordar que fue Valdivia el catcher escogido por el sabio Miguel Angel González, manager del club Habana, para recibir los envíos de aquel formidable pitcher norteamericano de Grandes Ligas, Hoyt Wilhelm, cuya endemoniada "bola de nudillos" resultaba dificilííííísima de descifrar. Creo no equivocarme si les digo que fue en la temporada en la cual tuvo su oportunidad el gran Willy Miranda, cuando el jugador Eddie Pelagrini, de los Rex Sox de Boston, pidió muuuucho dinero para volver a actuar en La Habana con el Almendares, y el Dr. July Sanguily y los demás directivos del club, le concedieron el chance al hermaníííííííísimo de mi querido Fausto Miranda, que se convirtió inmediatamente en la valiosa estrella que fue. Si mal no recuerdo, otro que se consagró en aquel año fue el destacado curveador Vicente López.

ES NECESARIO RESCATAR EL PUDOR...

Estoy muy de acuerdo con el razonamiento de que el desmedido afán por la posesión del dinero, marcha parejo con la ausencia, cada vez mayor, del pudor. El vestido de una hija, con huellas de un acto erótico guardado nada menos que por su propia madre, hecho asqueroso, sacado a la luz recientemente, muestra la total falta de pudor, de educación, de buen gusto, de decencia, cunde en este mundo que se llama civilizadooo...

Guardar un ropaje manchado por una suciedad moral y física, denota falta de aseo en las personas que lo hicieron, y ausencia de escrúpulos en los que debaten públicamente la cuestión. En el fondo, falta de pudooorrr. El público que asimila con indiferencia y calma un hecho de tan mal gusto, lo hace por la pérdida de valores al que lo llevan los medios insidiosos que practican la pérfida fórmula de que es bueno lo que más se vende. Por eso, venden escándalo, inmoralidad, basura...

¿A dónde iremos a parar..? decía un viejito cómico en la televisión cubana de otros tiempos. Y para contestar la pregunta, no hace falta poseer la mente de Zaratustra, ni la bola de cristal de la Diosa del Misterio. Vamos al desastre. Porque ningún pueblo que pierde sus valores éticos puede seguir adelante. La generación resquebraja los cimientos, y el derrumbe es la obligada necesaria ¿casualidad?, coincidencia, o lo que sea, está haciendo falta, como el surgimiento de un presidente que irradie el ejemplo desde arriba...

Cosa factible, aunque difícil, y para pensar que sí, que se va a producir el milagro, ahi tienen al que acierta la Lotto entre millones y millones de apostadores que nunca dan en el blanco. O, el tipo que se encontró la pepita de oro más grande que se ha descubierto (la Welcome Stranger), hallada en el estado de Victoria, Australia, en 1869, tirada en el surco que había dejado la sucia rueda de una carreta...

TRES BELLAS CUBANAS

¡Cómo caminan distancias las canciones, los discos... y las fotos! Esta alegre fotografía de 1954, hecha por Alburquerque en los estudios de Radio Progreso, en aquella Habana reidora y feliz, fue a parar no sabemos cómo, a la preciosa ciudad de Santa Cruz de Tenerife, en Islas Canarias, uno de los más bellos lugares que hemos tenido la suerte de conocer. Desde allí, nos la envió el amigo Francisco P. Suárez, y hoy la publicamos como un gratísimo recuerdo de aquellos días amables en que nuestro pujante país avanzaba hacia grandes y mejores destinos, frustrados dolorosamente. Estamos en la foto abrazados a 3 monumentos femeninos, lozanas y frescas como rosas recién abiertas: Olga Guillot, La Divina y la Tremenda, que fueron las dos preciosas criaturas que triunfaron en nuestro sonado concurso de la cerveza Cristal. Una trigueña y la otra rubia, como en "La Verbena" bellezas que me ayudaban en los comerciales del producto, una de las cuales contrajo matrimonio con Luisito del Pozo, hijo de Justo Luis, persona relevante en la política de aquellos tiempos. ¡Qué boniiiiiiittttooooo es recordaaaaaarrrrr!

VERDADES QUE PARECEN MENTIRAS...

Ustedes se asombrarán, quizás, si les hablo de una verdad que parece una mentira acerca de uno de los boletos más populares de todos los tiempos. Seguramente todos se acuerdan ¡Y cómo no! de esa melodía popularísima, titulada "Vereda Tropical", del compositor mexicano Gonzalo Curiel. "Vereda Tropical" fue escrito por Curiel en Acapulco, en 1936, y contaba la cantante Lupita Palomera (que fue la que primero lo interpretó) que llegó a ser taaaannnn popular en México, que en los clasificados solicitando servicio doméstico, publicados en los periódicos de la época, se aclaraba: "Se solicita mucama o criada que, por favor, NO cante "Vereda Tropical"...

En nuestra casa de Santa María del Mar, en La Habana de ayer, tuvimos una empleada doméstica, que se pasaba el día cantando el repertorio de Ñico Membiela, que se sabía mejor que el abecedario, y la llegamos a querer mucho tooooda la familia, a pesar de su afición musical. Se llamaba (y ojalá se llame) Leonor, y era de Cabaiguán, la patria chica de Guillermo Cabrera Leiva. Cabaiguán pertenecía a la provincia de Las Villas, por lo que Cabrera Leiva es villareño, igual que yo, pero como esta gente lo ha confundido toooodo, no sabemos a estas alturas, en que provincias están ubicados "revolucionariamente" nuestros pueblos...

Una verdad increíble, que parece mentira, está encerrada en la historia de Inglaterra, debido a que en el año 1904, el señor Samuel Sharp, obtuvo la licencia de manejar ¡a pesar de ser totalmente CIEGOOOO! ¡Le snorkel the clarinet! Que en español quiere decir ¡le ronda el clarinete!... Claro, que la historia no detalla el número de arrollados por Samuel...

Me contaba un vieeeejo periodista, una verdad de las que parecen mentira acerca de un sucedido en el periódico "El País", fundado por Alfredo y Suárez en 1926. Fue director en los primeros años, don Manuel Aznar, abuelo del Aznar que se le va a atravesar si Dios quiere, a Felipito González, y celebraron una encuesta para averiguar cuál era el ciudadano más sobrio y virtuoso. Se recibieron muchas cartas, y entre ellas, ésta: **"Yo no fumo, ni pruebo jamás una copa de alcohol. No juego, guardo fidelidad a mi esposa, sin mirar a otra mujer, no voy nunca al teatro ni al cine, me acuesto tempranito y le levanto al amanecer. Asisto puntualmente a la capilla, y hace 10 años que llevo esta vida. Veremos lo que ocurrirá el año próximo, cuando me pongan en libertad en el Castillo del Príncipe donde estoy encerrado"**...

Para comprobar esta verdad, tendríamos que despertar al abuelo de José María Aznar, y no nos gusta importunar a nadie...

"MINNIE" MIÑOSO EN MIAMI

En diciembre de 1983, Mike La Villa tomó esta fotografía very **importantute**, en el estadio de Miami, durante la celebración del "Juego de los Veteranos", captando el momento en que le entregaban al espectacular Orestes Miñoso un busto de su figura. Están en la gráfica, Sarvelio del Valle, Manolo Alvarez, columnista deportivo de DIARIO LAS AMERICAS, el escultor cubano Humberto del Busto, Orestes (Minnie) Miñoso, vistiendo el uniforme del Chicago, y Minito Navarro, que además de conocido cronista deportivo, fue manager de boxeadores y alcalde de San San José de las Lajas, la tierra chica de Roberto Rodríguez Aragón.

DIALOGOS EN LA BARBERIA

Al tener periódicamente que visitar al barbero para que nos tuse y nos alivie el aspecto de oso panda, nos sometemos por voluntad propia, al tormento chino de "opiniones infalibles" de inescuchados profesores de toooodo, que no aceptan como válida la opinión de naaaaadie...

A veces, los disertantes son más ingenuos que Carter, como en el primer diálogo. Los barberos de este hecho se llaman Benito y Pepe (como los cuervos de la naturalista inglesa Frances Pitt, que se las ingeniaban de una manera muy suya para habérselas con cuanto gato asomara por la casa) y tienen un carácter tan jovial y amistoso que, a pesar de la experiencia, uno hace un alto para oírlos. A boca de jarro, Benito le espetó a Pepe que estaba en el trajín de pelarme: –¿Supiste lo de Chicho?... Ayer estuvo aquí, y contó cómo hizo el viaje a Australia. El médico que lo atendió es diferente a los de aquí. Dice que le fue a enseñar los exámenes que le habían hecho, y el médico le dijo: "No, no, guarde eso; yo no necesito ninguno de esos datos, venga mañana por la mañana para operarlo"... Y, al otro día fui. Me mandó a acostar en una cama, y yo le pregunté para qué. Me contestó: --"Para operarlo". Y con la misma, me operó los dos "cánceres" que tenía en el cerebro... ¡Le snorkel the clarinet!

Esta descabellada historieta la empató hablando de los varios millones que se han perdido en Miami, y este sabio sabelotodo afirmó con elocuencia castelariana: –"El indio-americano es un ladrón. El negro-americano es otro ladrón, pero el cubano es víctima de la discriminación... Es un problema de etniaaaaaa"... ¿Qué diablos podemos hacer con Benito...? Ante una caja de Pandora como la que él tiene en la cabeza, no hay otra solución que tirarlo a relajo. O cambiar de barbería...

LA ESPECTACULAR "ORQUESTA AMÉRICA" CON NINÓN MONDÉJAR

Una foto como esta no es fácil, ni frecuente publicarla. Se trata de la original orquesta "América", de Ninón Mondéjar, que marcó una etapa triunfal desde su fundación en 1942, obteniendo su consagración definitiva en 1953 con el advenimiento del Cha Cha Chá, que fue también el principal motivo de división entre sus líderes, Ninón Mondéjar y Enrique Jorrín. La historia fue así: Enrique Jorrín, violinista y compositor tuvo la feliz idea del Cha Cha Chá, que revolucionó el gusto de los bailadores, y "La Engañadora" invadió desde Prado y Neptuno tooooodos los salones y la radio cubana. Surge entonces el celo artístico y el ego humano, sosteniendo Ninón Mondéjar que la nueva creación musical pertenecía a la Orquesta América, y Enrique Jorrín por su parte, defendiendo su paternidad del nuevo ritmo. Posteriormente, Ninón con su Orquesta América y Jorrín dirigiendo la suya bajo su nombre, regresan a México, donde anteriormente había triunfado ruidosamente la "América", y continúan por algún tiempo cosechando lauros, aunque no tan fuertes como antes. Los coleccionistas guardan los discos de esta primera agrupación cuidadosamente. Enrique Jorrín, nacido en Candelaria, Pinar del Río, el 25 de diciembre de 1926, se integró a la Orquesta de Antonio Arcaño al final de la década de los años 40. De allí, saltó a la Orquesta América y, luego, como apunté anteriormente, con la suya propia dejando una profunda huella en nuestra música popular. De Jorrín se recordarán siempre "La Engañadora", "Silver Star", "Doña Olga", "El Túnel", y muchas más de iguales valores. En la foto, Enrique Jorrín en la extrema izquierda, y en el centro Ninón Mondéjar. Jorrín dejó de existir en La Habana en 1988.

¿Saben cómo se llamaba en realidad el gran compositor mexicano Agustín Lara...? Pues lo inscribieron como Angel Agustín María Carlos Faustino Alfonso del Sagrado Corazón de Jesús Lara del Pino. A lo mejor, fue pariente de Willie del Pino, Sec. del Colegio Nacional de Periodistas de Cuba (Exilio)...

EL CUBANO CHA CHA CHA SIGUE TRIUNFANDO EN PARIS...

Es sumamente satisfactorio conocer desde este lado del Atlántico que los ritmos cubanos siguen siendo de absoluta preferencia en la Ciudad Luz y el resto de Europa. No poco han influido en los últimos tiempos las incursiones extendidas por el viejo continente de figuras legítimamente representativas de nuestro folklore, como Celia Cruz, Antonio Machín, Tito Puente, Gloria Estefan, y otros grandes, asi como muy señaladamente una agrupación llamada "Mambomanía", una orquesta espectáculo para escuchar y bailar, al estilo de lo que fueron los "Lecuona Cuban Boys" y los "Havana Cuban Boys, de Armando Oréfiche.

De la feliz fusión de dos grupos se formó Mambomanía. Lauren Erdos, nacido en París en 1960, de ascendencia húngara, se sintió atraído por los ritmos afro-cubanos, y participó en la creación del grupo "Une Affaire Latine", uno de los dos que dio origen a Mambomanía. El otro fundador es Marc Vorchin, nacido también en el año 60 en Pointe a Pitre, que tenía su combo de salsa y Latin Jazz, titulado "Chiquita", es el segundo aporte para la formación de Mambomanía. Estos dos líderes musicales, uno antillano y el otro francés, han dado en el clavo ,del éxito, respaldados por el público europeo y la crítica, como lo demuestra "Le Provencal" del 15 de octubre de 1994, publicando su opinión "La orquesta Mambomanía es un suceso. Aun más, es un suceso increíble". Y "El País" español: "Está causando sensación". Y "Stern" de Alemania: "Un latin big band que ofrece con energía buena música para bailar"...

No es un secreto la fórmula que utilizan los integrantes de esta gran orquesta, pero sí es difícil mezclar sus ingredientes. Mambomanía sabe mixturar el pasado y la modernidad, jugar con la tradición y convertirse en una orquesta única en Europa y América. Este grupo nacido en París, se prodiga en toda Francia y más allá tocando en todo tipo de salas, conciertos públicos y privados, con albumes grabados, producidos por Barclay-Polygram, para aquellos incansables que desean seguir bailando en sus casas...

LA ORQUESTA PARISINA "MAMBOMANÍA"

Aqui tienen a la alegre orquesta "Mambomanía" en plena acción, repletos de juventud, con la excepción del que ven en el extremo con sombrero de jipijapa, formando un trío de expresión alegre con los otros dos cantantes del conjunto. Ese cantante de la guayabera estilizada y sombrero típico, es el cubano Oscar López, que vive fijamente en París desde 1952, quien pese a sus largas décadas como cantante de puntería como solista y en orquestas de renombre, forma parte de Mambomanía, junto a Patricia Nájera, oriunda de la isla de Guadalupe, graduada en París en baile, canto y coreografía; y detrás con los brazos en alto y una explosión de risa en su rostro, el también cubano Carlos Miguel que desertó en París en 1992. Esta sensacional orquesta de ritmos cubanos fue creada en 1991 y desde entonces no ha parado de trabajar, en París, Niza, Cannes, Rouen, Lyon, Monte Carlo, Bruselas... Pero su base fuerte está en "La Coupole", donde un abigarrado público de gente alegre acude a bailar, dispuesto a olvidar los rigores del invierno parisiense...

Y... **cambiando de conversación**, les diré que está dentro de los planes inmediatos reabrir "Les Violins" (que nunca debió cerrar, por ser un símbolo de nuestros difíciles primeros tiempos de exilio). Albino Currais tiene la palabra... Barbarito Diez nació en Bolondrón (Matanzas), el día 4 de diciembre de 1909, y recibió su nombre porque ese día se venera a Santa Bárbara... y.. el 23 de diciembre de 1852, en el poblado de Caobas, municipio de Guamacaro, provincia de Matanzas, nació Miguel Faílde, creador del primer danzón: "Las Alturas de Simpson"...

LOS PROPIETARIOS NO SON DUEÑOS DE SUS CASAS EN MIAMI BEACH...

Parece algo ajeno a la democracia en que vivimos, pero a juzgar por las medidas y forma amenazante en que se toman, los propietarios de esta bella ciudad no poseen capacidad decisiva en sus propias casas. No basta tener una propiedad en casi perfectas condiciones, limpia, pintada, los jardines arreglados, en fin, cumplidas toooooodddddddaaaaasssss las reglamentaciones correctas tal como exige el sentido común y... la ciudad. De buenas a primeras, al departamento de zoning se le antoja que las rejas "afean la ciudad", y mandan un papalote, inconsulto (tipo úcase), amenazando con multas de $250 DIARIOS si no se retiran LAS REJAS del frente de la residencia... ¡Le snorkel the clarinet!

Después de tenerlas puestas durante casi ¡20 años!, y cuando los vecinos de Normandy Island creíamos (aunque fuese psicológicamente) que gozábamos de cierta seguridad ¿? se nos bajan los muchachones, inefables y burocráticos, con esta absurda disposición, como para franquearles el camino a los delincuentes. Debían haberse enterado de que la luz pública ha fallado últimamente de manera constante e impertinente, portándose como si estuviera orate, es decir, encendiéndose por el día y permaneciendo apagada por las noches. Los vecinos hemos y tenemos que barrer las hojas que, en demasía, arrojan los árboles, para DESTUPIR los tragantes después de los aguaceros, aunque PAGAMOS religiosamente por los servicios. Resumiendo, pagamos nosotros para que cobren los empleados y encima hacemos el trabajo de gratis.

Como ya pasaron las elecciones toman medidas impopulares, pensando que dentro de 4 años, los sufridos **paganinies** se habrán olvidado, peroné, digo pero, no.

Puedo creer, después de auscultar el pulso de la gente, que los ciudadanos están agobiados y cansados de pagar para que les agredan, en vez de defenderles. Es doloroso llegar a las oficinas para tratar de discutir democráticamente una cuestión, y que le conteste de mala gana y mal tono, un señor con dos hamberguers sobre la mesa y cara de pocos amigos.

Concretando, ¿quién tiene razón? ¿Debe prevalecer el "buen gusto" de la ciudad, o el del propietario que busca SEGURIDAD, y además le gusta la belleza de su puerta y ventajas enrejadas que le recuerda la era romántica de las serenatas y del respeto al pensamiento de los demás..?

"RIFLE,..... XIONES"

1.-- Nos engancharon la televisión por cable con el anzuelo de que podríamos ver los programas sin interrupciones comerciales. Y, resulta que lo que podemos ver son los **anuncios sin interferencias**...

2.-- El básico cable, comenzó razonablemente en $6.00 dólares, y ya va por los $29.00... ¿Será que han perdido la... razón?

3.-- Dice Clinton que "no se puede calcular la progresión económica del país". Bueno, si el pueblo no la ha notado debe ser que "la progresión va por dentro" y no se ve...

4.-- Lo que más asombra en el escándalo del municipio, es la naturalidad con que se discute públicamente un hecho bochornoso, y eso viene a confirmar que se trata del resultado de la falta de instrucción moral y cívica en los colegios...

5.-- Después de todo, cada cual es como es, y ya con eso tenemos bastante desgracia...

6.-- Lo peor de ser delincuente es que al fin caen presos, y diiiiicen que a los presos no les entran ganas ni de salir a la calle...

LOS PERIODISTAS CUBANOS DE WEST PALM BEACH

Esta foto, hecha en los acogedores salones del restaurante "Casa Juancho", durante el almuerzo del Colegio de Periodistas Cubanos en el Exilio, contiene a uno de los tantos grupos fraternales que allí se formaron. Estamos en la misma, José Luis Pérez, compañero periodista destacado; en los extremos Rogelio y María Argelia Vizcaíno, directora-editora de "Vision Hispanic Pub", y columnista de "La Voz Libre" de Los Angeles, cuya sección "Estampas Cubanas" es siempre buscada y leída; además, está Este Pobre Cura, orgulloso de verse escoltado por tan conspicuos amigos. Por cierto, en la dedicatoria de la foto, María Argelia me dice que "se siente muy feliz leyendo mis libros y la columna "Mundo de Estrellas". Pues, mil gracias por el honor,

EL POLLO DEL MILENIO...

ESTA PRECIOSIDAD ¡YA ES ABUELA!
Cuando la conocí (tal como está en la foto) no era lógico pensar que aquella preciosa criatura, después de ¡36 años de exilio me llamara al periódico, para decirme, entre bonitas reminiscencias, que era abuelita de un nieto de 2 años... Ella es "el Pimpollito Camay", Hertha Toledo, que modelaba en Cuba republicana para el famoso jabón. Hertha, "el pinpollito Camay" fue modelo de "Angelita Novias" en TV, y actriz, después de estudiar con Adela Escartín, en obras teatrales, como "Arsénico Para Los Viejos", "Tembladëra", "Malditos", y otras, compartiendo reparto con artistas de renombre. Llegó a los EE.UU. en agosto de 1960, participando en los desfiles de modas que tenían lugar en el hotel Eden Rock, de la playa miamense. Rechazó ofertas más tarde, para casarse, y dedicarse a su hogar, en el que han nacido 2 hembras y un varón. Andando el tiempo, obtuvo una plaza de profesora de Arte Dramático, que compartió con el profesor Alejandro Fontana,

en el Cañada College, de Redwood City, en California. Emocionada me dice que está sumamente agradecida de que su nombre haya sido incluido en "El Paseo Histórico de la Cultura Cubana", en Hialeah. El desaparecido Germán Pinelli, en algunos de los programas bajo su animación, y en su jocoso estilo, le decía al "Pimpollito: **"Tienes los ojos de pescado de nevera más bellos que he visto en mi vida"**... Y, otras veces: **"Hertha es tan gorda como una raya de lápiz"**... Y también: **Tienes en la cara tanta expresión como una zanahoria"**... Pero, la verdad-verdadera es que, en aquella época Hertha Toledo tenía una cara taaannnn angelical y bella, como para achacarle a las bondades del jabón la tersura inmaculada de su piel... Hoy, se llama Hertha DuBarry, y reside en Miami Lakes... (Foto Buznego).

REVOLTILLO DE NOTICIAS.- Tuve el privilegio de ver aquellos espectaculares engarces de Willy Miranda, y coincido con la autorizada opinión de Tom Lasorda: -"Fue el mejor short stop en la defensiva que jamás haya visto". "Podía hacerlo tooooodddooo.- Tuve que remontarme a las Quimbambas, para encontrar los estudios de Radio Martí, y cumplir un compromiso on Gilberto Rosal, para una entrevista con destino a Cuba. Nos dimos un abrazo con el sonriente Agustín Alles. Saludamos a Moisés López y Manuel Estanillo.

HAY UNA PUERTA DETRAS DE LOS PREMIOS QUE NO SE ABRE AL PUBLICO...

Aparte de aplaudir el propósito de los premios en general, no desechamos el derecho a disentir sobre la elección parcializada, a veces, a favor de unos en detrimento de otros. No siempre es así, pero... el humano, a quien conocemos muy bien por ser uno de ellos, tiene debilidades de carácter y gustos diferentes, simpatías y antipatías...

Uno de los ejemplos más notables es la irreparable injusticia cometida con el ilustre Jorge Luis Borges, por el Comité del Premio Nobel, a quien ni aún ciego y en los umbrales del Más Allá, y con una capacidad literaria fuera de lo común, logró conmover el duro corazón de los seleccionadores que, en otros casos bien conocidos no han elegido al más idóneo para el premio.

Igual o parecido sucede en casi tooooodas las selecciones de tooooodos los sectores y propósitos. (Ustedes ven que Isabel Allende está muy bien aspectada, según puede verse en el Horóscopo Político). Tenemos un caso que nos toca de cerca por haber sido ejecutada la película en Cojímar, pintoresco lugar cubano cercano a nuestra casa en Santa María del Mar, al este de La Habana. Siempre que pasábamos por la rotonda (y lo hacíamos diariamente) recordábamos "El Viejo y El Mar", de Ernest Hemingway, que recibió el Premio Nobel en 1954, siete años antes de morir.

Una vez, uno de los jurados del Premio Nobel, con respecto al Premio, dijo: "Se había puesto a votación en varias ocasiones y en una de ellas estuvo casi a punto ganar. Nuestro conservadurismo ¿? lo ha mantenido apartado del premio" Bueeeeennnnnoooo... creemos razonadamente que no fue finalmente por consideración a uno de sus compañeros jurados: el veterano Per Hallstrom, que estaba a punto de retirarse, y Hallstrom era un entusiasta de "El Viejo y el Mar" de Hemingway. Así pues, los jurados votaron a favor de Hemingway porque querían, según palabras de uno de ellos que leímos, fuera considerado como **"un gesto de cortesía hacia el decano de la Academia, que ya contaba 90 años..."**

Menos mal que sieeeeeemmmmmmpre hay algún curioso al que se le ocurre hurgar y atar cabos para ver lo que hay detrás de la puerta que nunnnnnca se abre al público...

EL "JONRONERO" ROBERTO ORTIZ FUE ARTISTA DE PELÍCULA

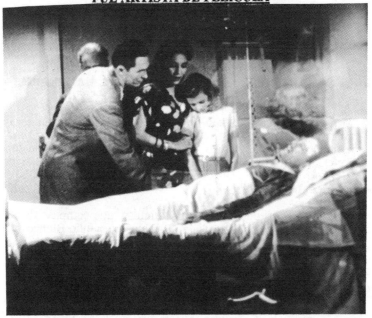

Ahí pueden ver en la foto, al "jonronero" cubano Roberto Ortiz, desenvolviéndose como actor en una película, que marcó un éxito discreto en las taquillas. Fui amigo del gran pelotero Roberto Ortiz "el gigante del central Senado", y me maravillaba que un hombre que gozaba de enorme popularidad, no se hubiese envanecido. Tenía una corta educación académica, y un don de gente poco común. Consagró su vida al béisbol, personificando al atleta ejemplar, que jamás dio una nota disonante, que afeara su carrera. Empezó jugando en la novena del central Senado, en Camagüey. Saltó al central Hershey, iniciándose como amateur, hasta que Joe Cambria, un scout norteamericano que hizo mucho por el béisbol cubano, se lo llegó para el Club Charlotte. Lo ascendieron al Chattanooga, hasta que lo incluyeron en 1941, en el Club Washington. Estableció marca de home-runs. Saltó a la Liga Mexicana en 1945, donde impuso récords que aún permanecen. En Cuba fue la mayor atracción de taquilla, brillando con luz propia en Nicaragua, Venezuela, Puerto Rico, México y República Dominicana. Sacaba la pelota del terreno, cuando estos eran mayores y la pelota menos viva. La película "Honor y Gloria", se hizo basada en la vida ejemplar de Roberto Ortiz, con la actuación del desaparecido galán Alberto González Rubio; Yadira Jiménez; José de San Antón; José Sanabria; Angelita Castany y Eddy Cabrera (El Ronco). El argumento fue del triunfador Eladio Secades y la dirigió Ramón Peón.

Angela Lansbury interpreta a la escritora que encuentra sieeeeemmmmpre al criminal en los episodios de TV "Murder She Wrote". Buena idea sería contratarla, para ver si encuentra los ¡38 millones! que ser perdieron en el Municipiooooo...

¿POR QUE NO ACORDARNOS HOY DE... MARCELINO GUERRA, EL AUTOR DE "PARE COCHERO"...

Marcelino Guerra, murió en España donde residía en compañía de su esposa Julia y, siendo un baluarte de la legítima música cubana, la trágica noticia no filtró a través de las agencias, como sucede siempre que cae un roble del arte. La razón no la sé. ¿Desconocimiento? ¿Indiferencia? Vaya usted a saber.

Fue él, el autor de melodías inolvidables, que compuso desde 1935, empezando una larga lista de títulos con Julio Blanco Leonard como letrista. Baste sólo citar de aquella época "La Clave Misteriosa", su primer éxito, que se hizo famosa nada menos que en la voz del cantante de moda: Pablo Quevedo "El Divo de la Voz de Cristal". A este éxito siguieron otros, como "Buscando La Melodía", "Batamú", que sirvió de título musical a una compañía afro-cubana de Obdulio Morales, muy popular en aquel tiempo, "Pare Cochero", "Me Voy Pal'Pueblo", "A Mi Manera", "Cuando se Canta Bonito"... Con Bienvenido Julián Gutiérrez compuso "Divergencias", casi como un adelanto de lo que más tarde fue el movimiento del "feeling" . Este valiosísimo autor cubano que acaba de morir, formó parte principalísima del Cuarteto Siboney de Facundo Rivero, como segunda voz, junto a las famosas Olga Guillot e Isolina Carrillo, que actuaba como cantante. Este cuarteto fue uno de los puntales de la RHC-Cadena Azul de Amado Trinidad en 1940.

Los artistas tenían que multiplicarse, y lo hacían con verdadero gusto, porque entonces se actuaba por legítima vocación, participando con el público en la diversión. Así veíamos y oíamos a Marcelino Guerra por otra estación radial cantando con Panchito Riset, acompañados al piano por Ismael Díaz, e interpretando música de Villalón, Eusebio Delfín, Matamoros, etc. Marcelino se había pulido participando en la década anterior con el Sexteto Cauto, el Sexteto Habanero, y al lado del "cieguito maravilloso", Arsenio Rodríguez.

En 1945 vino a probar fortuna a Estados Unidos, debutando con el pie derecho al integrarse a la formidable orquesta "La Segunda Afro Cuban", formada nada menos que por Mario Bauzá y Machito y, naturalmente Graciela.

Puede suponerse con la certeza de acertar, que Marcelino estaba trabajando en Nueva York indocumentado y, una noche al terminar una tanda en la tarima, se le acercó un americano para decirle algo que el músico no entendió. Marcelino se volvió hacia el pianista, diciéndole: "Mira a ver qué pieza quiere este americano". El pianista que había entendido bien el mensaje, le contestó: --"**La pieza que él quiere es que te presentes el lunes en Inmigración, en el 70 de Columbus Avenue, para acordar el día y la hora de tu regreso a Cuba**"...

TRES COMPOSITORES CUBANOS

En esta foto podemos ver a Marcelino Guerra ("Rapindey") junto a otros dos importantes compositores cubanos: Néstor Pinelo Cruz, al centro, y Urbano Gómez Montiel, autor, entre otras, de "Canta Lo Sentimental". Marcelino es el de la camisa floreada y sonrisa habitual, que tuvo que regresar a Cuba por invitación obligada, arregló en dos meses sus papeles, y regresó legalmente a EE.UU., formando bajo su nombre su propia orquesta, que causó sensación en Nueva York. En 1952, por avatares del destino, disolvió su orquesta y, aunque siguió componiendo, se retiró temporalmente de la música activa, enrolándose en la marina mercante y viajando por todos los mares durante 17 años...

Marcelino Guerra, que había nacido en Cienfuegos, Cuba, en 1913, regresó a la música y se estableció en Nueva York como cantante, compositor y guitarrista, en 1969, hasta 1978, cuando se trasladó a España con su esposa, Julia, país donde la sorprendió la muerte. Descanse en paz el viejo amigo y maravilloso compositor.

Ahora, hablemos de libros, como en la amena sección de Román Campa. Primeramente la concurrida, y a la vez íntima presentación en los salones sociales del Hospital Pan American, del libro "Modesto Mora, M.D. La Gesta De Un Médico", del escritor cubano Octavio R. Costa, cuya presentación estuvo a cargo del Dr. Virgilio Beato... Posteriormente, la Asoc. de Mujeres Universitarias y Ediciones Universal, presentaron "EL Arte Narrativo de Hilda Perera". La presentación estuvo a cargo de Hilda Garcerán y Lydia Kramer... La escritora Martha Bueno hizo la presentación de su novela "Lina"

LO QUE SE LLAMA UN "BUSCAVIDA"...

Me lo encontré una tarde en la playa, lugar a donde voy a caminar algunas tardes. Es un tipo joven todavía y que, a pesar de su aparente miseria, es feliz. Tiene la piel curtida y las manos gruesas en contra de la lógica, porque no trabaja. Cada vez que voy en esa dirección lo encuentro en idéntica actividad: caminando...

-- No puede uno achantarse --me dice-- y así, descubro su nacionalidad sin que me muestra el pasaporte, porque el tipo habló en el más puro idioma "cubano".

Tooooodas las personas que me acompañan en mis paseos, sin acompañarme, porque jamás me han saludado, pueden descubrir al tipo, aún a lo lejos, como una silueta entre las gaviotas. Su porfiada actitud de no hacer nada más que lo que hace, me llama la atención y voy a su encuentro, para recoger las ralas frases que se digna expresar. Le pregunto:
--¿Cuánto tiempo hace que estás aquí...?

-- Uhhh... muchísimo.

-- ¿Cómo te llamas?

-- Nadie me llama.

-- Quiero decir ¿cómo te llamaban en tu casa?

-- "Ñengo"...

-- ¿Y eso es un nombre...?

-- Para mí, lo es desde que me falta este pedazo de oreja que me arrancó otro muchacho en una pelea...

-- ¿Dónde trabajas?

-- No trabajo, porque... ¿quién cuida de mis pertenencias?

"Sus pertenencias" están "organizadas" de tanto arreglarlas y desarreglarlas allí, sobre la arena, en un conjunto de frazadas vieeeeeeejjjjjjaaaasssss, tenis agujereados, camisetas sucias, o por lo menos empercudidas, pero que le sirven, supongo yo, para su calefacción...

Con frases entrecortadas me dijo tantas cosas absurdas, al parecer, que ponen a pensar. Me dijo que en Cuba había sido artista como el profesor Collado, aquel simpático negrito que hacía música con cascabeles amarrados a los pies, muchísimo antes que le amarraran cadenas a los pies de los cubanos. Dueño de un convencimiento total, me explicó que "él era un buscavida', que tenía toooooodddddooooo lo que hace falta para vivir: agua, sol y aire... y que la gente que se creía inteligente, se mataba para conseguir dinero con qué comprar cosas superfluas"

Me dejó en una sola pieza, preguntándome si el que estaba loco era "Ñengo", o el que está loco soy yo...

CON ROLANDO BARRAL, OLGA Y TONY Y LEOPOLDO (PUCHO) FERNÁNDEZ

Esta foto histórica la hizo Gort, la noche del 5 de octubre de 1996, al reunirnos por la entrega de una Estrella de la Calle Ocho, al que fuera gran cómico cubano Leopoldo Fernández (Trespatines), en la esquina de esa calle cubana con la avenida 16. Allí, entre bromas y veras, como era el carácter del artista recordado, hicimos entrega simbólica de la estrella, rodeados de numeroso público y artistas que testimoniaron su afecto por un recuero que "ni se olvida ni se deja", como reza la canción. Me apoyaron en la labor de maestro de ceremonias, el organizador Guido Rodríguez Bustamante y la artista colombiana Carolyna Navarro. En la foto de Gort, estamos Rolando Barral, Olga Chorens, Leopoldo Pucho Fernández, Tony Alvarez, y lo que queda de Este Pobre Cura.

UNA EXPERIENCIA CASI COPROFAGA...

Acabo de descubrir que un amigo nuestro es picúúúúúúúoooo hasta donde el cepillo no toca, como solía decir el recordado Arturo Artalejo, en un anuncio de pasta dental. El susodicho me invitó a su casa para restregármela por la cara, sin darme opción a réplica aclaratoria, que pusiese en claro que cada cual tiene la suya. Me "explicó" que "a él no le importa el exterior, sino sus lugares privados". (Debe pensar, digo yo, que porque acabamos de pintar nuestra casa por fuera, no nos importa el interior, que está esperando sólo a que yo agarre agua y carbón para meterle mano). Fue así que casi, como que me obligó a entrar en el baño de su residencia recién remodelado y repintado. Buennnnno ¿y qué? Me dije, sin decir naaaaannnnaaaaa...

Este amigo ostentoso, además de picúúúúúúúoooo, señaló aparatosamente para el depósito de papel sanitario, exclamando: --"Mira eso. Yo soy selecto hasta en los más mínimos detalles.. Fíjate --me siguió diciendo-- que este papel es decorativo, suave y de perfume sutil..." Bueeeeeeennnnnnnooooo ¿y qué? Me volví a decir. El papel podrá tener muchas florecitas para maquillarlo, pero el acicalamiento no cambia su función, y la intimidad seguirá siendo igual o parecida en la casa del picúo, y en la del austero, realidad que no comprende este recién descubierto amigo, que quiso deslumbrar con su cursilería a quien anteriormente lo tenía por una persona normal...

Figúrense que entre las cosas destacables en aquel cuarto de baño, vi y me mostró orgulloso, un David de Miguel Angel, convertido en una escultura enana de frágil cerámica, al lado de otra, de idéntico tamaño, representando a la Venus de Milo... ¿Qué tiene que ver el David con la Venus? --le pregunté. Y él, soberbio e ignorante, contestó: "¡Mucho!!" Y se quedó tan tranquilo como "Estate quieto"...

Tiene taaaannnntas cosas en amontonamiento inútil aquel baño, que las repisas amenazan con quebrarse. El muy fantasioso ha dejado medio vacío el "Discount" de la esquina, trasladando no sé cuántos pomos de shampoo, burbujas, aceite, esponjas (que no usa) y qué sé yo, para aquel baño de cristales biselados con la figuración marina que preside un tremendo cisne colorado, de alas exageradamente abiertas, que me impulsó a preguntarle: --Chico, ¿ese es un cisne o un flamenco...? Y... o no me oyó, o intuyó que su picuencia ya me estaba chinchando, por lo que cambiamos la vista y el diálogo, para dos toallas marcadas ELLA y EL, en un color morado tan chocante y explosivo, sólo comparable al de la "combinación" de la alfombra del piso, con la que también cubre el retrete...

Me convencí de que hay gente picúúúúúúúaaaaa, hasta en el baño....

"EL SHOW DEL MEDIODÍA" EN RADIO TELEVISIÓN DOMINICANA

He esperado ¡25 años! para publicar esta foto, demostrativa de que no estamos igualitosssss... Fue durante 1971, cuando estuvimos en "El Show del Mediodía", que se originaba en los estudios de Radio Televisión Dominicana, en la capital de la República Dominicana, y donde tuvimos el placer de compartir con Papa Molina y su formidable Orquesta, y estos dos cantantes que nos escoltan. ¿Ustedes la reconocen? Ella sigue siendo atractivísima mujer y artista de notoria popularidad, sólo que ahora es regularmente rubia, con un "look" diferente, pero con idéntica simpatía. ¿Se los digo? Pues sí, es Charityn. Charityn Goico. Y él, es el destacado cantante Fernando Casado, dominicano, como Charityn. En cuanto al "centrista", que soy yo, ahí me ven con la "pinta" que todavía tenía, pero... haber tenido y no tener, es como no haber tenido...

Se especula taaaaaaannnnnto en la radio, que lo que parece un mundo, al final se vuelve nada. Hojarasca que nos envuelve diariamente, dejándonos un poco mustia la esperanza. Alimento artificial, falto de proteína vital. Es como si yo les contara un cuento en verso, que no dice naaaaaaaddddaaaaaaa, pero que pone a pensar en unos protagonistas que no existen, y en unos hechos que no fueron, pero que salen de la oscuridad, merced al parto de la ilógica-lógica, que produjo esta...

HISTORIA DE NO SÉ QUÉ Y NO SÉ QUIÉN...

Les cuento la historia que me contó
no sé quién, cuando estaba no sé dónde,
haciéndose pasar por un vizconde
de allá, por casa de los qué sé yo...

Fue una joven que estaba no sé cómo,
presumiendo de estar muy no sé qué,
sin poder evitar dar un traspie
agarrada al faldón de un mayordomo.

Tomaron no sé qué en casa de yuca;
se fueron a hacer algo no sé dónde
(Total son cosas como corresponde,
que al burlado jamás le entra en la nuca)...

Ofendido el marido cogió monte,
pues le estaban poniendo los sabidos,
y lanzando horrorosos alaridos
se sacudió como hace un real bisonte:

Embistió fieramente, con bravura,
pegando al no sé qué al no sé dónde,
pateando a su mujer donde se esconde
la esbelta rabadilla en la cintura...

Y aquí termina la inconclusa historia
pues no vale la pena contar más,
ya que seguir adelante y hacia atrás
nos remonta a la rueda de la noria...

EL GRAN MIGUELITO VALDÉS
MR. BABALÚ

Esta foto in-é-di-ta de Miguelito Valdés, debida al lente del avezado amigo Delio Valdés, sirve para recordar puntos estratégicos, y desconocidos, aún para algunos de los que escriben sobre la farándula. Por ejemplo, este Miguelito Valdés, "Míster Babalú", me dijo una vez, mientras trabajábamos en la televisión neoyorkina: –"Chico, tu sabes que yo soy nieto de Micaela, la de Belén. Mi abuela fue la mejor barajera que hubo en Cuba"... Y siguió diciendo: "Yo nací bajo la tutela de mi abuela. Por eso tengo poderes y atributos de Babalao. Y de acuerdo con el pensamiento de Micaela, sigo teniendo fe en lo que dicen los caracoles... Y ellos me dicen que yo estaré protegido de por vida..." "No debe confundirse la brujería con la santería", afirmó my seguro. Diferencia que les explicaré en sus palabras, en la próxima oportunidad con más espacio.

¡AMPÁRANOS, SANTA COMPUTADORA...!

Leemos con cierta preocupación, que el Internet está desplazando no sé cuántos puestos de trabajo, y se augura que la cuestión irá en aumento, Desde hace tiempo, es corriente eso de "Ponme un fax", o "te pongo un fax", que el que no tiene "un fax" está fuera de onda...

La gente, lo primero que te pregunta, es ¿tú tienes fax en tu casa? Al decirle que no, te miran con aire de superioridad, y te sacan de la circulación normal del vivir cotidiano. Mentalmente te han clasificado de dinosaurio, y empiezan a no contar contigo. Te retiran antes de cumplir la edad reglamentaria...

El que tiene la mente joven para poder aprender y entender los sistemas de las cambiantes computadoras, consideran a los que todavía usamos el sistema métrico decimal, como un elemento retrógrado, trasnochado y caducooooooo...

Pero, existe para estos últimos la boba conformidad de que los hábiles manejadores actuales tendrán que aplicarse aferrados al aprendizaje ininterrumpido, porque las dichosas computadoras cambian y se complican diariamenteeeeeeeee...

Hasta comprar un televisor nuevo, exige meterse en la maraña de un catálogo electrónico para aprender a apretar botones... El aparatico para manejarlo por control remoto es chiquitico, pero requiere un aprendizaje grandíííííííííííísimo.

Lo sé, por experiencia propia: llevo 6 meses estudiando el pu... trefacto sistema del nuevo aparato y, todavíííííííííía se me traba de tal forma, que debo emplear media ahora para poderlo apagar...

Por eso, mirando estos ejemplos prácticos de mi **tarupidez**, dudo mucho sobre la herencia de genes, ya que mis nietos agarran por las orejas el Internet y lo manejan con práctica destreza y suavidad... como son manejados los carros garantizados que venden Danny y Daniel Soler, en 32 Avenida y Calle Ochooooooo...

Diiiiiicen los que saben de estas cosas electrónicas, que "entrar" en el Internet es como llegar a un plano desde donde puede accederse a toooooodo. Y, digo yo, que es como quedarse en calzoncillos en medio de la calle, porque parece que la privacidad en la cual crecimos y nos educamos, también será perforada por el encadenamiento en que nos van enredando los sistemas y las computadoras... ¡Ampáranos, Santa Computadora!...

LA CUBANA EDELMIRA SAMPEDRO, POR UN PELITO NO FUE REINA DE ESPAÑ

El Licenciado Antonio J. Molina pasó más de 30 años reuniendo, después de buscar acuciosamente, datos curiosamente históricos, que nos abren las puertas de un ayer engrandecedor para los cubanos que vivieron fecunda y positivamente. Uno de esos hechos, estuvo protagonizado por la bella mujer que ven en la foto de arriba, del brazo de Alfonso de Borbón, Príncipe de Asturias y por lo tanto heredero del trono de España, que renunció a su derecho a ser rey, por casarse con la bellísima joven millonaria cubana Edelmira Sampedro y Robato, perteneciente a distinguida familia, cuyo matrimonio se efectuó en Lausana, Suiza, con la asistencia de toda la familia real menos Alfonso XIII. Dicho rey, en el exilio, les concedió el título de Condes de Covadonga, que la Sampedro ostentó con permiso de la Casa Real, hasta su fallecimiento. Edelmira Sampedro había nacido en Sagua La Grande en el seno de una importante familia, y algo que algunos ignoran es que el príncipe Alfonso de Borbón, se aficionó tanto a la belleza de la mujer cubana, que al divorciarse años más tarde de Edelmira Sampedro, se casó con Martha Rocafort y Altuzarra, de reconocida familia y extraordinaria belleza. La boda tuvo lugar el 8 de mayo de 1937, pero se divorciaron en La Habana, al año siguiente. En ninguno de los dos matrimonios hubo descendencia, y continuando su vida agitada, el príncipe Alfonso de Borbón y Battermerg, falleció en Miami el 6 de septiembre de 1938, en un aparatoso accidente automovilístico. Sus restos después de un tiempo en Miami, fueron trasladados al panteón de El Escorial, donde descansan.

¿POR QUÉ NO ACORDARNOS DE LOS TENORIOS CUBANOS?

No es ocioso machacar sobre los planos superiores que llegó a alcanzar el teatro en Cuba. La Habana, y varias ciudades del interior, fueron plazas codiciadas por las mejores compañías extranjeras que visitaron la América, y los más connotados autores teatrales eran interpretados en nuestros escenarios. Fue así que cada primero de noviembre en diferentes palcos escénicos se reactualizaba el "Don Juan Tenorio" de José Zorrilla, tanto por actores de fuera como por los del patio. Vale decir que en la Cuba de ayer, había verdadera tradición teatral, y que las obras más características de cada género se representaban con absoluta dignidad.

Pero, ajustándonos al tema de hoy, recordaremos al Don Juan por excelencia, concretado en la figura, la voz, y las facultades del primer actor cubano, Otto Sirgo, sin olvidar a otros de meritorias su sobresalientes cualidades, como Carlos Badías, Eduardo Egea, Mario y Juan José Martínez Casado, Joaquín Riera, cuya potente voz podía escucharse en la cercana esquina del Sloppy Joe, mientras él, contaba en el escenario del Principal de la Comedia, las aventuras del célebre burlador. Es algo proverbial que casi toooodddooosss los actores cubanos de la época brillante de los años 40 y 50, se peleaban por hacer el Don Juan. Yo, confieso haber sido de las excepciones que se conformó con hacer el colorinesco papel del Ciutti...

Recuerdo aquel sonado Tenorio de las estrellas de la RHC-Cadena Azul (del cual guardo un programa), escenificado en el teatro "Favorito", de Belascoaín y Peñalver, anunciado como "el más grande acontecimiento artístico del año". El elenco fue así: Doña Inés; Luisa Maubán... Don Juan; Ignacio Valdés Sigler... La abadesa; Nidia Sarol... Tornera; Marta Velasco...Doña Ana de Pantoja; Maritza Bardales... Don Luis Mejía; Jorge Montalvan... Centellas; Jorge Martínez Viliela... Don Gonzalo; Tony López... Marcos Ciutti; Ricardo Román... Butarelli; Rafael Linares... Don Diego; Luis Armando de Córdova... Avellaneda; Ernesto Naye. Dirección: Tony López. Supervisión de montaje: Manuel Estanillo. Asistente de dirección: Manolo Suárez. Escenografía y luminotécnica: López del Castillo. Jefe de maquinaria: A. Martí. Vestuario: La Teatral. Musicalización: Angel San Blas. Peluquería: Carlos.

LA DOÑA INÉS DE LUISA MAUBÁN

Aquí está la bella imagen de Luisa Maubán (Luisita, para los que hemos sabido apreciar sus cualidades de amiga y actriz) que hizo no solamente la Doña Inés de Ulloa en aquel Tenorio habanero, sino que fue valiosíma actriz de notables cuadros de comedias, como el de Sabatés, y el de RHC-Cadena Azul, en los cuales compartimos labores. Desde 1937, Luisita Maubán comenzó a actuar en las emisoras COCO, CMW, y otras, haciendo papeles de ingenua, perversa, quisquillosa, tímida o arrestada, en fin, versátil, según requerimientos del libreto. La Maubán ha interpretado hasta papeles de "mulata" y, por contraste creó personajes inolvidables, como el de la huerfanita en "Dramas de la Vida Real" por la RHC, diariamente, a las 4:30 de la tarde. Mucho se distinguió en "La palabra del más allá" a ;as 9:00 de la mañana por Unión Radio, donde daba indudables muestras de sus dones interpretativos. Pero, no solamente en lo dramático Luisa Maubán fue destacada, sino que la recordamos en programas humorísticos, como aquel de "Sal y Pimienta". Hoy Luisita Maubán, convertida en cariñosa tía-abuela repasa dulces recuerdos, como cuando fue heroína de "La Guantanamera", episodios que también tuvieron su ciclo por Cadena Oriental de Radio.

TRES TOPICOS

La entrevista que le hizo Cristina a Julio Iglesias estuvo amena y punteada de matices ágiles y simpáticos, aunque a veces el maduro galán se salió de los rieles de la modestia. Toooodos los artistas que han tenido el privilegio de saborear las mieles del éxito, han podido obtener mucho más de la vida y del sexo opuesto. Eso es bien notorio, pero ser parco y reservado en cuanto a confesiones públicas es característica inseparable de la caballerosidad.

En el segundo tópico voy a recordar un monólogo que hice muchos años en teatro y cabarets, y que en alguna de sus partes decía: **Yo soy muy flamenco... Tó me lo echo a la espalda... y tengo tres mil mujeres, pues con una no me basta... Tengo un cepillo de Iglesia a la puerta de mi casa... Y allí, acuden mis devotas, depositan y se marchan... Yo soy así: muy flamenco, Ole con Ole y con Ole, qué bien puesta está mi planta en el jardín de la vida..."**

Y, el tercer tópico, solamente comprende el título de aquel monólogo. Se titulaba "El Fanfarrón... Y sieeeemmmmpre el público aplaudía mucho, creo que por las exageracioooooonnnnneeessss...

DIRECTORES, LOCUTORES Y PRODUCTORES CON AMADO TRINIDAD

Esta reunión que ven en la foto, fue tomada el 1ro de enero de 1942, en los salones que accedían a las oficinas del presidente de la poderosa primera cadena nacional telefónica de Cuba. Ha pasado un laaaarrrrggggooo medio siglo y los que figuramos en la gráfica, hemos recorrido disímiles caminos. Algunos han muerto, pero otros, Gracias a Dios, podemos contar el cuento. En la instantánea "quemada" por el tiempo, estamos de derecha a izquierda, Mario Barral (libreto en mano); Justo Méndez y Zubizarreta (El Preguntón); el que fue brillante locutor Jorge Luis Nieto, fallecido a los 33 años de edad, y casi borrado por la pátina del tiempo; le sigue Herdy Yumar; enfundado raramente en su criolla guayabera, le sigue Amado Trinidad Velasco, presidente de la entidad; detrás el gran locutor camagüeyano Enrique de la Torre; la cantante mexicana Esmeralda, y Este Pobre Cura que pergeña. Del bullicio de aquel primero de año, al silencio de este 1997, hemos recorrido un laaaarrrggggooo camino, satisfactorio la mayoría de las veces pero espinoso en ocasiones, como para reafirmar el pensamiento de que el existir está adornado de rosas... que, a veces, tienen espinas.

En el añooooo 1967 (haceeeeee exactamente 30) "Batman" se convirtió en una de las series televisivas de mayor audiencia, y como consecuencia las capas se pusieron de moda... Pero, la gente se va olvidando de que las cámaras de televisión estaban transmitiendo las primarias de las elecciones en California, desde el hotel Ambassador de Los Angeles. Y de pronto se informó a los televidentes que el senador Robert Kennedy había sido asesinado. La cobertura duró toda la noche...

¿USTED SERIA CAPAZ DE ENAMORAR, ASI...?

El Dr. Pepito Sánchez-Boudy se ha especializado en cuanto al "folklorismo verbal" de los cubanos, y tiene publicados montones de libros en los que diserta sobre la forma ingeniosa, si bien un tanto chabacana de ese estilo de machacar el idioma. Nosotros, en nuestras andanzas teatrales, radiófónicas y televisivas, dimos vida a tipos (de este tipo), como "Titico en La Habana", "Cheíto el Peligroso", "Chucho, el de Los Destruídos, "Perico Trastueque", etc, etc., así como en monólogos y chistes dramatizados.

Le sacábamos mucho partido, haciendo resaltar los contrastes entre la expresión romántica de los personajes famosos, en sus encendidas cartas y declaraciones amorosas, citando algún párrafo de una carta de Napoleón a Josefina, o de cualquier otro amante notorio, para ipso facto revelar la carta que Cheíto le dirigía a Cuca Palenque. Y así, podíamos poner al descubierto el enorme talento de un chuchero cubano cuando agarraba el lápiz y el papel, con el fin de conquistar un corazón femenino...

Decía Cheíto en su portentosa misiva: Le ronca "la chirimoya, que Menda tenga que garabatear lo que puedo chamuyarte barín. Pero, así es la malanga. Tú te estás haciendo la chiva loca, aunque me jamas, y sabes que te llevo de rama en rama, como Tarzán lleva a Juana. Recuerda, encrúcara, que yo no soy calcañal de indígena, como el socotroco ese que siempre está de Guillermón Moncada parado en la esquina, esperando que te apreceres a la vera de su mé, para darte tremenda muela y tumbarte de a brujón. Pero no sabe ese masaboba que él mismito se va a matar como Chacumbele, si es que antes no lo ñampio yo. Y anota Cuca, que esto no es una ronconada, ni un alarde fulastre; lo que pasa es que avillo un metío contigo que le retraquetea. Te atarugo la letra de que me contestes con una sola palabrita, que en inglés es yea..."

Y, Cuca, perteneciente a la misma cultura, lo complació con una "sola palabrita", como el moderno Cervantes, le pidió:

¡Bangán!...

Claro que este episodio netamente popular, tiene antecedentes en clases más altas, como lo recoge la historia en la petición del príncipe de Joinsville, aquel célebre aventurero francés, que se quedó deslumbrado ante una famosa actriz que vio por primera vez en el teatro. Joinsville, le pasó una lacónica nota que decía: "¿Dónde? ¿Cuándo? ¿Cuánto?" Y ella, rápida como un trueno, le contestó: "En tu casa. Esta noche. De gratis"...

"RIFLE...XIONES" pro-saicas y versadas...

1.— La humanidad se bajó de las matas y se metió en las cuevas para obtener PRIVACIDAD y, ahora, el teatro, el cine y la televisión, tercamente descorren esa cortina para mostrarla con crudeza...

2.— Antes, los recursos utilizados por actores y directores en el teatro, el cine y la televisión, eran el cigarrillo y la bebida. Ahora, usan la cama, la violencia, y el sexooooooooooo.....

3. — Ahora, la destacada locutora peruana de Radio FE, Viviana Roxa, siempre que presenta un programa o un tema mío, lo hace con verdadero afecto, pero se queja de que yo menciono a otros compañeros y a ella la dejo en la oscuridad del silencio. Para que compruebe que esa apreciación suya, es un espejismo, y que redoblaré mis expectativas al respecto, aquí le dedico esta Espinela:

NUTRIDO GRUPO DE ESTRELLAS DE CUBA

De aquella laboriosa época 1948, en que hacíamos de "Cheítos", "Cucos", y "Títicos", es esta nutrida foto histórica, en la que podemos apreciar una tremenda cantidad de figuras de la radio y el teatro, reunidos en la infatigable lucha que iniciamos y sostuvimos José Fernández Valencia y este Pobre Cura, para lograr la instauración de shows en los teatros de estreno, con artistas cubanos. En la foto pueden distinguir, a Amando Bianchi, Raúl Fernández Criado, Servando Díaz, Carlitos Quintana, Alejandro Rodríguez (llevado por Agustín Lara como intérprete de sus canciones, para la XEW de la capital mexicana); Jesús Leyte, Bobby Collazo, Senén Suárez, Fernando Albuerne, (La Voz Más Linda de Cuba), Orestes Santos, Miguel de Gonzalo y Pepe Reyes (pioneros del feeling en Cuba) Raúl del Castillo, Rodolfo Cueto, Manolo Fernández (El Caballero del Tango), Wilfredo Fernández, Javier Dulzaides, Kiko Hernán (a quien encontré en Buenos Aires, como cotizado director de teatro), Oscar Lombardo, Manolo Alvarez Mera y Tony Pérez. En la fila delantera, las bellas del grupo: Toty Lavernia, la soprano Zoila Gálvez, Idalmy García, Marian Inclán, Aurora Lincheta, Olga Gutiérrez, y la dulce cancionera de entonces, y gran poetisa de hoy: Margarita Robles.

Todo este grupo de artistas, y los que no figuramos en la foto, luchábamos por lograr lo que conseguimos, gracias al apoyo de Paulina Grau, y el ministro Ascárate y Rosell: los shows en los cines de estreno...

BELLEZAS SENSACIONALES...

No siempre hemos de escribir acerca de las principales figuras del arte nacional cubano, sino que, como saben nuestros asiduos lectores, damos a veces motivo para que nos pregunten sobre la existencia o no, de los artistas mencionados, por lo que nos vemos precisados a responder que sí, que toooodo lo que aquí publicamos se ajusta a la más pura verdad. Como en este caso interesantute de dos preciosas muchachas de la farándula cubana, en los albores revolucionarios, cuando todavía funcionaba de cierta manera la iniciativa de los empresarios cubanos. Estas dos frescas bellezas eran el producto espontáneo de esa cantera inagotable que hacía florecer a verdaderos valores. Eran ellas, las de la foto, Rayito de Sol y Sergia, que llevaban un año actuando en la pista del Bolero Bar, sin tener que marchar en ninguna concentración para conservar su puesto.

En este caso específico, Rayito de Sol, cumplía contrato como solista, y Sergia, la otra resplandeciente trigueña, había acabado de romper su alianza con "Las Remolino", y decidieron formar un dúo, al que bautizaron como "Las Raymores", provocando juicios altamente ponderables entre los concurrentes al Bolero Bar, un pequeño cabaret, que estaba en las calles de Infanta y Xifré.

HABLANDO DE TODO UN POCO, COMO LOS LOCOS...

#El "cuarto de hora" más laaarrrgggggoooo, entre toooooooooddddoooosss los artistas que nos fuímos de Cuba desde el principio del desastre, es el de Celia Cruz. Celia, como el buen vino, sigue tan campante paseándose por la historia, entre aplausos y éxitos, gracias a Dios. Y, a pesar de acumular años parecidos a los de Rosita Fornés, Celia mantiene su rostro fresco y alegre...

Resulta indignante el anuncio del narrador deportivo comiéndose un hot dog, y desparramando desperdicios de su boca mientras habla, recomendando no sé qué. En medio del desatino, se escucha un eructo apagado, como poniéndole la tapa al pomo. Al publicitario le pagaron por semejante cochinada, debían condenarlo a pasar 10 años confinado en un excusado...

Siempre que se habla de la música de ayer, que es como decir la música de siempre, nos viene a la mente el nombre de Ernesto Lecuona, compositor nacido en Guanabacoa en 1895, y muerto en España, en 1963, con la amargura de no haber podido ver a Cuba libre, y sin haber recibido los justos aplausos que, seguramente le hubiese otorgado el público a su obra "El Sombrero de Yarey"... Su "Siboney" le ha dado la vuelta al mundo más veces que el "Apolo". Su "Damisela Encantadora" ha encantado a millones de seres. Su "Malagueña tiene la orignal estructura que la hará perdurar por siempre... No en balde el maestro Manuel de Falla, dijo que "la música popular cubana es única", quizás si apremiado por las inconfundibles notas aportadas al pentagrama mundial por la música de Lecuona, que tiene la gracia criolla y el deje sabroso de un pueblo que merece ser libre...

Diiiiiiice sin razón Viviana
que yo nunca la menciono.
Eso no es muestra de encono
ni prueba de una jarana,
al contrario, en la mañana,
en las tardes y en la noche,
me hago en cálido reproche
esta promesa galana:
recordarás la peruana
con cariño a trochimoche...

REVOLTILLO DE NOTICIAS. ----Cerca de Colón, está la ciudad de Cárdenas, en la cual nació y se desenvolvió nuestro fraterno amigo, José Julio Morales, quien recientemente fue homenajeado, entre otras personalidades, con el Premio Roberto Clemente, otorgado por la Puerta Rican Association for Human Development, por sus valiosos servicios a la comunidad, en Elizabeth, N.J. Merecida distinción.

#Lo del sub-comandante Marcos, luce una campaña publicitaria urdida hábilmente, como para un espectáculo de televisión. Me recuerda la treta usada para intrigar e interesar la curiosidad del público, al empezar los episodios de Chan Li Po, en La Habana, con un reportaje y una fotografía arreglada y preparada, en la que aparecía Aníbal de Mar, y sentado en la misma mesa el mismísimo Chan Li Po. La gente creyó que el detective chino vivía y se había establecido en Cuba. Esto se me ocurre viendo en una entrevista televisada, a Jorge Ramos, el reportero de Univisión, hablando fervorosamente !o Marcos que, "como no se quitó el disfraz o la careta, él ɔ pudo descubrir quién era el "inteligentísimo guerrilleo"...¿?

LA "DULCE VIDA" BAJO EL CASTRISMO

Esta estampa de la Cuba actual, me la ofrece un amigo que fue a ver a su necesitada familia y, desde el ómnibus "turístico" en que lo llevaron a Varadero, tomó esta vista al pasar por la ciudad de Colón, donde puede verse, en primer término, un "ómnibus de la etapa revolucionaria de Castro", impulsado por un potente motor de "un caballo" de fuerza, 4 ruedas con zunchos metálicos, de los que se usaban para las carretillas en ciertos almacenes de víveres, y una capacidad para 10 pasajeros que, a 5 centavos por cabeza, le representan al dueño del bote con ruedas, la respetable suma de 50 centavos, en cada viaje. Esto constituye un rotundo mentís a los que dicen que Castro ha atrasado al país, y que Haití posée mejores transportes que Cuba. Un poco más allá de esta "guagua popular", puede verse un auto del 57, arrumbado junto a un poste, por falta de combustible, demostrando la durabilidad de los carros de aquellos años. Como nota aclaratoria, debe apuntarse que si Castro y sus afines del gobierno se desplazan en Cadillacs y Mercedes, es debido a la imperiosa necesidad de representación, categoría y servicio...

EL CONJUNTO DE ARSENIO RODRÍGUEZ

Esta fotografía very interesantute, del popularísimo Conjunto de Arsenio Rodríguez fue tomada en el mundialmente famoso hotel Waldorf-Astoria, de N.Y., el 16 de agosto de 1958. Y para que comprueben que no estaba integrado por los mismos músicos que Arsenio tenía en Cuba, se los voy a detallar para convencer a los porfiados que discuten sin base ni experiencia. Están de izquierda a derecha: Israel Berrios; Macuchito; Jackson "El Jamaiquino"; Pedro Luis Jackson; Raúl Travieso; Arsenio Rodríguez "el ciego maravilloso"; Israel Travieso "Quique"; James; Reyes; Wito Coltray y Wito "Trompeta"... Todavía Arsenio guardaba grabada la esperanza en esa época de recobrar la visión por medio de una milagrosa operación quirúrgica, pero desdichadamente todo se diluyó en una inútil espera, y Arsenio murió sin poder conseguir que la ciencia le devolviera la vista. Fatalmente hay cosas que la ciencia, con lo adelantada que anda, se ve imposibilitada de conseguir.

Tres sensibles bajas en la farándula nos hacen más solo el camino de este 1997 que apenas comienza: el exitoso compositor y pianista cubano Mario Fernández Porta... Gerardo Macías, primer guitarrista y tercera voz de "Los Guaracheros de Oriente" que dejó de existir en Puerto Rico... y, Joaquín González, esposo y compañero artístico de Tongolele, fallecido en México... Por su eterno descanso, rogamos a Dios... Angela Carrasco dice en la revista "Estrellas" que vendió más discos que Camilo Sesto y Julio Iglesias juntos. !Sageraaaaadddddaaaaa....!

VERANO DE 1993

Salvador Levy como Cándido de Gamboa en Cecilia Valdés

Lo vimos actuar —no hace mucho— en la alta comedia "Una Huésped en Navidad" junto a Griselda Noguera y Margarita Coego en la sala-teatro Casanova. Huelga decir que esa obra, bajo la dirección de María Julia Casanova, encantó a cuantos la vieron...

Salvador Levy, desde un escenario, se impone como uno de los actores más distinguidos y recordados de nuestra Cuba de ayer. Fue de veras, muy agradable su retorno artístico ante el público de Miami...

Ahora, los designios del azar reúnen nuevamente al señor Levy y a la señora Noguera para los papeles de Don Cándido de Gamboa y su esposa Doña Rosa, en la inmortal obra de Cirilo Villaverde que, en homenaje al cuadraguésimo aniversario de "DIARIO LAS AMERICAS", presentará Grateli el sábado 31 y el domingo primero de agosto en el Dade County Auditorium.

— El papel de Don Cándido de Gamboa —manifiesta nuestro entrevistado— posee una gran fuerza dramática. Es un personaje que retrata a un hombre muy duro, muy recto... ¡un hombre de honor! aunque tuvo una juventud bastante alocada. Me he identificado con esa caracterización y estoy muy satisfecho de compartir esa responsabilidad dentro del hogar de los Gamboa, con una actriz tan extraordinaria como Griselda Noguera, que está sensacional en la personificación de Rosa, mi esposa... Ella es la madre tierna y suave de nuestro hijo Leonardo... Yo en cambio, me asomo al lado opuesto. Soy un padre que nunca sonríe, debido a las circunstancias.

Salvador Levy está muy entusiasmado con esta esperada puesta en escena que ya no tarda... —Gonzalo Rodríguez tiene toda mi admiración. Un director irreprochable... Siendo tan joven, sus proyectos y conceptos sobre todo tipo de obra teatral, ya lo señalan como un maestro de muchos años de estudios y experiencia. Esta "Cecilia Valdés" que es la misma Cecilia Valdés, tiene un solo cambio para asombro y admiración de todos. Y esto es ¡el marco! no el fondo que ha sido respetado desde el comienzo al fin... Los artistas —finaliza— estamos muy complacidos con la labor de Gonzalo.

Salvador Levy le dio a Cuba grandes honores como actor y cantante. También los recibió él. En el año 1954 obtuvo el galardón de "Mister Television". Mantuvo con gran éxito el Programa Colgate, al lado de nuestra Diva Marta Pérez, por el Canal 6 de CMQ-TV, los viernes a las ocho de la noche. Más de seis programas (¡en vivo!) por la pantalla chica ¡todas las semanas!... Y más de diez novelas radiales, cada día. Triunfó igualmente como cantante. Perteneció al romántico grupo del **Feeling**.

— Hoy —expresa entre risueño y melancólico— descargo mi feeling en mi casa, junto a mi esposa, mi familia y amistades... Y de la vida no espero más que los planes que Dios me ordene...

RIFLE...XIONES

*-- Ahora, se ha puesto de moda un anuncio en la radio "para activar la circulación". (Debe ser la circulación del dinero hacia el bolsillo de los dueños del laboratorio).

*-- Dice el viejo refrán que "el cliente sieeeempre tiene la razón". Bueno, ¿y si es un loco...?

*-- Con lo caras que están las medicinas, las autoridades debían exigir a los anestesistas que, además de darles anestesia a los pacientes que van a operar, se la dieran también cuando les pasan la cuenta...

*-- El whisky no cura el catarro, pero... ¡qué alegres los pasamos!

*-- Lo que más nos preocupa del catarro que tienen los amigos, es el contagioooo...

*-- Por muuucho que los hombres afirmemos que estamos delante de las mujeres, sieeemmmpreee estaremos detrás de ellas...

OOOOOtro Cantar:

> Canta muy mal Doroteo
> pero empeñado en cantar
> pone al público a roncar
> en los brazos de Morfeo...

FERNANDO ALBUERNE
EN "EL SHOW DE LOS GRANDES"

Esta foto, tomada por Lucy Licea, pertenece al emocionante momento, durante "El Show de los Grandes", de 1986, en el Dade County Auditorium de Miami, cuando le entregábamos al aplaudido cantante Fernando Albuerne "La Voz Más Linda de Cuba", un Oscar Latino, por su cadena de triunfos a través de muchos años y muchos países. Fue una de las últimas apariciones públicas de Fernando Albuerne, una de las grandes figuras de la farándula cubana.

REVOLTILLO DE NOTICIAS

Revoltillo de Noticias.-- Esteban Lamela y Bebo Estrada, jugaron basket ball en Camagüey, y se prodigan mutuos elogios deportivos en la última sesión de la junta directiva del Colegio Nacional de Periodistas de Cuba en el Exilio. Por cierto, debemos reconocer la valiosa labor patriótica de Lamela, haciendo recordación fehaciente del aporte de los cubanos al auge de la Florida. Es algo obviamente reconocido por todos, menos por los envidiosos.--- -- También en Puerto Rico, la Fundación Antonio J. Molina sigue publicando "Papeles Cubanos Para La Historia", que envía a bibliotecas, universidades, archivos de América y Europa. Los que tengan escritos o copias de documentos sobre Cuba, antiguos o contemporáneos, pueden enviarlos a: Fundación Antonio J. Molina, Apartado Postal 902-4217, San Juan de Puerto Rico, 00902-4217.--- Y, ahora afino la péndola para escribir de las plicas del concurso de 1999, en la Sociedad Cultural Santa Cecilia, con artistas invitados: Maestro Héctor García (guitarra clásica), Jessie Cruz (guitarra clásica), Irene Batle (cantante), Pedro Bergon (pianista), Elizabeth Torres (poetisa).--- Afino el paladar para saborear una lata de Kirby.--- Recibo desde New Orleans, LA. la acostumbrada y cariñosa felicitación navideña, de mi querido y nunca bien ponderado amigo y compañero de labores radiales y televisivas, José (Pepe) Barturen (Bartender). Su carta, plagada de ingeniosidades y buen fablar, nos lleva el pensamiento hasta la Cuba generosa que nos calorizó en proyectos y realizaciones en el caserón que albergó los estudios de la CMBF, Canal 4 de Televisión Nacional. Amigo incomparable, Pepe Barturen, llegue hasta tu acogedora casita de la calle Cortez Sur, en New Orleans, el aprecio inconmensurable de quien será siempre tu amigo.---

¿LO MEREZCO? ¡LO AGRADEZCO!

El pasado domingo 19 de noviembre de este 1989, numerosísimos placeteños, y otros que sin haber nacido allí llenaron un amplio salón en Miami, para congratularme, pueden tener la seguridad de que les guardo el más grande de agradecimientos. Tanto por la emoción que me regalaron, como por lo espontáneo que fue.

Confieso sentirme sumamente halagado, siempre que algún reconocimiento me ha sido otorgado, y este acuerdo de la Junta Directiva del Municipio del Placetas en el Exilio, plasmado en un hermoso Diploma, me llena de sano orgullo, porque me ratifican como "Hijo Distinguido", título que tan regocijadamente había recogido yo, allá en nuestra querida Villa de los Laureles el 20 de mayo de 1943, agregándole ahora, el honroso título de "Presidente de Honor".

Un grupo de artistas, fraternos afectos, fueron a dar brillantez al acto: Fernando Albuerne, acompañado de su hermana Nena; Manolo Coego y su esposa Cristina; Chamaco García y su esposa Lucy; Rolando Ochoa y su esposa Pepa Berrio; Ebert Pérez (los he puesto por orden alfabético), un grupo de verdaderos amigos, como Daniel Soler y su esposa Onelia (dueños del Lote de Carros de 32 avenida y Calle 8), Jesús Santana y su esposa Lilia (dueños de las tiendas Lorraine), y la Directiva, casi en pleno, del Colegio Nacional de Periodistas de Cuba.

Uno de los puntos luminosos de esa tarde, inolvidable para mí, fueron las palabras pronunciadas por Laurentino Rodríguez, Decano Eminente, referentes a nuestra amada Patria. Y, en lo que se refiere a mi modesta persona, me llegó profundo al señalar entre los elocuentes párrafos de su discurso: "**Amigo Rosendo Rosell, tienes que llevarte esta tarde, junto a tu amada esposa Martha, compañera total de tus triunfos y tus luchas, el orgullo de tener tantos amigos...**" Martha recibió la expresión de ese cariño y amistad en un ramo de preciosas rosas.

HOMENAJE A LOS PLACETEÑOS

Tuvimos el concurso de Wilfredo Gort en el acto señalado, quien recogió en la foto de arriba, este grupo, formado por Laurentino Rodríguez, Mabel García de Bartlet, Rafael Mena, Hugo Lleonart, Este Pobre Cura, Lelé Alberich de Chao, Presidenta del Municipio de Placetas, Dr. Roberto Pérez Fernández, Decano actual de los Periodistas cubanos, Willy del Pino, Secretario Ejecutivo y Amado Bastos.

Un cariñoso Diploma de Honor, nos fue conferido por los ex presos Políticos Placeteños, vecinos de Miami, Pablo López Capestany, José López Sainz, Marino Pérez Pérez, Juan A. Neyra, Antonio Montesino, Francisco Martell, Pablo Pérez, Ciprian Pérez, Ramón Quesada Gómez, Jesús González Crespo, Tirso Rojas, Alberto Rojas Vigistain, Florencio Vidal, Manuel García, Jesús Pérez Prado, Francisco Suárez Pérez, Roberto Martín Pérez, Robustiano Travancos, Lucas Espinosa, Orlando Cepeda, Alberto Arcia, Rafael Pérez y Leopoldo Aviñó.

La Directiva del Municipio nos obsequió también con una elegante estilográfica Meisterstück, y Elsa Bartlet Blanco con un precioso óleo de paisaje cubano, donde un flamboyán florecido me recuerda a Placetas constantemente, sin que lo pueda impedir su ubicación en la playa miamense.

A toooooooodos agradezco por igual esta distinción y su presencia en el nutrido acto, un poquitín más extendido para los que se desplazaron desde Texas, Puerto Rico, Tampa, New Jersey, y otros lugares. Demostración de tanto afecto ¿la merezco?... No sé, pero la agradezcoooooooooooooooooo...

REUNIÓN DE ARTISTAS CUBANOS EN NEW YORK

He aquí una foto de una riqueza artística tremenda. Fue tomada a principios de la década del 60, cuando este laaaaarrrrgo exilio empezaba a crecer, en una cordial reunión convocada por Eduardo Davidson en Nueva York, en honor de la Virgen de Regla, en la que vemos a figuras de la talla de Zoraida Marrero, Maruja González, Margarita Lecuona, Baserva Soler, Hilda Lee, Carlos Cantón, Morán Mariño, Javier Dulzaides, y naturalmente, el anfitrión Eduardo Davidson, autor de La Pachanga, Yo volveré y otros hits.

Por cierto, esta es una de tantas gráficas que se reproducen en el recién salido libro del maestro Baserva Soler, titulado "Cuatro Décadas de un Pianista en el Exilio". En el cual Baserva Soler, cuenta de su fructífera actividad, tanto en Nueva York, como en Miami, y otros puntos geográficos interesantes, y donde menciona a tantos y tantos artistas, cantantes y músicos, con los cuales ha compartido aplausos... Baserva Soler habla en su libro de muchas cosas interesantes, y entre ellas, de "Las Noches Cubanas" nada menos que en el Carnegie Hall de Nueva York, conocido como "El Templo Mundial de la Fama", Y... ¿me permiten decirles algo? Este guajirito de Placetas, tuvo la suerte y el honor de debutar en Nueva York en ese templo del arte, junto a un grupo monumental de estrellas, como Celia Cruz, Aida Pujol, Baserva Soler, Eduardo Davidson, Estelita Santaló, Eulogio Peraza, Enrique de la Torre, Gloria Díaz, Gisela García, Hilda Lee, Hermanitas Pérez, Orquesta de "Machito", con Mario Bauzá, Orquesta Belisario López, Otto Sirgo, María R. Ankerman, Marta Pérez, Marta Casañas, Mirta de la Uz, Rosendo Rosell, Raquel Mata, Roberto Ledesma, Tito Hernández, Willie y Guille, Yayo El Indio, Zoraida Marrero. He puesto los nombres tal como fueron impresos en el programa, en un orden al-fa-bé-ti-coo (no sé dónde aprendería gramática el que lo hizo). En fin que lo importantute era comentar el hecho. El monumental show, bajo la empresa de Dieguieto González y Mario Agüero, tuvo lugar el 2 de febrero de 1962, y el programa es una de las tantas satisfacciones que Martha ha tenido la fina y asidua atención de guardar en unos cuantos libracos, llamados "scrapp-books".

¡AY, LAS COSAS QUE PASARON EN AQUEL 1959..!

Los que teníamos ojos para ver, y mente sin vacaciones, en aquel año de estreno, nos dábamos temprana cuenta de que a los cubanos nos la habían puesto en China, como solíamos decir. Nos asombrábamos también, hasta con cierta indignación, viendo a muchos compañeros de trabajo que se ponían, con alegría y entusiasmo, el dogal al cuello. Ellos, que taaaannnto habían criticado a los "casquitos", que realizaban labores militares por 30 pesos mensuales en el gobierno de Batista, ahora se agenciaban su merienda para ir a marchar de gratis, repitiendo la lección dictada: Un... Dos... Tres... Cuatro... Comiendo Mi...l de abejas... Y Rompiendo zapatos...

Personas que trabajaban cobrando sueldos decorosos, ahora se encaramaban en camiones sin toldo, a pleno resisterio del sol, para ir a recoger café, cortar caña o pintar las aceras de La Habana... para hacerle buena impresión al "compañero" Sukarno, o cualquier otro. ¡Cuántos papelazos presenciamos, mientras éramos tildados de "gusanos" o contrarrevolucionarios, por el hecho de resistirnos a marchar en la milicia, y no recoger nada más que la basura... en casa.

Mientras tanto, en la radio, la guataquería de los "guatacosaurios" nos hacía escuchar "Soy el Alma de Fidel", un disco grabado por Ramón Veloz, resaltando entre las múltiples versiones del bolero "Total", que el verdadero gusto popular puso de moda.

"Total", de Ricardo García Perdomo, exiliado y más tarde fallecido en Miami, se escuchaba constantemente por Lucho Gatica, Celio González con la Sonora Matancera, Berta Dupuy, Fernando Alvarez, Arty Valdés con su Grupo, Luis Santí y su conjunto, Ñico Membiela, y una grabación exquisitamente bella, en la voz de Fernando Albuerne. Yo, haciéndome eco de aquel lindo bolero, me dije: Total, este tabaco revolucionario, que se lo fumen los que lo aplauden... ¡Y rajééééé!

LA TRAICIÓN A MANOLO FERNÁNDEZ PRESIDENTE DE LOS ARTISTAS

Esta histórica foto nos recuerda ooootro de los injustos desatinos del recién estrenado gobierno revolucionario (todavía no se había declarado comunista, pero enseñaba la oreja). Ahi ven a David Salvador, líder de la CTC revolucionaria, planteando en fogoso discurso la inhabilitación por 10 años de Manolo Fernández, que había sido electo Presidente de la Asociación de Artistas, contra el viento y la marea roja. Enseguida le buscaron las cosquillas, cuando El Caballero del Tango acudió como delegado al X Congreso Obrero de la CTC Revolucionaria, en la que se le fustigó por su "*conducta contra-revolucionaria*". Días después, la Central Sindical lo inhabilitó como dirigente obrero y en consecuencia como Presidente de la ACAT (Asociación de Artistas) al conceptuársele vinculado al régimen de Batista, por haber saludado una vez al general, etc, etc.

Llevado el asunto a una asamblea general de artistas en el teatro Martí, el domingo 13 de diciembre, en un ambiente de histeria y alta tensión, con asistencia del pleno de la CTC, la propia directiva se sumó al acuerdo (¡Que vergüenzaaaa!), poniéndose frente a Manolito Fernández, disponiéndose de-fi-ni-ti-va-men-teeee su Inhabilitación por 10 años... Al momento de imponer la arbitraria sanción Ya Manolo había abandonado el teatro, acompañado de un grupo de amigos leales. Dos días después Manolo Fernández se acogió al derecho de asilo en la Embajada de Chile en La Habana. Y el día 22, renunció al asilo, dirigiéndose por vía aérea hacia Caracas, Venezuela...

En la vieja sala del teatro Martí quedaban tristes recuerdos de esta encerrona caricaturesca, con borrosas imágenes, como la del actor Gaspar de Santelices encaramado en una banqueta del piano como improvisada tribuna, lanzando sapos y culebras. Y no sólo Santelices, otros y otras "compañeras que bien bailan, y que hace tiempo viven disfrutando bienandanzas de este "Imperialismo Yankee", taaannnn combatido, y taaannnn deseadoooo... Así se ha escrito parte de la Historiaaaaaa...

FOTO DESCOLORIDA
EN EL HIPÓDROMO DE MARIANAO

Esta viejíííílísima y descolorida foto es de 1945, cuando Silvio y yo, éramos jovencííííísimos. La vista la tomó Nemo en el hipódromo de Oriental Park, y la publico recordando un plan turístico que propuso el recordado amigo, empresario del teatro Payret, Charles Pemberton, para atraer turismo internacional, poniendo en primer término a aquel centro hípico de Marianao. Proponía Pemberton crear premios más jugosos, y promotear peleas de boxeo con discusión de campeonatos mundiales, además de presentaciones teatrales que compitieran con las mejores del mundo. Es lamentable y contrastante aquel propósito razonable y decente, con la desfachatez actual del gobierno castrista, anunciando a los 4 vientos el "jineteo" y las "jineteras", como atractivo nacional. ¡Qué rebajamiento bochornoso!

JUAN CHARRASQUEADO...

"JUAN CHARRASQUEADO"

Hubo en La Habana varios personajes, populares unos, y populacheros, otros, pero inofensivos al tiempo que decorativos en las familiares calles de la capital. ¿Quién no recuerda al legendario Caballero de París? ¿Quién osaría desconocer el colorido que daba a la ciudad la presencia y los dicharachos de "La Marquesa"? ¿Podría algún mortal de los tiempos buenos, ignorar el paso ruidoso de "Bigote E Gato? ¿Qué personaje de la política no sufrió los embates interesados del "Cojo De La Bocina"...? De Juan Bacallao habría que recordar sonriendo, sus oportunas y simpáticas contestaciones... De "Juan Charrasqueado" (que está aquí, gracias al lápiz certero de Silvio) recordamos sus disparatas coplas y su destartalada guitarrita. En fin, son muchas más las figuras, no por humildes menos dignas de recordarse, ya que forman parte del acervo de nobles recuerdos que guardamos con inmenso cariño en el cofre de nuestro corazón. Por eso, repito: ¡Qué bonito, pero qué boniiiiiittttooo es recordaaaaarrrr..!

PATETICA FOTO EN EL MALECÓN

"Estas imágenes fueron tomadas durante mi primer viaje de regreso a Cuba después de 29 años en el cual fui acompañado por mi compañero Tico Torres. Nací en La Habana y salí de Cuba a los 7 años por los Vuelos de la Libertad. Este viaje fue una experiencia muy emotiva para mí, porque es un lugar mencionado constantemente por mis padres durante mi niñez. Ellos siempre decían que La Habana era algo mágico y ahora, después de verlo por mí mismo, sé que todo lo que mis padres decían era verdad. Es una ciudad bella, quizás una de las más bellas que he visto en mi vida. Pero está en un estado de destrucción tan avanzado, que muchas partes parecen una zona bombardeada, con la excepción de que en La Habana no han caído bombas, solamente 40 años de descuido (de descuido y mala intención, agrego yo). Esto, por supuesto, me partió el corazón. Yo quise regresar con mi mente abierta, tratando de no tener prejuicios, y a documentar las personas que conocí y las cosas que hice. Fui como cubano, no como turista, porque los turistas tienen la tendencia de ver el lado romántico de las cosas. Visité a mi familia que todavía está en Cuba y logré ver la realidad de la situación. Por esa razón mis imágenes no tienen aspecto turístico, pero sí enseñan la realidad vista por mis ojos y por mi lente. Ví a la ciudad en muchos niveles diferentes, conociendo desde travestis y jineteros, hasta la que fue querida de Fidel Castro.

Después de tomar 121 rollos de películas, tuve que sacarlos clandestinamente del país. Durante mi viaje mi mente no estaba captando las imágenes que tomé, pero cuando regresé a los Estados Unidos y empecé a editar los rollos de película, me dí cuenta de la importancia de todo lo que había visto. Estas fotos captan un momento específico en la historia de Cuba y es un documento de mi aventura en La Habana. --Alexis Rodríguez-Duarte".

Las fotos me las envía "José Alonso Fine Arts, Inc." y publico ésta, para recordar las trovas del máximo infundioso y paparruchero... Antes, las gentes del pueblo podían bañarse en cualquier playa: Marianao, Santa Fe, Jaimanitas, Guanabo, Varadero... Ahora, gracias al "milagro" socialista, esta es la "playa" que le dan a los niños de Cuba; el deteriorado muro del malecón, lo que me obliga a cambiar la frase, y digo: ¡Qué doloroso, pero qué doloroso es recooooorrrrddddaaaarrrrrr!...

DISCO DE ORO

Esta foto adulta de Gort, hecha el 28 de julio de 1972, en los salones del Holiday Inn, en la 36 Calle y 42 Avenida de Miami, recoge a unos cuantos amigos de los que se congregaron allí ese día, para festejar la entrega por la empresa de los Discos Modiner, del segundo Disco de Oro a Este Pobre Cura, basado en las ventas del Elepé "Rosendo Rosell en Puerto Rico". Estamos en la foto, el perínclito Luis Sabines, presidente de la CAMACOL; Mr. Milander, entonces Alcalde de Hialeah; el banquero Carlos Arboleya; un servidor, y John González, secretario del Alcalde. No se veía entonces ni una sola cana que destiñera la fotografía... ¡Qué boniiiitttoooo es Recordaaaaarrrr...

LA GRANDEZA DE LA RADIO CUBANA

Esta calificación alcanza o abarca las décadas del 30, 40 y 50, período bien dotado de eficiente disciplina, talento creativo, y respeto a la moral. Se hacía arte por el arte, sin sacrificarlo por dinero. El afán mercantil, lo había, era calmado y normal. Pero, como el título es grande y el espacio limitado, me circunscribo a sólo un hito de los muchos citables: el de la presentación de la gran diva mundial Lily Pons, estrella entonces del Metropolitan Opera House.

Los aficionados conocen que esta archifamosa soprano coloratura francesa, nacionalizada norteamericana, reinó por 25 largos años, inmediatamente después de Amelita Galli Cursi, pero leí una vez la crítica de un conocedor afamado que "ninguna cantante excepto María Callas ha llenado tan glamorosamente el título de prima donna, como Lily Pons". Quizás la aseveración puede haber sido algo abultada, aunque nos sirve para el planteamiento de lo que deseamos expresar.

Esta maravillosa soprano del Metropolitan, del Cine Hollywoodense, y los mejores discos, fue presentada en Cuba por una de las Sociedades Musicales que existían antes de la presente, lamentable situación y, consecuentemente por la radio cubana. En este caso, por la RHC-Cadena Azul de Amado Trinidad y el Ing. Cristóbal Díaz.

Tan importante suceso se produjo en el estudio Azul de la emisora, y tuve yo la suerte de estar allí, junto al inmenso y cultísimo Pablo Medina, de gratísima recordación, en aquel programa que honraba a la radiodifusión de nuestro país. Pablo, a cuyo cargo estaba la responsabilidad de la presentación, habló doctamente de la creación que hacía Lily Pons de la Mad Scene en Lucía de Lammennoor, del obligado con la flauta, sorprendente y encantador, extendiéndose en otros casi exclusivos pormenores que tanto impresionaban en aquella singular artista, desde sus comienzos en Francia, allá por 1927.

Aquella noche recordé mis inicios radiales en la COCO y CMCK, cuyo propietario y director, el capitán Luis Casas Romero, tanto se esforzaba por culturizar al pueblo brindándole programas selectos, aunque populares (valga la aparente contradicción), en conciertos con voces, músicos, e intérpretes de los mejores.

Como corolario, lamento confesar que la radio y la televisión actuales carecen de esa preocupación tan saludable y hermosa para lograr la superación social e intelectual. Qué lástima...

LILY PONS EN LA HABANA

Esta foto reproduce una caracterización operática de la exquisita soprano Lily Pons, en alguna de las arias de Mozart, Donizetti, Verdi, Mayerbeer, Delives o Rimsky Korsakoff, que ella dominaba a la perfección. Para ella, y para la radio cubana de los tiempos republicanos, vaya un masivo aplauso de recordación y respeto...

JUANA BACALLAO EN "LOS TRONCOS"

Esta histórica foto de 1959, presenta entre otras, a una figura simpatiquísima que deambulaba por los lugares donde se reunían los artistas, y que yo tuve la oportunidad y el deseo de ayudar a presentarse en un primer escenario profesional. Iba mucho a la RH-Cadena Azul de Amado Trinidad, diciéndome en su gracioso lenguaje popular: --"Oye, Blanquito, ¿cuándo me vas a dar un chance...?". Y, al fin, tuve la feliz ocasión de presentarla en el escenario del teatro Radiocine, en un show del periódico "El País", que regalaba residencias amuebladas cada mes, entre sus suscriptores, además de un periódico muy bien informado. Con el sorteo se hacía un espectáculo, y ahí pude incluir a Juana Bacallao, una inquieta muchachita sepia, en un diálogo que escribí e interpreté con ella. Su natural gracejo y sus ganas de ser artista, lograron su propósito, y aquí la vemos en la foto, ya convertida en "vedette", trabajando en "Los Troncos", una "boite" estilo francés que, en 1959, estuvo situada en Galiano 115, entre Animas y Trocadero, que funcionaba en planta baja y mezzanine, con la novedad de que su dueño recitaba los versos de su propia cosecha. En la foto están los artistas de aquel show: El pianista Carlos Guerra, Juana Bacallao, el dueño-artista, Tomás E. Fundora, la cancionera Inés María, y el aplaudido cantante Tony Curbelo.

LO QUE QUEDA DE LA RHC CADENA AZUL

¡Bendito sea Dios! ¿Ustedes piensan que ésta es una desastrosa escena de Kosovo después de un bombardeo? Pues, nada de eso; se trata de un escenario compuesto por edificios muertos en pleno Paseo del Prado de la capital cubana, gracias a la "construcción destructiva" del desastre comunista de Fidel Castro.

Los que conocieron la esplendente Habana nuestra, llorarán como yo la estúpida destrucción rabiosa de resentidos y envidiosos que tooooodo lo que tocan, como si fueran Midas al revés, lo destrozan.

El más chamuscado en la foto que ven, es el edificio del Noticiario Nacional Cinematográfico de Manolo Alonso, a su lado izquierdo, una gruesa columna de donde estaba "Radio OShea" tan bien construido y pintado que ha podido atravesar estos 40 años de depredación, conservando un desvaído color de lo que fue...

Al otro lado, todavía negándose a caer, lo que era una reluciente construcción sólida y fuerte, donde se ubicaban los flamantes estudios de la RHC-Cadena Azul de Cuba, hoy convertida por la insania de Fidel y sus compinches, en una triste ruina. Y que haya países que todavía sus representativos se dejen embaucar por la palabrería fatua y vacía, de los falsísimos apóstoles de la mentira, la audacia, el odio, la ambición y la envidia...

LO QUE FUE LA RHC CADENA AZUL

En fechas pasadas, aunque recientes, publiqué la foto del edificio de RHC-Cadena Azul de Cuba, junto al del Noticiario Nacional de Manolo Alonso, hechos una lamentable ruina por la vesania del funesto castrismo, sin medir la expectación e interés que despertó en mis amigos lectores. Es que la estéril furia con que maltratan a nuestra triunfadora Cuba de ayer, le hace tratar de dejar morir recuerdos positivos del esplendor cubano. Debajo del sombrío caserón abandonado cuya foto publiqué, esta el flamante edificio contenido en uno de mis libros sobre la farándula de Cuba, y dentro del mismo ¿está? este moderno estudio que ven en la foto de arriba: el estudio-teatro "Miguel Gabriel", por donde pasaron las más relucientes estrellas nacionales e internacionales de la época, y donde tuve el placer de trabajar durante más de 10 años. Son muestras imborrables de la patria acogedora y progresista, que ellos jamás podrán borrar, porque pertenecen a la Cuba eterna...

La internacionalmente famosa "La Bella Chelito", nació en Placetas, como Consuelo Portela, nacida en 1880 y fallecida en Madrid, en 1960. Debutó en Barcelona en el teatro Onofride y por siete años fue en Madrid la reina indiscutible del Chantecler. La Bella Chelito aparece en el Diccionario de Mujeres Célebres de Espasa-Calpe de 1998, y será incluida, ¿cómo no?, en el libro "Mujeres Cubanas", en el que trabaja incansablemente Antonio J. Molina, recogiendo los rasgos interesantes de mujeres cubanas de vidas sobresalientes, y donde aparecerá La Tula, negra criolla, también de Placetas, la que, con sus hermanas organizaban unos "toques de Santos" a los que acudían muchas personas del pueblo, siendo muy populares y queridas.

EL PRIMER PROGRAMA CÓMICO
CON GARRIDO Y PIÑERO

Saco a la luz esta viejíííísima foto de archivo, porque la misma recoge el debut en televisión de aquellos inolvidables cómicos cubanos, Garrido y Piñero, bien llamados "Los Reyes de la Risa", la celebrada actriz Hada Béjar, y Este Pobre Cura que pergeña. Fue el debut oficial, ya que éste fue el primero que hicimos en Televisión Nacional, Canal 4, desde los estudios situados en Estrella y Plasencia. Los libretos de esta serie los escribía el sagaz autor y actor, Alvarito Suárez. Es lástima que no hayan quedado videos de estos programas que podrían competir cómodamente con los que se hacen hoy con muchísimos más recursos y ventajosos inventos electrónicos...

¡CORCHOLIS! COMO AVANZABA CUBA...

La industria cubana crecía continuamente, y Cuba se autoabastecía sin encharcarse en deudas exorbitantes, como viene sucediendo desde hace 40 fatídicos años. Una de las taaaannntas pruebas al canto, es este facsímil que publicamos arriba, anunciando a "Córcholis", uno de los varios aceites que se fabricaban en el país. Este producto no era de una de las compañías mas fuertes y, sin embargo, competía libremente con los demás, ofreciendo en un concurso, en 1954, refrigeradores Crosley, radios Motorola, bicicletas Trophy-Monarch (sin que hubiera que traerlas de China), saleros, pimenteros, utensilios de cocina, etc. Era aceite puro de Maní, con sabor a oliva, fabricado por Freire, Diez y CO., en Tercera y Meireles, Reparto Rosalía, en Guanabacoa, de donde era alcalde el desaparecido amigo Lolo Villalobos. Cuba nunca fue un pueblo arrodillado como lo han puesto los farsantes que lo desgobiernan. Fue un pueblo emprendedor y progresista que se situó a la cabeza en la marcha mundial. ¡Qué boniiiiittttoooo es recordaaaaaarrrrr!

EL REY DEL DANZÓN

Para calmar opiniones y evitar discusiones, les diré a los amigos que preguntan acerca de "la mejor pareja cubana de bailes", que ésa es una labor que jamás gozaría de una absoluta aceptación. No obstante, hay una mayoría opinante hacia "Ana Gloria y Rolando", por su laaaaarga trayectoria en "Tropicana", teatros y cabarets, así como en la televisión. Otros, opinan que la pareja estuvo más balanceada con Raquel Maceda, y los hay que piensan en el dúo con Nancy Morén, o con Rosita. En fin, que también hubo otras parejitas que tenían lo suyo, como la de Marta y Chekis, René y Estela. Cristina e Israel, Los Cubarumba, "René y Kuky", Julio Richards y Carmita Ortíz", o esta pareja que ven en la foto de arriba: "Elpidio y Margot", cuya especialidad era el danzón. Y, honestamente, creo que dominaron a tal punto el ritmo que eternizó Romeu con los trinos de Barbarito, que pueden titularse como "los reyes del danzón". Aquí los recordamos en aquellas temporada del cabaret Montmartre, de los Pertierra, haciendo filigranas elegantes para el público ídem, que asistía cada noche.

MARTA VÉLIZ, "LA MENEÍTO"...

Hago un paréntesis deliciosamente fotográfico para olvidar mi escayola, y recordar a la monumental Marta Véliz, no como la "Meneíto", sino como solista en uno de los momentos culminantes de su danza oriental, tomada en brazos por uno de los bailarines en una soberbia producción del recordado y elegante cabaret Montmartre, en nuestra inolvidable y feliz Habana de antes.

Y, ahora, permítanme dar gracias al Dr. Manuel Alzugaray, tan buen médico como persona, y admirable como Presidente del Miami Medical Team, grupo que no cesa de llevar consuelo, servicios, medicinas y apoyo, no sólo a los cubanos, así como a muchos pueblos hermanos. Acabamos de contar 58 grandes cajas de juguetes para ser llevadas a los niños de Nicaragua. Nosotros hemos acompañado al Dr. Alzugaray y el Miami Medical Team en algunas de estas misiones, y hemos visto y comprobado su altruista dedicación y trabajo sincero.

CON MARIO BARRAL Y ROBERTO PERTIERRA EN EL RECUERDO

En aquellos tiempos, llenos de ilusiones, éramos incapaces de pensar en las despedidas finales como las que se repiten porfiadamente en este ya poroso exilio. En recientes días pasados, se nos fueron amigos irreparables: Roberto Pertierra y Mario Barral. Amigos en propósitos artísticos y sociales, con los que ya no podremos contar nunca más. Roberto fue el de la eterna y confiable sonrisa, y Mario el creativo e inquieto compañero de radio, teatro y televisión. La fotografía que mostramos arriba nos la tomaron hace 58 años, mientras realizábamos un programa episódico-novelesco, en los estudios tan queridos de la RHC-Cadena Azul de Amado Trinidad. Desde allí, Mario Barral emprendió distintas y fructíferas empresas: Fue el primer secretario de la famosa "Tremenda Corte", escribió varias obras de teatro, entre ellas "La Sonata Inconclusa", que tuvimos la suerte de estrenar, protagonizándola junto a la primera actriz Felisa Amelivia, en el Principal de la Comedia, de La Habana de antes. Fue Mario director en Panamá de RPC, de Carlos Eleta Almarán. Fue director de la película "Con el Deseo en los Dedos". Dirigió teatro en Nueva York, donde hizo gala también de sus cualidades como recitador. Recorrió la América como actor de la famosa Compañía Teatral de Eugenia Zúffoli. Dirigió por varios años la programación radial de la CMQ de Cuba. También estuvo al frente de las relaciones públicas en el Canal 23 de TV, en Miami, y fue director de aquel espectáculo de Eduardo Davidson en un teatro neoyorkino, donde re=al-men-teeee debutó como actriz la gran Celia Cruz. En Miami, dirigió la tele-novela (creo que la primera que se hizo aquí), "Santa Bárbara" que protagonizó la bien conocida Lilia Lazo. En fin, su labor fue larga y fructífera, como patriótica y brillante la de Roberto Pertierra, que durante los años luminosos de nuestra querida Habana, fue el insustituible director social del inolvidable Cabaret "MOntmartre", y últimamente MaitreD del exitoso y concurrido restaurante "Versalles". Roberto Pertierra fue un valiente integrante de la Brigada 2506, habiéndose comportado con la gallardía y entereza con que siempre vivió. Ambos mantuvieron tenazmente la idea de su regreso a una Cuba libre que fatalmente impidió la muerte. Que descansen en paz.

RECORDANDO A "FIN DE SIGLO"

He aquí el Nuevo Fin de Siglo que estamos edificando para Usted

Este anuncio se publicó en los periódicos habaneros en 1951, adelantando la terminación del elegante edificio, construido por los legítimos dueños de la tienda "Fin de Siglo", en la concurrida calle de San Rafael, en aquella bulliciosa e indulgente Habana nuestra, que continuaba superándose y subiendo, sin que tuvieran que levantarle ningún embargo... Hay que ver en lo que la llamada "revolución" ha convertido aquella tienda suntuosa que, apenas 9 años antes del comienzo del desastre, construía este imponente edificio para atractivo de su clientela y bienestar de sus empleadas y empleados. Como pueden ver el lema del anuncio reza: "He aquí el nuevo Fin de Siglo que Estamos edificando Para Usted", refiriéndose al público, pero resultó para los nuevos Zares del Despojo...

LECUONA Y EL DIA DE LOS PADRES

Las cosas tienen relación, muchas veces de manera misteriosa; y el reciente Día de los Padres, sucedió algo para mi, sino esotérico, sí llamativamente curioso. Tenía proyectado escribir sobre un determinado tema que cedió su turno a Lecuona no más llegar a la casa de nuestra familia. Nuestra hija Martica nos salió al encuentro con dos regalitos por la celebración de la fecha. El primero, un pull-over marcado con recuerdos de Tarará Yacht Club, y el segundo un fino envoltorio conteniendo la colección de "CDs," con toda la música de Ernesto Lecuona, interpretada por el virtuoso pianista Thomas Tirino, con la Polish National Radio Sinphony Orchestra & Silesian Philarmonic Corus, conducido por Michael Bartos. ¡Qué maravilla!

En cuanto los escuchamos nos invadió el deseo de cumplir un compromiso que nadie más que el gusto por el buen arte, nos había pedido. Y nos dijimos: De este gran señor de la música, tenemos que decir algo, aunque ya muchas veces hemos dicho bastante, pero nunca lo que su inmenso talento e inagotable inspiración, merecen. Y lo recordamos en su sencilla grandeza, cuando una vez, contestando a preguntas del periodista Arturo Ramírez, dijo: --"Fui artista dedicado seriamente a la música "seria" de piano, clásica y moderna, a pesar de hacer música de revistas y cosas cubanas. Un complejo motivó ese desplazamiento. Veré si puedo explicarme claramente... Advertí que mi lucha, par universalizarme como estricto concertista de piano, iba a ser terrible, no terminando mi apellido en "wsky" o en otra rara combinación de letras, y no teniendo ni rentas, ni nada por el estilo para vivir sino mi inspiración de compositor y mis manos de pianista. Advertí también que, aun en la sala de concierto, cuando Lecuona interpretaba a Lecuona, el público, lo mismo en La Habana que en Madrid o París, vibraba de entusiasmo".

Es decir, que ningún preciosista o crítico de arte, tuvo que señalarle al egregio maestro el camino hacia la cima de su perdurable y firme gloria. Lo confirma, una vez más, estas grabaciones que sacan a la luz temas y obras poco divulgadas, injustamente mantenidas en el fondo del olvido. Señores, oyendo estas joyas musicales, los compatriotas del genial maestro Ernesto Lecuona podemos orgullosamente proclamar que tiene un puesto entre tooodos los grandes clásicos de toooodos los tiempos.

ZORAIDA MARRERO Y LECUONA EN BUENOS AIRES

En esta foto vemos a la bullente y valiosa cantante Zoraida Marrero, junto al maestro Lecuona, en Buenos Aires, Argentina, durante una de sus tantas exitosas tourneés, en una de las cuales, en 1937, escribió su "Rapsodia Argentina", posiblemente la menos conocida (las otras dos son "Rapsodia Negra" y "Rapsodia Cubana"). La versión de Rapsodia Argentina que existe hoy es un guión para dos pianos, recientemente instrumentada. Es bueno recordar que Ernesto Lecuona raramente orquestaba sus obras, dejando ese trabajo para otros capacitados músicos, como Pablo Ruiz Castellanos, maestro con el que colaboramos para ofrecer un concierto al campesinado de la Sierra Maestra, muchííííísimo antes de que el déspota Fidel Castro se encaramara en ella. En aquel romántico empeño tuvimos el apoyo del gran poeta ya desaparecido, Gastón Vaquero, quien nos ayudó mucho desde las páginas del Diario de la Marina. Resumiendo, que el regalito de nuestra hija Martica, el Día de los Padres, nos ha dado enormes satisfacciones, entre ellas la de publicar esta foto de Zoraida y el Gershwin Cubano, Ernesto Sixto de la Asunción Lecuona y Casado...

LOS INTELIGENTES QUE GUSTAN DE CONSERVAAAARRRR...

Confieso que me gustan los artículos del Rev. Martín Añorga y los de Ramón Iglesias, porque son regularmente confortantes y conservadores de las buenas y beneficiosas costumbres y ya, eso sólo, en un mundo que parece desbarracarce, es sumamente bueeeennnoooo...

No hay que tener el gesto adusto ni engurruñar las cejas para decir cosas que converjan con el ángulo positivo de la vida en común. Ser persona decente no invalida para apreciar el buen humor bien entendido. La risa la trasladó Dios al hombre, para que hiciera buen uso de ella.

Hablamos de uso y no de abuso, respecto de las licencias que se han tomado los depredadores de las beneficiosas costumbres, para desratizar de forma inclemente la buena marcha de la sociedad. Conspiradores, muchas veces inconscientes de su labor destructiva, son inefables compañeros de viaje de los representantes del demonio en la tierra...

Los que llaman a las cosas por su mismo nombre en los medios y, con bochornoso descoco, resaltan las cuestiones íntimas so pretexto de beneficios médicos o científicos, no sólo ofenden al buen gusto, sino que embarran los programas u horas radiales donde son incluídos. Además de perforar el respeto reinante en los hogares donde penetran.

No es mojigatería lo que dicta el comentario, es sencillamente res-petoooo. Se puede anunciar o hacer reír con dobles sentidos o insinuaciones, pero observando las reglas del juego, y trazando líneas divisorias entre los puntos de vista donde termina el arte y comienza el mal gusto.

El concepto está certeramente expresado en uno de los párrafos de un reciente escrito del Rev. Martín Añorga, que dice: "Nos entristecen los tristes y nos preocupan los que saben solamente reír impulsados por el alcohol o aupados por la indecencia. Somos partidarios de la libertad que se disfruta con respeto y con justo sentido del límite y de la diversión que gozamos sin comprometer nuestros principios ni disminuir nuestros valores...".

EL PRIMER VIAJE DE CELIA CRUZ A NEW YORK

Foto tres veces histórica

¡Qué tesoro de fotografíííiaaa! Era el año de 1957 cuando la enorme Celia Cruz viajó por vez primera a Nueva York, para recibir su primer disco de Oro, por la grabación de "Burundanga". La imagen está tomada en el avión que la condujo, y mostrando el preciado Trofeo está el destacado compositor cubano Néstor Pinelo Cruz, autor de "Me voy a Pinar del Río", tema que, dos años más tarde, le valió a la gran Celia, ooooootro Disco de Oro. Es bueno recordar que cuando la Guarachera de Cuba llegó a Nueva York por primera vez, ya sus discos, con La célebre Sonora Matancera, en el sello Seeco, habían dado muuuchas vueltas en las victrolas y en los platos de las principales emisoras neoyorkinas.

No solamente negar, negar, negar... la teoría darwiniana de la evolución, la bíblica de Adán y Eva, y la del pipisigallo, sino que ahora acabamos de leer que son los "extraterrestres nuestros ancestros". Ahorita habrá quienes presuman diciendo: "Un tío mío que vino de Marte, o de Jupiter, o de cualquier galaxia, almorzando en casa..."Porque, como tooodo se pone de moda, a lo mejor esto entra en la preferencia entre los simpatizantes y apoyadores de los asuntos paranormales, y empiezan a buscarle el "trade mark" a las momias de Egipto para averiguar de dónde diablos vinieron...

GRACIELA, MARIO BAUZÁ Y MIGUELITO VALDÉS

Avanzando a un pasado más cercano que el de los dinosaurios, veamos esta histórica fotografía de hace sólo 25 años, cuando la popularísima Graciella y el trascendental Mario Bauzá, se separaron de la orquesta del conocidísimo Machito, en 1976, y debutaron en un gran baile en "El Corso". quiero recordar que Mario Bauzá, casado con Graciella (hermana de Machito) fue el puente para que los músicos cubanos penetraran vía Guillespie, en la música norteamericana (recuérdese a Chano Pozo y todos los demás).

Para los que no están muy al tanto de estas cosas de la música popular cubana, les diré que Graciella (Pérez de apellido) fue una figura primerísima en Nueva York desde los años 50. Había nacido Graciella en La Habana, el 23 de agosto de 1915, y en 1930 ingresó en el Septeto Anacaona, con el que se mantuvo 10 años. Vino a Nueva York en 1943, con su hermano Machito, junto al cual se mantuvo cantando en su orquesta, hasta formar con su esposo Mario Bauzá, "Los Afro Cuban Jazz Orchestra" de Bauzá, hasta que éste murió en 1993. Graciela era símbolo de fresca sabrosura en los ritmos cubanos. En la foto que publico está Graciela junto al gran Miguelito Valdés (Mister Babalú), y Mario Bauzá. Perdón por no recordar al espontáneo que aplaude junto a Graciella. (Foto Néstor Pinelo).

¿OPINIONES? CADA SER TIENE LA SUYA...

Contestando al preocupado lector Arnold Villasaña, al que agradezco su carta, aunque no comparto su opinión, le diré que siempre ha pasado igual cuando sucede lo mismo, o sea, que las opiniones se bifurcan, unas en pro y otras en contra. Usted habrá leído que hasta al pobre Cristóbal Colón le han tratado de opacar su gloria para otorgársela a algún vikingo. Yo creo que no han terminado de destronar a Colón porque no han hallado a un noruego de nombre sonoro que se preste para ser popularizado...

Habrá visto también cómo se pone en duda el orígen del bolero, del mambo, y hasta del son cubano, pasando por alto a Ignacio Piñeiro y el Sexteto Habanero, que sacaron el agua del manantial para embotellarla...

Persona tan culta y documentada como mi buen amigo Cristóbal Díaz, sin querer dio origen a "la polémica" de que Ud. habla, al publicar en uno de sus admirables libros que dos negras libres que tocaban un instrumento parecido al Tres, en Santiago de los Caballeros, en República Dominicana, etc. había tenido influencia en el son cubano. Quizás por eso, nos encontramos que el dominicano Julián Núñez dice en su "Antología del Son", que éste "tuvo su nacimiento en su país", y para respaldar su dicho hace la transcripción de los publicados por Cristóbal en "Del Arehito a la Nueva Trova".

Para llegar a mi conclusión, reproduzco el párrafo donde Cristóbal Díaz explica la aparición en Cuba de las dominicanas mencionadas. Dice así: "A fines del siglo XVI surge el primer conjunto u orquesta cubana y la primera composición cubana de que tengamos noticia; en efecto existía en Santiago de Cuba una pequeña orquesta de dos tocadores de pífano, un sevillano tocador de violón, llamado Pascual de Ochoa, y dos negras libres dominicanas, oriundas de Santiago de los Caballeros, llamadas Teodora y Micaela Ginés. Esa orquesta formada para las fiestas, tocaba también para iglesias".

Muy bien, pero no vemos en lo escrito que Teodora y su hermana, fueran las directoras o fundadoras de tal orquesta, sino integrantes de la misma; y siendo Pascual de Ochoa sevillano, bien pudiera pensar usted que el son nació en Sevilla, por el hecho de que Pascual tocaba el violón...

Concluyendo, que las hermanas Ginés pudieron haber nacido en Santiago de los Caballeros, pero el Son nació en Santiago de Cuba, sin olvidar al Sexteto Habanero, y al gran Ignacio Piñeiro que lo hicieron explosionar en La Habana, "suavecito y melodioso" en las 5 líneas y 4 espacios del pentagrama...

FOTO DEL FAMOSO "SEXTETO BOLOÑA"

Nadie puede tampoco desconocer al pequeño gigante Alfredo Boloña, aquel admirado tocador del Tres, quien con su Sexteto Boloña, ayudó tan fuertemente al engrandecimiento y divulgación del Son Cubano. En esta viejíííííííísima' fotografía de los Años 20 -- década en que el Son resplandeció-- vemos a los integrantes del Sexteto Boloña, en el que tocaban inolvidables amigos nuestros, como José Chacón, Rafael Pichi, Manuel (Chino) Echarte, Abelardo Barroso, Miguel Angel Boloña y Alfredo Boloña, que era el director. (Foto Romántico del Ayer).

Y, hablando de tocadores de Tres, no vemos que alguien recuerde a uno de los más famosos de aquellos tiempos: Eliseo Silveira, tresero y director del Sexteto Agabama, que tiene en su valioso haber, nada menos que ser el autor del muy divulgado, tocado y cantado pregón "El Panquelero", cuya paternidad me confirmaron en algún momento, mis conocedores amigos Abelardo Barroso e Israel López (Cachao).

HISTORICA REUNIÓN
EN CASA DEL MAESTRO LECUONA

Esta viejíííísima foto es de 1937, tomada en la casa del insigne maestro Ernesto Lecuona, durante una reunión previa a uno de sus conciertos famosos. Están sentados, María Cervantes, el maestro Lecuona, Esther Borja, y Hortensia Coalla. De pie: Luis Aragón, director de "La Hora Múltiple", Augusto Ferrer de Couto, periodista, Roberto Rodríguez, representante de Lecuona, Panchito Carballido, y el periodista Montesinos. En esa época, rodeaban también al maestro Lecuona, así como tomaban parte en el estreno de sus obras, tales como Caridad Suárez, Zoraida Marrero, Maruja González, Luisa María Morales, Rita Montaner, Tomasita Núñez, María Ciérvide, Esperanza Chediak, Georgina Dubouchet, y la sin par Rosario García Orellana, entre otras figuras femeninas. Tiempos bellos que se fueron, dejando una regocijante estela de recuerdos gratos.

EL PIANISTA ESTELAR
DE RADIO CADENA SUARITOS

Posiblemente, y sin duda, esta es la primera vez, en este largo exilio, que se publica una foto de este personaje musical cubano que brilló y sonó múúúúúcho en la década de los años 30 y 40. Fue el pianista del conocido "Trío Suaritos", que perifoneaba por la CMBL y COBL (RadioCadena Suaritos), los lunes, miércoles y viernes, de 12 y media del día hasta la una y 30 p.m. Fue el pianista acompañante del tan famoso cantante Fernando Albuerne, en varias de sus tournées internacionales. Fue, además, un acertado compositor cuyas melodías eran interpretadas por Fernando Albuerne, y otras destacadas estrellas. Este rostro que asoma en nuestra crónica de hoy (y, que mucha gente del ambiente decía que se parecía físicamente a Ernesto Lecuona) es el recordado pianista y compositor Santos Menéndez. Los que tuvieron la suerte de poder escuchar la musical Radio Cadena Suaritos, recordarán a Santos Menéndez, porque él, y "El Incógnito", estaban presentes en casi tooooda la programación de don Laureano Suárez.

REVOLTILLO DE NOTICIAS.---A otro inquisitivo lector que me echa en cara que escribo "revoltillo" y no "revoltijo", le puedo decir que en cualquier diccionario de sinónimos corriente, puede ver que revoltijo es igual a revoltillo, enredo, mescolanza, argamasa, frangollo, y por extensión una mezcla de cosas heterogéneas. Así es que, "lo mismo es chicha que limoná". De NOTHING.--- ¿Cómo y por qué surgen las canciones? A veces se escriben fácil y otras difícilmente. Una vez, el periodista Enrique C. Betancourt le preguntó al mundialmente famoso compositor cubano, Moisés Simmons: "¿Maestro, la letra de su canción "Marta", es una fantasía o se la dedicó a alguna bella mujer?" Simmons sonrió, mientras respondía: --"Sí, efectivamente, se la dediqué a una amada y bella criatura, pues, Marta, capullito de rosa", como dice la letra de la canción, es mi hija..."Qué bonita contestación...

"Una lectora curiosa" (así se firma), me pregunta si el tema "Sierra Maestra" se mantuvo mucho tiempo en la preferencia del público cubano. Realmente, amiga curiosa, debo decirle que aquel número, cantado por Daniel Santos en 1959, no fue elegido como los demás en La Pizarra Verde de Radio Progreso (que era el barómetro de la música popular en la Cuba republicana y libre) si no por las turbias circunstancias que entonces regían en la patria de Martí. Pero tal como entró, salió traspagilando

En cuanto a su pregunta que ¿De dónde saco taannntas fotografías raras? Le diré que no son raras, sino históricas, que avalan lo que escribo, y satisface a tirios y troyanos. Cuando expulsaron de nuestra casa en Santa María del Mar, a mi querido padre, y nos la robaron los "robolucionarios", de los estantes en que guardábamos discos, libros, retratos, etc. los hijos de los usurpadores, jugaban a las postalitas y botaban fotos, libretos de radio, teatro y cabaret, y una vecina de alma buena, llamada Francisca (Panchita) Albert, catedrática del Instituto de Pinar del Río que vivía frente a nosotros, pacientemente recogía todo lo que pudo, y con mil trabajos nos lo enviaba. Publico su nombre porque ya voló al Cielo desde el exilio de Miami. Así pude reconstruir en parte, aquel archivo que empecé en mi añorado país, y que se ha engrandecido por las mil vertientes de otros mil amigos.

Complacida la curiosidad de la curiosa.

TRES DE LAS CÉLEBRES "MULATAS DEL FUEGO

TRES DE LAS CELEBRES "MULATAS DE FUEGO"

Tres, eran tres, los Tres Villalobos, como ocho eran ocho, las originales "Mulatas de Fuego", creación de Rodney, aquel relevante Roderico Neyra, que hizo un mito de los shows de Tropicana. Me parece estar mirándolo cuando inventaba los pasos del Mambo, abrazado a Marta Castillo y las demás mulatas, mientras preparaba una nueva revista. Con el devenir del tiempo y la variedad de espectáculos en los que tomaban parte, después de adquirir nombre propio, sus integrantes entraban y salían del grupo con parecida rapidez a los bailes que protagonizaban. De las recordadas fundadoras del grupo, Marta Castillo, que aún baila en Europa con Miguel Chequis, fue la más sobresaliente, con Olga Socarrás que además vocalizaba alguna de las melodías que bailaban. Canelina tuvo su preponderancia, Beba Alvarez, Isaura Mendoza, Olivia Belisario, Anita Arias, Fina Suárez, Julita Borrel. Debo aclarar que Marta Castillo formó primero pareja con el gran bailarín Alexander, y tanto con éste como con Miguel Chequis, se ha presentado en casi todos los rincones del mundo.

En aquellos años compartió escenario con ellas un vivaz y simpático jovencito a quien llamábamos Tondelayo (no sé si de apellido) que llenaba la escena con sus acrobacias danzarias. "Las Mulatas de Fuego" que ustedes ven en la foto, fueron de las últimas que quedaron, a medida que el tiempo las diluyó. La primera de la izquierda es Julita Borrel, a quien encontré en Los Angeles, casada con Albertico Pérez que se había separado de la Sonora Matancera y formado su propia orquesta que amenizaba la fiesta en la que actuamos juntos. Años más tarde, Albertico murió en Miami, adonde se habían trasladado. Según me contó Julita, de las dos restantes en la fotografía, una abrió una peluquería en California, y la otra transitó por la vía del retiro en el carruaje del matrimonio. Como dato curioso diré que Julita Borrel es hija del timbalero que mejor seguía, sonorizaba, y abrillantaba, aquellas coreografías simpáticas y originales que el inolvidable Alberto Garrido (el "negrito" Chicharito) escenificaba solo o bailando con la graciosa Candita Quintana, en el teatro Martí, de La Habana. ¡Qué bonito! Pero ¡Qué boniiiitttooo es... record-caaaaarrr!

¿QUIÉN SE ACUERDA DE LA GRAN TRAGEDIA DE RAQUEL Y ROLANDO?

¿Quién se acuerda de la gran tragedia de Raquel y Rolando?

La sensacional pareja de bailes "Raquel y Rolando", aparece en la foto en sus tiempos gloriosos, cuando estaba conceptuada como la más veloz y rítmica de Cuba. Pero, el día 3 de octubre de 1960 al mediodía, Raquel Maceda, pareja de Rolando, se dirigía con su esposo Joe Longona de Washington a Nueva York, cuando chocaron contra un trailer que se les interpuso en la carretera. Longona, que se había casado con Raquel el 7 de junio de ese año en Miami, murió aplastado contra el timón, mientras que Raquel salió despedida por una de las puertas del auto, recibiendo heridas de gravedad, y fracturas en los brazos y en una pierna. Al enterarse en Miami del trágico accidente, su compañero Rolando, tomó un auto dirigiéndose a toda velocidad hacia el Aeropuerto Internacional, queriendo ir a reunirse con su compañera y amiga, pero... el vehículo chocó también con tal violencia que el driver falleció en el acto, y Rolando recibió fracturas y lesiones graves por todo el cuerpo, incluyendo una herida en la cabeza que necesitó 40 puntos de sutura. Corolario: Raquel y Rolando lograron reponerse de los accidentes en que murieron sus acompañantes, aunque se retiraron profesionalmente. Rolando, años después, falleció en Miami de una rara enfermedad, pero Raquel vive en esta ciudad del sol, gracias a Dios.

EN CUBA, DOS AÑOS ANTES DEL DESASTRE...

En 1956, Cuba marchaba por senderos de progreso imparable, o al menos, lucía que la industria, la agricultura, la salud, el comercio, la cultura, y tooooodo lo concerniente a la superación de los pueblos civilizados, iba hacia adelante. Los medios y entre ellos, la Radio y la Televisión, habían alcanzado un nivel superior, admirado y envidiado...

Manolito Reyes, entonces, jefe de ventas de la CMQ-Radio, sobre esta industria declaró en una comparecencia pública, aquel Día de la Publicidad: --"Cuba tiene cinco millones ochocientos mil habitantes, de acuerdo con el último censo poblacional hecho en 1953, repartidos en 1,200,000 hogares a través de la Isla. De ese millón doscientos mil hogares --según se deduce de las investigaciones realizadas-- más de un millón tiene aparatos de radio. Y cuando digo un millón me refiero a hogares y no a receptores, porque en este caso aumenta enormemente la cifra, debido a que más del 50% de esos hogares tienen dos o más aparatos receptores trabajando ".

"Otro detalle sumamente interesante lo constituye la evolución que la radio ha ido alcanzando, ya que un punto de rating en la radio en 1947, equivalía a 5,000 hogares, y en 1956 equivale aproximadamente a 5,500 hogares. Por lo demás, un punto de rating en radio equivale a 10,000 y, como se conceptúa estadísticamente que en cada hogar escuchan 2.18 personas, ese punto representa a 21,8 personas. Además, en la ciudad de La Habana ruedan actualmente (1956) 77,271 automóviles, de los cuales 65,39% tienen radio, hacen más de 50,000 receptores disponibles".

Dos años más tarde de hechas estas declaraciones, a Cuba le nació un bubón, que se ha hecho crónico, y purulentamente ha ido infectando el país a nombre del "proletariado"... y como el proletariado son ellos, han desbaratado la nación sin que el verdadero proletariado proteste... porque no puede.

CUBA TAMBIEN EN LOS COMIENZOS DEL CINE MUNDIAL...

Me gusta sobremanera escuchar las opiniones del Dr. Joaquín Eguilior sobre los orígenes del cine en Cuba. No sólo por sus conocimientos investigativos, sino también por su patriótico apego a las cosas de la patria. Por él, conocimos que el **Primer** empresario cinematográfico que tuvo nuestra isla fue Aurelio P. Granados, quien firmó un contrato con Gabriel Veyre, representante de los Hermanos Lumiere, para la exhibición del "Cinematógrafo Lumiere", en la tarde del domingo 24 de enero de 1897, en un saloncito que había junto a la contaduría del Teatro Tacón, en Prado 126. El programa constaba de brevísimos cortos, como "Partida de Cartas", "Llegada de un Tren", "El Regador y el Muchacho", función que, según Eguilior, tuvo un éxito extraordinario.

Me dice también que Veyre antes de llegar a La Habana, se detuvo en México, sin lograr el éxito que esperaba, y que obtuvo en nuestro país, al extremo de realizar **la primera película** que se filmó en Cuba, "Similacro de Incendio", realizada con la cámara del propio Veyre y que, en sus exhibiciones logró notabilísimo éxito.

Sobre el otro tema que hablamos --nos sigue diciendo-- sobre el invento de la banda sonora del cine mundial, debo aclararle que el inventor de la misma fue el ingeniero norteamericano Lee De Forest, creador a la vez de muchas otras invenciones y que, con la ayuda del laboratorista cubano Jorge Piñeiro, dueño del "Laboratorio Piñeiro", y del fotógrafo Enrique Crucet, después de múltiples experimentos y ensayos en la fortaleza de La Cabaña, lograron la **primera** filmación mundial hablada, con un "speech" del presidente Machado, el 9 de febrero de 1926...

El Ing. De Forest, una vez obtenido, en forma primigenia, el sonido cinematográfico, se fue a Hollywood, consiguiendo interesar solamente a los hermanos Warner, de cuya colaboración resultó la película "El Cantante de Jazz" de Al Jolson.

Pero lo primero, mundialmente hablando, fue el discurso del Presidente general Gerardo Machado y Morales...

Aunque con todo respeto al historiador amigo, debemos recordar que en 1917, el cine alemán cobró cuerpo industrial, bajo el patrocinio de los generales Hindenburg y Ludendorff, con el fin de contrarrestar la influencia norteamericana en Europa y competir con la ya entonces poderosa industria yanqui. Y que Dziga Vertov creó en 1921, el grupo documentalista "cine-ojo", estilo testimonial, que influiría enormemente por su concepción, **sonido directo incluido**...

LA GRAN RUMBERA "ESTELA"

Cuando se empezaba a consolidar el exilio cubano en Miami, recibía aplausos la mundialmente conocida rumbera cubana Estela, con la cooperación de su valioso grupo de bailarines, en el Teatro "Olympia" de la calle Flagler miamense, como pueden ver en la foto de Walter Singleton, que fue el primer Gort que nos tropezamos por estas calles del destierro. El teatro Olympia es el actual Gusmal Hall,

ACLARACIÓN Y FOTO DE LA LUPE

Voy a aclarar públicamente el desconocimiento de algunos amigos, como el apreciado X (no escribo su nombre, porque ello haría dudar de mi generosidad). Pero X discutió mi afirmación acerca de que La Lupe, había formado parte de un pimentoso trío antes de su consagración como solista. Y discutió taaannn inadecuadamente, al tiempo que desacertadamente, que casi me obligó a escarbar en los pobres archivos hasta que la diosa fortuna me empató con esta foto histórica, donde fue captado el trío "Tropicuba" actuando en "El Rocco", situado en 17 y Calle "O", a la entrada del Vedado, que regenteaba mi querido y desaparecido gran amigo Roberto Pertierra. Pueden ver en la gráfica a Tina, Yoyo y Lupe, con su característico y extenso lunar en el hombro izquierdo, para que el amigo X, sepa que no se trataba de una hermana gemela, sino de "La Yiyiye", en cuerpo y alma, como dice el Dr. Rico Pérez... Dicho en su honor (del trío, no del amigo X) El "Tropicuba", pimentosos cultores del folklore criollo, arrebataba al público con su repertorio cubano moderno, demostrando que si habían triunfado en México era debido a su calidad indiscutible. La Lupe, como todos saben, murió en Nueva York hace algunos años, en cuya ciudad conquistó junto a Tito Puente y su orquesta, en discos de la compañía "Roulette", un puesto envidiable. Estuvo exiliada desde temprano, esta artista original y cantante de mérito.

HISTORICA FOTO DE ¿QUÉ PASA U.S.A?

Guardo taaaaaantos recuerdos y "recuerditos", que pudiera fácilmente establecer un "pulguero" particular (con lo que Martha se alegraría), pero teniéndolo en casa, me procuro el regocijo incomparable de acompañarme con amigos y compañeros que ya se han marchado, y lugares y espectáculos, que no se podrán "ver", más que en esos vieeeeejos y fieles papeles... Como en este caso, en que saco a relucir la fotocopia de arriba, del "¿Qué pasa U.S.A.?", para complacer a la amiga lectora, Justa Díaz, que me pide datos del mismo. Ojeando recuerdos, ayudado por la brújula invisible de la mente, encontré esta feliz reunión de los integrantes del exitoso espectáculo, para cumplir con justeza la petición de Justa. De arriba a abajo, están en la foto: Ana Margarita Martínez Casado, Manolo Villaverde, LUis Oquendo, Velia Martínez, Rocky Echeverría, Steve Bauer y Ana Margo. De éstos, Velia Martínez y Luis Oquendo, son fallecidos.

El programa ¿Qué pasa U.S.A.? se empezó a filmar en el año 1976. Su productor fue José Bahamonde; el creador de la idea, Manuel Mendoza. El creador del título "JOsé Bahamonde, y el acertado escritor: LUis Santeiro. El programa, netamente cubano-miamense, no solamente ha sido televisado en los Estados Unidos, sino también en Australia, Japón, La India, Centro y Suramérica, y en varios países de Europa. Ha obtenido varios Grammys, y valiosos premios locales como el de la Asociación de Críticos de Miami (ACRIM).

(Escribo entre paréntesis, para recordar la reciente noticia titular: "Multas, Prisión o Destierro, a quienes traten de Mudarse para La Habana").

RIFLE... XIONES Y DIALOGUITOS
(En Cuba comunista)

-- ¿Qué te parece la nueva medida represiva...?
-- Total, tan mal se vive en el campo como en la capital...

* * *

-- ¿Así que, el gobierno prohibe mudarse para La Habana...?
-- Sí, en lo adelante, hay que morirse de hambre en el lugar donde vives...

* * *

-- ¿Y, cuál es la **razón** para tal prohibición?
-- Bueno, aquí la razón no se ve por ninguna parte...

* * *

-- ¿Y, en los gobiernos republicanos hubo alguna medida similar?
-- No, nunca.
-- ¿Entonces...?
-- Nada, que la gente ingenuamente decía "que había que cambiar"...
-- Y... ¿cambiaron?
-- Sí... ¡La vaca por la chiva!

* * *

-- Mi hermano, yo me embullé con la pena de destierro, y me mandé "pa" la capital.
-- Y, ¿qué pasó?
-- No me ves, ya yo me veía en Miami, y aquí estoy de regreso en Tumba la Burra. Figúrate, ya ellos habían inventado el destierro interior en Siberia. Tú sabes que esta gente son la candela poniéndole nombretes a las cosas...

LA HABANA PULCRA...

Para los que desconocen la pulcritud de nuestra ciudad capital, La Habana, presentamos esta vieeeeeeeejjjjjaaaaaa fotografía, hecha en los tiempos primarios de siglo, cuando estrenábamos república, donde pueden ver fehacientemente un rincón de La Habana Vieja, perfectamente limpio, con sus calles y edificios cuidados y, como entonces no abundaban los automóviles, un caballo se encargaba de mover este carro de la Jefatura Local de Sanidad de La Habana para mantener la desinfección en la ciudad. Con ese cuidado vivieron nuestros antepasados y vivimos nosotros en la Cuba que yo conocí. (Foto enviada por nuestros amigos Aida y León Hernández).

LOS LOCUTORES DE LA C.M.J.K. CAMAGÜEYANA

Esta foto es de cuando Cuba era Cuba... Figúrense que este bien vestido grupo de personas, pertenecía a una planta de radio... ¡del interior de la Isla! Era en la legendaria ciudad de Camagüey, capital de la provincia de igual nombre, y con ella damos fe de la firme y progresista posición que ocupó el país en aquellos años en que fue república libre y soberana. Se trata del cuerpo de locutores de la CMJK, "La Voz del Camagüeyano", donde figuran, sentados: Arnaldo Cebrían de Quesada (con traje oscuro); Juan B. Castrillón (Don Pancho), director; Alfredo Vivar Hoffman (Azteca); y Pepe Gallegos. Detrás, en el mismo orden: Nino Moncada, Florencio Arenas, Claudina de Dios, Juvenil Adán y José R. Granda. No está en la gráfica el locutor y periodista Manolo de la Torre, que en el exilio trabajó para "La Voz de las Américas", y para el Canal 10 de TV, y que murió en el destierro sin poder cumplir su deseo de volver a sus queridos lares agramontinos. "Don Pancho y Azteca" formaban la pareja radial más popular de la radio camagüeyana en su programa del mediodía y, a pesar de ser el primer puertorriqueño, y el segundo mexicano, fueron acogidos con calor hogareño en aquella pródiga patria donde recibíamos a tooodos con igual cariño. Esa fue la Cuba que yo conocí...

NORMITA SUÁREZ EN UN BAUTIZO FAMOSO

He aquí, oooootra de las fotos históricas que guardo atesoradamente, porque para mí, son joyas. Ya tiene casi 50 años, y fue hecha en la Iglesia de Miramar, durante el bautizo de la hijita de la preciosa actriz Carmita Ignarra, y su primer esposo, el productor de cine, Santiago Reachi. La criatura está en los brazos amorosos de aquella inolvidable figura artística cubana, que fue Normita Suárez (la madrina), siendo el padrino Mario Moreno (Cantinflas), que no aparece en la foto. En aquellos años industriosos y de febril actividad, andaban en negociaciones de tipo cinematográfico, Jesús Alvariño, Cantinflas, Santiago Reachi y Ventura Dellundé. No recuerdo en qué paró la gestión, pero lucía muy bien aspectada, claro que sin los servicios astrológicos de Walter, que entonces, supongo, estaría jugando a los trompos. En la foto están Carmita Ignarra, Normita Suárez con la niña en brazos, el Cura, y Santiago Reachi.

SÍ, SEÑOR... "QUINTETO LOS RIVERO"

QUINTETO FACUNDO RIVERO
Incomparables cancioneros cubanos

Nunca dejarán de pasar cosas por más que las evitemos. Me sucede a menudo que alguna persona me cuente algo de lo que fui testigo presencial, e increíblemente, al final, me pregunte: "¿Tú sabías esto? Infinitas veces, me hago más tonto de lo que soy, y respondo que no lo sabía. Este mini-preámbulo lo hago sin alusión a la carta de un amigo lector que, muy finamente, pone en duda un comentario escrito en esta columna, semanas atrás. El señor Lazcano, de Chicago, me dice que "es inexacto que alguna vez Los Rivero fueran "quinteto" y que siempre fue "cuartetooooo" (así como mi característica repetición)". Pues, bien, amigo mío, desconozco la fuente donde bebió, pero lamento decirle que, como casi sieeeeeempre tengo pruebas suficientes para respaldar lo escrito, y da la casual casualidad que guardo esta foto que publico arriba, donde se anuncia "El Quinteto de Facundo Rivero", en un vistoso programa del espectáculo que Xavier Cugat presentaba en toda Europa y América, y donde Los Rivero brillaron como estrellas. Item más, Los Rivero fueron "Tríooooo", al final, cuando Juanita Mazorra contrajo matrimonio en Madrid, al regreso de una tournée por Noruega y Finlandia. Pero recorrieron el mundo como "Los Rivero" **después que Facundo Rivero se marchó del conjunto.**

EL MAESTRO RODRIGO PRATS...

Esta viejíííííííísima foto del maestro Rodrigo Prats, batuta en mano, la sacamos a la luz por el renovado éxito de su obra zarzuela "Amalia Batista", que el público recordará por mucho tiempo. Al mismo tiempo nos sirve para emplazar a Pili de la Rosa y Marta Pérez, directoras de Grateli, pidiéndoles que monten otra de las inolvidables creaciones de Rodrigo Prats: "María Belén Chacón". Creo que con los conocimientos del maestro Alfredo Munar podría lograse. NO echen en saco roto la petición, por favor.

REVOLTILLO DE NOTICIAS. El amigo JOsé Rodríguez se confunde cuando menciona en su carta al vapor "Morro Castle" "donde iba el circo Razzore". Noooo, amigo Rodríguez, el Morro Castle era un moderno trasatlántico que iba de La Habana a Nueva York, y se incendió frente a esa ciudad norteamericana, pereciendo 135 personas entre tripulantes y pasajeros. El barco donde viajaba el circo Razzore, fue el "Euzkera". El Trío Matamoros pegó un hit con "La Tragedia del Morro Castle", tema de Miguel, que cantaban en todas sus audiciones, en aquel año de 1934, en que ocurrió el desastre.

EL COMPOSITOR PABLO CAIRO Y NELO SOSA

Vemos en esta vieeeja fotografía a dos famosos de la música popular cubana, captada en un pasillo de Radio Progreso, en 1959. Son ellos, Pablo Cairo el bien llamado "compositor de Daniel Santos", nacido en Cienfuegos, autor de "El Tibiri-Tábara", "Rumba Rica", "El Crespito de María", "Nocturnando" (con arreglo de Pérez Prado, que "pegó" Bienvenido Granda, y no sé cuantos más. El que escucha atentamente, es el formidable bolerista y sonero Nelo Sosa, que tenía en Cuba libre su "Conjunto Colonial". Esto de llevar el ritmo sonando las manos como si fueran claves, lo usaban muchos compositores para hacer el "demo" a los potenciales intérpretes. ¡Qué boniiiito es recordaaarrr!

Me dice en atenta carta Tony Gaínza, otro gran compositor cubano, desde New Jersey: "Por acá en N.J. estuvo dos semanas el legendario común amigo José Dolores Quiñones, autor de "Los Aretes de la Luna" y "Vendabal sin Rumbo", que vino a New York a dar un impulso a su cosecha melódica, sin olvidar su "Cocodrilo Verde" que sigue teniendo tremendo éxito en la voz de Celia Cruz. Yo luchando con Rogelito Martínez Jr. para cobrar algunas liquidaciones de grabaciones que hice con él y Blanca Rosa Gil, para el sello "Rosy", de su propiedad en Cuba en 1960, con arreglos de Severino Ramos y Joaquín Mendível, tampoco el laureado compositor cubano Juan Arrondo pudo cobrar un solo centavo". Amigo Gaínza, ese "dengue" lo conocemos mucho los autores.

REUNIÓN DE NOTABLES...

Esta reunión fotográfica fue sacada en Montmartre, el cabaret más simpático de La Habana, perteneciente a la familia Pertierra, cuando Cuba era feliz, y nosotros también. Estamos como ven, Sonia Calero, Mario Agüero, Liduvino Pereira, director de la orquesta "Casino de la Playa", este Pobre Cura (haciéndole una broma a Toby, la bailarina compañera de Barranco; Tuto Pertierra, alto ejecutivo y anfitrión de Montmartre, y hoy en posición parecida en el Versalles, Luis Barranco; Margot y Elpidio, Bola de Nieve, y detrás Pucho Greer. ¡Qué boniiiiitttttooo es recordaaaaarrrr aquellos-viejos tiempos..!

POCO SUEÑO DE UN ESCRITOR

Hay gentes que hacen afirmaciones definitivas, cuando se habla del sueño y la necesidad de dormir. Ni duda cabe que el sueño es para la persona tan importante como el trabajo y, curiosamente, le dedicamos igual tiempo. Ocho horas de trabajo, ocho horas de sueño, y ocho horas para todo lo demás. Pero, he aquí, que un célebre escritor cubano, desmentía esa teoría siguiendo la costumbre de un sistema diferente, que puso en práctica hasta su lamentable defunción en el exilio de Miami.

Trabajaba muchas más horas de las que dormía, y aseguraba que se sentía "como un cañón". Lo mejor era que lo demostraba con creces, porque su producción y creatividad no tenían límite. Le conocí cuando escribía los libretos de "Los 3 Villalobos", "Lo Que Pasa en el Mundo", y "Tamakún, El Vengador Errante", después que dejó de hacerlo José Obelleiro Carvajal. Esos tres episodios radiales, eran programados y transmitidos diariamente bajo su total responsabilidad.

Castor Vispo, el autor de "La Tremenda Corte", fue otro de los escritores que dormía poco. Pero, Armando Couto, creador de Los 3 Villalobos, dormía menos. Aseguraba Couto que "no hacía falta dormir nada más que 4 horas diarias". Y yo, que tuve épocas que dormía ésa, o una menor cantidad diaria, le aseguraba que la mente no funciona igual si le rebajábamos una mínima fracción al horario ochoesco. Pero, confieso que jamás pude convencer al brillante amigo, ni a él le importó un comino mis argumentos y razones, y siguió tan campante e inmutable, escribiendo exitosamente libros para la editora Universal, y programas distribuidos por todas a las vertientes.

Quizás sea cierto que para crear y sostener algo tan original como "Los 3 Villalobos", sea necesario dormir menos y trabajar más...

OTRA BELLEZA DE LA T.V. CUBANA

¡Oooootra fotografía para el recuerdo...! Es, como ven, una bellísima mujer al estilo de la tan alabada trigueña cubana, que ustedes, o muchos de ustedes, vieron en las pantallas de la televisión en la década del 50, en los muy vistos y celebrados programas del inolvidable Gaspar Pumarejo. Después, exiliada, hizo teatro en Miami y Nueva York, donde volvió a la televisión del brazo de aquel gran actor que se llamó Otto Sirgo, hasta el lamentable deceso de aquel titán teatral, un día de la Caridad, en Miami. Ciertamente, esta refulgente belleza es propiedad de la actriz y locutora, Dinorah Ayala, en un anuncio publicado en una revista habanera a todo color, invitando a que compraran la máquina de coser que está manejando. Gracias Dinorah Ayala, por ayudarme a repetir ¡Qué Boniiiittttoooo es Recooooorrrddaaaarrrr..!

MARUJA GONZÁLEZ
Y EL PREMIO A LA EXCELENCIA

La conocida escritora Rosa Leonor Whitemarsh, nos entrega copia de la convocatoria al Premio de Excelencia Nacional Cubana, del Instituto San Carlos de Cayo Hueso, invitando a proponer a cubanos, cubanas y personas no nacidas en Cuba que hayan enriquecido a lo largo de sus vidas a la nación cubana y que se encuentren en la novena década de su existencia.

Me solidarizo con Jorge Gavira y el grupo, proponiendo a la eximia Maruja González, hoy recluida en un home, con sus gloriosos 96 años de edad, y le pido al Comité Gestor, integrado por el Dr. Octavio R. Costa, Dra. Elvira Dopico, Profesor Enrique Patterson, Dr. Rafael Peñalver, Lic. Janisset Rivero y Dra. Rosa Leonor Whitmarsh, solicitando para ella tan codiciada presea.

Maruja González, que aparece en la foto como Ana de Glavaris que publicamos arriba, en sus tiempos triunfales, estrenó en Madrid, la zarzuela "La Españolita", obteniendo en aquella gran capital teatral, nada menos que 100 representaciones consecutivas. Maruja estrenó en cuba, la famosa zarzuela "Amalia Batista", del maestro Rodrigo Pratts, e hizo mutis en Nueva York en 1966, cantando todavía como los ángeles, su última "Viuda Alegre" en el Manhattan Center, respaldada por Jorge Gavira y un estelar reparto. Gracias anticipadas por la atención que presten a estas humildes líneas tan cultos jueces.

TOOOOODO UN PERSONAJE...

El Dr. José Sánchez Boudy es, con su premio González Lanuza y su cátedra de la universidad de Carolina del Norte, tooooodo un personaje en el afecto cubano de sus amigos de siempre. Me refiero a ese sabio concepto popular con que el cubano limpio de antes, bautiza a aquellos que tenían el privilegio de destacarse por alguna cualidad intrínsecamente humana. El Dr. Sánchez Boudy, para sus amigos, que somos muchos, es afectuosamente Pepito. Un desterrado que a pesar de su no muy extendida estatura, es un **cubanazo** del tamaño de nuestro creciente deseo por regresar a una patria libre.

Repúblico sin desmayo. Con un bigote romanonesco que si el mismísimo conde de Romanones lo viera, se lo pedía prestado para lucirlo en un café de Madrid, es un estudioso aplicado a las cuestiones costumbristas cubanas, que encierran en muchos casos, las dichas y desdichas de nuestra nacionalidad. Pepito abarca en su pequeña geografía a esa Cuba eterna que él defiende con tanto ardor. La defiende en la cátedra, en la calle, en sus libros. hasta cuando nos llama por teléfono, se identifica con algún vocablo sempiterno de la Cuba de siempre. Y lo admirable es que suena bien hasta en los que desaprueba la Dra. Olimpia Rosado. Pepito es un personaje, como lo fue aquel otro Pepito Sánchez Arcilla que, mientras abrigaba bajo el brazo un capítulo más de los 900 que escribió para su serie radial "El Collar de Lágrimas", te rompía la espalda con un abrazo exuberante y criollo...

Ahora, este inquieto amigo Pepito, da a la luz una nueva obra, amparada por Ediciones Universal, "Filosofía del Cubano, y de lo Cubano", con 199 páginas repleta de sólidos y amenos argumentos, donde reflexiona sobre lo cubano, tratando de encontrar las características, valores y singularidades que lo conforman. Con su pasión acostumbrada, Sánchez Boudy se manifiesta en este libro con nuevas y provechosas ideas para el estudio del carácter cubano.

PEPITO SÁNCHEZ BOUDY

Esta foto, pretendidamente adusta, de Pepito Sánchez Boudy, figura en la contratapa del libro, contrastando con el carácter que le conocemos. Su mirada áspera y ceñuda pudiera estar dirigida a los "**dialogueros y plataformeros**, con los que no tiene cuartel, pero guarda siempre la lúcida y brillante para los que aman, como él, la libertad de la Cuba eterna...

REVOLTILLO DE NOTICIAS. ----Ciertamente, amigos que me leen concienzuda y constructivamente, tuve una omisión involuntaria que debo reparar. El rico hacendado cubano que ayudaba espléndidamente al médico puertorriqueño Betances, para la guerra de independencia cubana, así como lo hacían otros cubanos ricos en París, fue el cienfueguero Emilio Terry, el más generoso de los hermanos. Accionista del alumbrado eléctrico de Cienfuegos, azucarero y exportador de tabaco, según consta en una obra de Antonio J. Molina, fue el constructor del famoso teatro "Terry", donde solía presentarse más tarde el talentoso Arquimides Pous, y muchas de las compañías teatrales que viajaban por el interior de la Isla, como las de Rafael de Arango, Ramón Espígul, Castany, Enrique Arredondo, etc. ---- CURIOSIDAD-CURIOSA: El único país productor de "criolita", que se emplea en la fabricación de aluminio, es Groenlandia. Así es que si surge un lío con Dinamarca, a la que pertenece, ¡se acabaron las vasijas de aluminio! Por consiguiente, faltarán tibores. ---- Me entero por vía del amigo Cano, que monitorea las maltrechas plantas de Cuba, que al festival de Benny Moré, que suponemos se haya celebrado del 21 al 25 de agosto, asistirían Roberto Roena, Tito Alen, Grupo 6 del Solar, Pete El Conde Rodríguez y Nino Segarra, de Puerto Rico. Carmen Medina de Venezuela, y Héctor Casanova (que no es pariente ni ariente de Horacio Casanova) cubano ¿? de Nueva York. Por lo menos, anunciaron su asistencia. ---- En la Junta Patriótica Cubana, 3600 N.W. 7 St. presentó el escritor Sergio Galán Pino, su libro "En la Frontera de la Luz", que trata el esotérico tema de la reencarnación, según nos dijo.---

ANDY GARCíA, ACTOR Y RUMBERO...

Una MISA-MAMBO se llevó a efecto el viernes 8 de septiembre del año 2000, en la Iglesia St. Vincent, de Los Angeles, California, con la asistencia, por invitación solamente, de un nutrido grupo de personalidades del mundo artístico y musical. El destacado actor y productor de cine el cubano Andy García, (en la foto), fue uno de los promotores de ese novedoso y singular evento ajeno a nuestro gusto y parecer, considerando la solemnidad que debe regir en una programación religiosa, pero repitiendo la ya frase amiga de "este mundo no es nuestro mundo", se ha dicho todo. El 8 de septiembre, como bien se sabe, se le rinde homenaje a la Patrona de Cuba, la Santísima Virgen de la Caridad del Cobre, y con este "Mambo-Misa" se le brindó el honor, por el Reverendo obispo Gabino Zavala, de la Arquidiócesis de Los Angeles, quien ofició la Misa-Mambo. Andy García terminó recientemente la película "For Love or Country". cuyo tema central; es la vida misma del famoso trompetista cubano, exiliado, Arturo Sandoval. En el grupo musical que participó en el evento, estuvo otro de los famosos músicos cubanos de la diáspora, el legendario Israel López (Cachao). Andy García, que está en la foto compartiendo espacio con el hermoso Altar de St. Vincent, es un artista exiliado cubano, que ha escalado las más altas cimas del cine mundial, desde su exitosa aparición al lado de Al Pacino, en una de las superproducciones cinematográficas de "El Padrino". La combinación fotográfica es de Molina Studio, reproducida en "20 de Mayo", que dirige Abel Pérez

EL NOBLE Y EL PLEBEYOOOOOO

Mientras más se democratiza el mundo, mayor es el apego y la admiración que sienten los demócratas por la realeza, con sus reyes, sus reinas, sus princesas, y sus vasallos, naturalmente. Y taaaannn difícil que es colarse de paracaidistas en el elemento de sangre "azul", si uno la tiene del color que la tiene toooodddooo el elemento cochero y el material rodanteeeee...

Esta disquisición me la produce la predilección que tiene un vecino cubano, que colecciona las revistas "Hola" (Hola, ¿qué tal?) y se sabe al dedillo la vida y milagros de cuanto príncipe o rey hay en Europa y sus cayos adyacentes.

Esta persona, que es una gran persona, valga el señalamiento, vive inmerso en toda una ecología de prosapia y escudos de familia, y se sabe, por las revistas del género. La historia de más príncipes que jamás puedan existir. El tipo me mostró muy preocupado la foto de Raniero cabizbajo, diciéndome: - "No es para menos, después de la traición de Daniel". ¿Quién es Daniel? pregunté más despistado que un turista en la Patagonia. Y, el cubanazo amigo, me miró como si viera a un marciano parado en la esquina de Lincoln Road y Collins Avenue: "Chico, parece mentira. Daniel Cruet, el marido de la princesa Estefanía..."

Yo, que seguía cercano a la Luna, aunque estaba en la dirección apuntada, le contesté: "Ah, sí, ya sé" (Aunque no sabía naaada). Y, él, aprovechando mi ignorancia abundó: --"Este francesito metió la pata hasta la ingle. ¿No te enteraste? Se comió el millo del fracaso, después que le subieron la parada de plebeyo guardaespaldas a príncipe, le jugó una fulastrería a Estefanía, con una **surrupia** casi desconocida, con la que lo sorprendieron y fotografiaron en paños más chiquitos que los menores. Fue un escándalo mayúsculo que la princesa no podía aguantar y le plantó el divorcio"...

"Entonces, lo plantaron en la calle y sin llavín", dije distraídamente, provocando que los "nobles" sentimientos del plebeyo, brotaran compasivos de sus labios, dibujando el sonido de esta frase cervantesca: --**¡Pobre Daniel. Le partieron la siquitrilla...!**

Y lo dijo con tanta firmeza y naturalidad, como si hubiera estado toda la tarde anterior jugando al dominó con el **franchute**, en el Palacio del Principado de Mónaco. **¡Le rezumban los frutos menores...!**

EL DR. MANUEL ALZUGARAY Y LOS NICARAGÜENSES

Esta histórica foto de Juan Juig, recoge un momento durante la celebración del tributo de los nicaragüenses al querido Dr. Manolo Alzugaray, por sus contribuciones médicas y la de sus amigos del Miami Medical Team, al mejoramiento de la salud en el hermano país centroamericano. En la gráfica está plasmado el acto de entrega de una efigie de Martí, cuya irreparable desaparición en Dos Ríos ha sido respetuosa y reiteradamente recordada en estos días de 1997. Estábamos acompañando al Dr. Alzugaray en aquella inolvidable oportunidad, Carlos Pérez, el Dr. Manuel Angel Alzugaray, este Pobre Cura, y Tony Calatayud.

LOS CHURUMBELES DE ESPAÑA EN CUBA

LOS CHURUMBELES DE ESPAÑA

Por favor, permítame insertar esta foto de un grupo musical español: Los Churumbeles de España, que tuvieron un éxito rotundo en la otrora Perla de las Antillas. Primero, llegaron Los Chavales de España, que se adueñaron de las simpatías desde Tropicana. Le siguieron Los Churumbeles de España, que se impusieron en Montmartre, con el "Gitano Señorón", Juan Legido, cantando "El Beso", "Tres Veces Guapa" y "No Te Puedo Querer" . A continuación, vino para el suntuoso cabaret "Sans Soucí" , la orquesta "Casino de Sevilla" , que triunfó también.

ARMANDO ALEJANDRE Y OTRAS FIGURAS...

Con la venia del amigo Marino Martínez, jefe de planas deportivas de DIARIO LAS AMERICAS, publico esta foto de sobresalientes figuras del boxeo cubano, para regocijo del grupo de indesteñibles criollos que se reúnen habitualmente en la barbería "Los Cubanitos" en Elmhurst, New York, entre ellos el excampeón Amadito Mir (años 46 y 51), a quien ya envié el Tomo 4 de "Vida y Milagros de la Farándula de Cuba" que me solicitó y también mi afecto de tiempos estudiantiles Dr. Armando Casadevall. Amado MIr fue un fogoso boxeador que daba peleas espectaculares y fue un verdadero ídolo villaclareño de donde es oriundo. La foto fue tomada en 1980 por Cesar González, en Nueva York, durante un homenaje ofrecido al ex-promotor cubano Armando Alejandre, que aparece recibiendo una placa de manos precisamente de Amadito Mir, escoltado por Antolín Sánchez Govín (el Chino GOvin), Antonia María Mir, Margarita Alejandre, esposa del homenajeado, FRancisco Alvarez de la Peña (Nada menos que el famoso "Peñita", anunciador de todos los programas de boxeo en La Habana de aquel tiempo); el señor Calderón, y otro ex-campeón de boxeo cubano, GUillermo Robert (Galvanito). Detrás están el cronista deportivo René Cubas, y el siempre sonriente y famoso campeón de Cuba, Niño Valdés.

Ahora, déjenme decirles, o mejor, revelarles a muchas personas que en aquella alegre ocasión, el Chino GOvín, que es de una simpatía inacabable, al estilo de aquellos cubanos de mi época, reveló que en la Cuba democrática, Armando Alejandre se inició como BOxeador, bajo su tutela, pasando después, como todos saben, a manejador de púgiles, y finalmente dedicado al promotaje, dándole una nueva tónica a esta actividad en La HAbana, hasta que llegó el diluvio rojo. Es una revelación, porque los que conocemos a Armando Alejandre como gran constructor, periodista, y Decano del Colegio Nacional de Periodistas de Cuba en el exilio, le juzgamos lejos de lanzar un jab o fulminar con un uppercut, a un rival en el ring.

También el cronista deportivo Jess Losada, padre de Jessito, presentador muy celebrado en esa rama, por el Canal 51, de Telemundo, fue en un principio Boxeador (me refiero al padre, no al hijo).

ESTRELLAS DE LOS ÚLTIMOS SHOWS EN LA HABANA

Todavía en el mes de julio de 1959, se mantenían algunos deslumbrantes shows en los principales cabarets habaneros, como este que ofrecemos en una fotografía, bastante defectuosa, pero que encierra un mundo de recuerdos. Se trata de un gran show, dirigido por Sandor, en la elegante pista del Club Parisién, en el hotel Nacional, titulado "Calor", basado en un tema que estrenó precisamente en ese espectáculo, el inolvidable pianista y compositor manzanillero, Julio Gutiérrez. Pueden ver en la foto a parte de las estrellas que tomaron parte en aquel brillante evento: Gina Román (de un parecido extraordinario a Kim Novak), Rudy Faneity, Carlos Argentino, Juliette, Martica Stincer y Miguelito de Grandy. También intervenían, el célebre Manteca, Lorenzo Monreal, Las Voces del maestro Godino, y el ballet del Club Parisién. El elenco se ajustaba plenamente al plan trazado por el director Carlos Sandor, y cada cuadro iba despertando un creciente interés por la figura y grandeza del espectáculo. ¡Qué boniiiiittttooooo es recordaaaarrrrr! Pero que deconsuelo nos causa pensar que aquella categoría artística ha sido rebajada casi hasta la extinción...

CONCHA VALDÉS MIRANDA Y LOLA FLORES

Eran los primeros años del exilio, en la década de los años 60, cuando fuimos al aeropuerto de Miami, a recibir a la Faraona Lola Flores para presentarla en el cabaret Prila'S , que estaba situado en la Calle Ocho casi esquina, a la 37 Avenida del Saúwet, en la grata compañía de la destacada compositora Concha Valdés Miranda, que nos escolta en la fotografía. Lola Flores estaba en plenitud de facultades, y entonces el "Prila'S era el cabaret que competía con "Les Violins", de Manolito Godínez, Laito Castro, Cachaldora, y los demás socios, y tantos artistas y músicos cubanos que allí libraron el sustento. Hoy, ni el Prila'S ni Les Violins existen, y sus edificios fueron derrumbados. Sólo nos queda el recuerdo cariñoso con que los evocamos, porque... ¡Que boniiiiitttooooo es Recordaaaaarrrrr...

El día 12 de mayo de este 2000, recibimos la triste noticia de la desaparición de un buen amigo, y artista notable: René Muñoz conocido como Fray Escoba, por su magistral personificación. Descanse en paz.

EL CONJUNTO VOCAL "SIBONEY"

Uno se pregunta a veces por qué sucede o no sucede tal o cual cosa, como en el caso de esta fotografía que publicamos hoy. ¿Cómo es posible que un grupo musical de tan superior categoría, no haya tenido la divulgación merecida en nuestro laaaarrrrggggooo exilio? Y, sin embargo, así ha sido. Este grupo fue precursor de los arreglos de voces, allá por 1941, arreglos audaces en la música popular de Cuba. Pero, a pesar de ello, de sus méritos, y de estar conformado por nombres respetados y admirados, como el de Facundo Rivero, Isolina Carrillo, Marcelino Guerra (Rapindy), Joseíto Núñez y Alfredo León, es esta la primera vez, que se publica en el destierro de 40 años, la foto en plena actuación del Conjunto Vocal "Siboney" y somos nosotros los que tenemos la suerte y la enorme satisfacción de contribuir a que no se pierda en las brumas del tiempo, el recuerdo de estos grandes músicos cubanos de la época grande... Porque que bonito... ¡Que boniiiiiitttooo es Recordaaarrr..! (Foto Lucy Licea).

El Conjunto Vocal Siboney fue uno de los sólidos puntales en que se basó el éxito extraordinario de la RHC-Cadena Azul de Cuba, la Primera Cadena Nacional Telefónica, que ocupó el primerísimo lugar en el favor popular varios años.

ALCIDES PIÑERO EN ESPAÑA

Esta foto es interesantute, no sólo porque el centro focal lo tiene en el extinguidor de incendios, sino porque el objeto de interés por poquito queda fuera de la imagen. La persona que manejó el obturador tiene una firme puntería para captar los detalles, ajenos al objetivo, pero se puede apreciar que el lugar es un rinconcito del Club Cubano de Madrid, y los personajes, son el cantante Alberto Piñeiro, que andaba incursionando por aquellos lares, y el valioso pianista Alcides (Alcy) Agüero, que cumple su exilio en España, y cuyo talento como compositor se afianza en el reciente CD del cantor español Víctor Vivar, conteniendo todas melodías suyas. La versatilidad de Alcy Agüero está plenamente demostrada en ese CD, en el cual podemos escuchar paso dobles, rancheras, rumbas, valses, y hasta un tango... Sinceramente, resulta apasionante para mi aplaudir desde aquí, estos triunfos de Alcibiades Agüero, quien goza de nuestro total aprecio, por haber sido el pianista valioso en nuestro programa de televisión "La Escuelita", en tiempos republicanos y libres y por el valor que poseen sus cualidades humanas.

Y... desde la frontera del recuerdo, sin pasaporte al olvido, les recuerdo que Orlando de la Rosa escribió canciones imperecederas, como "Anoche hablé con la luna", "La canción de mis canciones" y "No vale la pena", que es un tratado de filosofía...

MANOLÍN ALVAREZ, MARITZA Y ECHEGOYEN

Esta vieeeeeejjjjaaa foto nos trae una pequeña imagen de aquella radio y televisión cubana, con ingenio y gracia sana, en la que cuando algún artista se salía del carril, era llamado a capítulo por el director del programa y, en última instancia por la Comisión de Etica, para que fueran respetadas las normas de la decencia. En la foto están viendo a dos cómicos de puntería: Luis Etchegoyen (fallecido en el exilio de Miami), y Manolín Alvarez, escoltando la belleza de la actriz Maritza Rosales, en uno de aquellos escuchados y vistos programa de Crusellas y Compañía, que se transmitían desde los estudios instalados en Radiocentro. Manolín era Pirolo, y Etchegoyen el siempre jocoso Arbogasto Pomarrosa. ¡Qué boniiiiiitttttoooo es Recordaaaaaaarrrrr...

LA BELLA LEONELA GONZÁLEZ...

Catalogados como de los mejores artistas cubanos de la diáspora, aquí están en la foto, la bellísima vedette Leonela González, Miguelito Valdés, y Cándido, en 1974, cuando actuaban en el famoso Chateau-Madrid, de Nueva York. Lamentablemente Miguelito Valdés murió en Bogotá, hace varios años, pero siguen viviendo Leonela y el gran percusionista Cándido, muy solicitados, en la ciudad de Nueva York, donde residen.

GRACIAS A LA DRA. ROSA LEONOR WITMARSH

Son también imperecederos mis agradecimientos al Dr. Rafael Peñalver, de la flamante hornada joven de cubanos positivos, y el grupo que le acompaña en la gallarda acción del histórico Club San Carlos de Cayo Hueso. Mi modesta intervención en el logro de la medalla de la Excelencia, para la desaparecida diva Maruja González, se limitó a proponer la designación de su nombre a ser incluido entre los justamente elegidos para tal distinción. Pero fue la Dra. Whitmarsh la que con su diligente y culta gestión, llegó a cabo los trámites finales para conseguir el honor a una de las varias artistas de nuestro pasado que, aunque ya desaparecidas, bien lo merecen.

Recomendaba yo también a otra de las grandes que nos queda viva, Hortensia Coalla, y otra de las ya idas, Caridad Suárez, que deben ser recordadas por la presente y futuras generaciones. Agradecimiento a Armando Pérez Roura, que hizo patente su total apoyo para resolver los funerales de la estelar Maruja González con la dignidad que merecía: y agradecimiento al maestro al maestro Baserva Soler que, en su valioso libro, "Cuatro Décadas de un Pianista en el Exilio", rememora aquel puntazo de gloria obtenido por Maruja en el Carnegie Hall de Nueva York, el sábado 25 de septiembre de 1965, al protagonizar las famosa zarzuela "Los Gavilanes", acompañada nada menos que por el mundialmente famoso barítono colombiano Carlos Ramírez, que se cantó aquella noche "una salida" inolvidable. Bueno es recordar también a la cantante Rosa Elena Miró que, en la escena de la hija con la madre, junto a la protagonista, arrancaron lágrimas sinceras al auditorio. Vale decir que en aquellos Gavilanes inolvidables, figuraban artistas de la valía de Miguel de Grandy (hijo), Carlos Barrena, Jorge Gavira, y otros no menos valiosos. Los empresarios fueron Perico Suárez y Díaz Gutiérrez, y el director musical, traído especialmente de Madrid, fue nada menos que el maestro Moreno Torroba, para dirigir la orquesta, compuesta por 100 profesores.

La medalla y el honroso trofeo de Maruja González lo guardo por deseo de la Dra. Whitmarsh, hasta poderlo depositar en el Museo Cubano del Exilio, que considero el sitio adecuado. Gracias a todos por permitirme ser útil en algo.

MARUJA GONZÁLEZ, EUSEBIA COSME Y GAVIRA

Junto a un apuesto joven cantante, Jorge Gavira, vemos a la diva Maruja González y a la notable declamadora cubana Eusebia Cosme, después de una presentación neoyorkina, en los tiempos primeros del exilio, en que triunfaban esplendorosamente.

REUNIÓN DE NOTABLES...

REUNION DE NOTABLES

Debo pedir perdón a mis apreciados lectores, por la bocetada foto copia, que atesora mi admirada amiga, la famosa pintora Sita Gómez, hija muy querida del que fuera genio médico, Dr. Domingo Gómez Jimeránez. Me la envía desde Nueva York, donde reside, afectada por la reciente desaparición del Dr. Sosa de Quesada. Esta gráfica fue publicada en 1956, en el Rotograbado de Diario de la Marina, el periódico de José Ignacio Rivero, y dice el pie de grabado: "En Honor del Dr. Sosa de Quesada. Mes presidencial del banquete ofrecido en Cabaiguán, al Dr. Arístides Sosa de Quesada, presidente de la ONBAP. De pie, José Chamán, que regaló su casa y la biblioteca al pueblo. Sentados: doctores Espinosa, Pastor del Río, Gómez Jimeránez y los poetas Baeza, Doreste y José Angel Buesa".

José Chamán fue representante a la Cámara, cuya esposa, Margarita tuvo siempre una amistad muy sólida con mi recordada abuela y madrina, Manuelita Pérez de la Mesa, por lo que me alegra conocer el dato de su donación al pueblo de Cabaiguán. Así era la Cuba que yo conocí...

¿DE DONDE SALIERON TANTAS ESTRELLAS..?

Sin temer al rubor que pudiera causarme pensar en impensada parcialidad, insisto en la proliferación de estrellas en aquel cielo propicio de Cuba republicana. Y lamento no haber hecho mayor hincapié en destacar las fuentes de donde surgieron, como por ejemplo, la Artística Gallega, Mariano Meléndez, David Rendón, el Teatro Infantil de Roberto Rodríguez, La Corte Suprema del Arte, Pedro Boquet Requesens, etc. Y, precisamente vuelvo al tema por una carta que nos llega desde Washington DC, del amigo lector Evelio Garayburu Pajares, que me informa de su amistad con la hija del profesor Pedro Boquet quien, llena de nostalgia, todavía reside en La Habana.

Rosa María Boquet se llama, y en una misiva dirigida a mi y enviada al señor Garayburu, repasa a vuela pluna nombres conocidos y desconocidos que pasaron por la academia de aquel dedicado maestro a la enseñanza de la Declamación y el Arte Escénico, por más de 40 años.

Ella, al igual que Joaquín Eguilior, me urgen a escribir sobre éste o aquel personaje de nuestra farándula, taaaannnn pródiga en consistentes valores, objetivo perseguido por mi en una labor, a menudo ingrata, ya que algunas veces los descendientes de aquellas personalidades, son indiferentes a la necesaria aportación de datos. "Cosas veredes, Mío Cid".

Pero, volviendo al maestro Boquet, reconozco que en aquellos fértiles tiempos de los floridos años del 30, 40 y 50, uno coincidía con una nueva luminaria a la que, indagando, averiguaba que venía de la cantera del maestro Pedro Boquet. Se ufanaba la resplandeciente y preciosa declamadora Dalia Iñiguez, de haber sido alumna del maestro Boquet (la primera, según asevera Rosa María). Puedo agregar a destacadísimos valores que también pasaron por las aulas de Boquet, como Mario Barral, Merceditas Díaz, Alberto González Rubio, Marta Jiménez Oropesa, Paul Díaz, Carmita Ignarra, Lilia Lazo, Maruja García, Severino Puente, Sergio Doré, y otros muchos.

ALUMNOS DESTACADOS DEL MAESTRO PEDRO BOQUET

Ellos también fueron discípulos del maestro Pedro Boquet: el actor Enrique Montaña (que entonces, 1948, se llamaba Bernardo Montaña), y el gran cantante y director de escena, José LeMatt, los dos hechos unos pollitos. Quizás por eso no nos extrañó el triunfo alcanzado por LeMatt, en la dirección de la zarzuela "Amalia Batista", ya que se había forjado en parte, en la escuela del profesor Pedro Boquet, llegado a Cuba en 1914, recién graduado de Director de Escena, en la Escuela de Arte Dramático de Barcelona.

AQUELLOS CRONISTAS DEL 40

Muchas veces tengo pensado escribir sobre determinado tema, y el afán de complacer a una lectora o lector amigo, me desvía la iniciativa, y escribo sobre lo que no tenía pensado. Esto resulta saludable y hasta oxigenante, porque evita el encharcamiento en un mismo asunto. Al estilo pirandeliano giramos unos cuantos grados y nos concentramos para complacer y complacernos, entrando en otra materia que nos permita exclamar: ¡Que boníííííítttooooo es recordaaaarrrr...!

Hoy, voy a conchabarme con el amigo Eguilior quien, desde hace algún tiempo insiste en que recuerde a los cronistas cinematográficos que había en Cuba (que eran bastantes y buenos) y que, al propio tiempo, eran excelentes comentaristas teatrales. Trabajo me ha costado reunirlos en el amable recuerdo, pero amigos míos, allá por los primeros años de la brillante década del 40, eran cronistas cinematográficos y teatrales en La Habana:

Francois Baguer, que escribía en "El Crisol
"Francisco Ichazo, en "Diario de la Marina
"Ramón Becali, en "El País
"Ramón Becali Jr. en "El País
"J.M. Valdés Rodríguez, en "El Mundo
"Gonzalo de Palacios, en "Información"
Eduardo Héctor Alonso, en "Alerta"
Augusto Ferrer de Couto, en "Alerta"
Emilio Castro Chané, en "Pueblo
"Jesús Valcayo, en "El Artista"
Tonia Sastre, en "Luz"
Joaquín Báez Miró, en "Cinema" y "El Triunfo"
Roberto Báez Miró, en "Ecos de RHC
"Germinal Barral (Don Galaor), en Bohemia
Edgardo Lezcano Abella, en "Pueblo"

María Luisa Blanco, en "Tiempo"
Alvaro Custodio, en "Hoy"
Enrique Perdices, en "Cinema"
Charles Garret, en "Avance"
Diego González (Tendedera), en "Avance"
Tomás Potestad, en "El Crisol"
Joaló, en "El Crisol"
Enrique Agüero, en "Anuario"
Arturo Ramírez, en "Carteles"
María Garret, en "Bohemia"
Marta Elba Fombellida, en ...¿?
Víctor Godoy, en "Mundo Fílmico"
Leandro García, en "El País-Excelsior"
Manuel Dan Martín, en "Mañana"
Silvio Montero, en "Mañana"
Armando Pérez Blanco, en "Ataja"
Manuel Viada, en "Cubamena"
Pedro Pablo Chávez, en "Cinema"
Charlie Seglie, en "Tiempo, "Pueblo"
y "Bohemia"
Conchita Gallardo, en "El País"
Lourdes Bertrand, en "Ecos"

Si ha habido alguna omisión, es in-vo-lun-ta-ria. Repito, pretendiendo justificarme, que la memoria es flaca, y como es flaca flaqueeeeeaaaa...

ASÍ ERA LA CUBA QUE YO CONOCÍ

ASI ERA LA CUBA QUE YO CONOCI...

Esta vieeejjjjaaaaa foto, que con tanto cariño guardo, pertenece a la Cuba feliz de los años 40, cuando hacíamos radio, teatro, cabaret, y cine, por el puro amor a una vocación que Dios nos otorgó. Ahi en la gráfica, de Gort, pueden ver a la crecida, bella y talentosa Esperanza Chediak, convertida en protagonista de una nueva zarzuela del maestrazo Ernesto Lecuona: "La Plaza de la Catedral" estrenada, si la memoria no me es flaca (que como es flaca, flaquea), en marzo de 1944, en el Teatro Nacional de La Habana. La noche del estreno, las flores colmaron el camerino de la querida Esperanza Q.E.P.D., y el fotógrafo pudo reunir a los protagónicos de aquel acontecimiento: Francisco Meluzá Otero (Autor de la Letra); Amado Trinidad Velazco (Empresario); Ernestina Lecuona (Egregia figura de la música cubana, y hermana de Ernesto); la diva Esperanza Chediak; y el talentoso maestro Ernesto Lecuona.

HORTENSIA COALLA EN "MARÍA LA O"

Esta viejíííííísima foto nos presenta a la gran diva cubana Hortensia Coalla, con el valioso cantante Oscar López, en una escena de la gustadísima zarzuela del maestro Ernesto Lecuona, con letra del poeta Gustavo Sánchez Galarraga, "María La O", la que más le gustaba hacer a la Coalla. Véase los escenarios corpóreos, montados en los teatros MArtí, NAcional, Principal de la Comedia, PAyret, etc., por verdaderos e inspirados escenógrafos del patio. A Hortensia le acabamos de hacer una sabrosa entrevista para nuestro programa de televisión por el Canal 17, y hasta nos recitó y cantó, a sus gloriosos 91 años, trozos deliciosos de "María La O", protagonizada por ella, y en la que Oscar López (todavía cantando y tocando con la Orquesta "Mambomanía", en París) hacía el papel del mulato José Inocente, que evita al final, el suicidio de María La O.

ESTHER COSTALES Y MANOLO SERRANO

Esta admirable Esther Costales de Verdura que, como Dulce María Loinaz, no quiso o no pudo salir de Cuba, por la frustrada esperanza de ver un risueño amanecer de libertad, murió en la isla cautiva por los años 70. Se fue, añorando los días radiantes en que podía exteriorizar sin cortapisas sus ideas, en su programa "Cortando el Aire", transmitido por Radio García Serra, como pueden ver en la foto, junto al más popular de los locutores cubanos: Manolo Serrano, también desaparecido en Madrid, en este prolongado exilio. La foto es de Van Dyck Studios, en los años 40, y Radio García Serra salía al aire por los 660 kilociclos en Onda Larga. "Cortando el Aire", con Esther Costales y Manolo Serrano, se transmitía a la 1 y a las 7 p.m.

IVÓN CALVO Y JUANITO AYALA

Esta foto de Gort data de los años 80, y capta un momento en la actuación de Ivón Calvo y Juanito Ayala, el valioso músico cubano, desaparecido hace algún tiempo en Miami. La actuación la realizaban por Unión Radio en horas difíciles, de una a 5 de la madrugada. Juanito alegraba el espacio cantando acompañado de su guitarra, e Ivón le secundaba en los chistes, y llevando los controles técnicos del programa. Juanito Ayala tuvo en Cuba republicana su Cuarteto Ayala, que gozó de la preferencia de sus admiradores.

EL INOLVIDABLE PABLO QUEVEDO Y SU ESPOSA

EL INOLVIDABLE CANTANTE PABLO QUEVEDO CON SU ESPOSA GEORGINA OLIVA HACEEEEEEEEE...

Esta joya fotográfica muestra la felicidad que reinaba en los corazones de Georgina y Pablito Quevedo, "El Divo de la Voz de Cristal", el ídolo musical del público de Cuba, algún tiempo antes de morir, a los 28 años de edad, fulminado por la implacable tuberculosis. La viuda de Pablo Quevedo, ya de 84 años, podrá ser vista próximamente en el "El Show de Rosendo Rosell", a través del Canal 17 de Miami, en entrevista interesantísima, hablando con ternura de los recuerdos imborrables que en su alma dejó aquel legendario cantante. Pablo Quevedo con su voz de sortilegio había hechizado el corazón de todos los oyentes a través de sus programas por la CMQ, con la orquesta de Cheo Belén Puig. Sus millares de admiradores le asediaban en bailes y fiestas donde se presentaba, pero esta sencilla y atractiva mujer, le cautivó a él, una tarde luminosa en la Feria de Los Precios Fijos, en la calle de Reina, culminando en el altar, aún en contra de la opinión de su padre, que, según testimonio de ella, llegó después a quererlo como a un hijo.

Escuchamos tantas conmovidas confesiones de la viuda de Pablo Quevedo, que llegamos a la conclusión definitiva de que él era tan buen cantante como buena y noble persona. Desdichadamente Georgina quedó viuda antes de cumplir dos años de matrimonio, dando a luz a su hijo Pablito un mes y días después del deceso de su esposo. Hoy, Pablito Jr. es un próspero comerciante residente en Madrid, cuya rica herencia lírica le hace poseedor de una buena voz, pero, según él, para usarla solamente en la ducha. Fue una charla llena de afecto, recordando al que ocupó el más alto sitial del arte popular en aquella Cuba de los inquietos años del 30. Doy gracias a Dios por permitirme conocer a tan a exquisita dama y encantadora familia.

Y, hablando como los locos, de todo un poco, les diré que debo expresar, otra vez, mi agradecimiento a la Academia Poética de Miami, Dr. Darío Espina Pérez, no solamente por haberme honrado con el título de Miembro de Honor, sino por haberlo hecho junto con la brillante figura del verso, Sara Martínez Castro, y con la dulcísima y poemática escritora Zenaida Bacardí de Argamasilla. A la Directiva que tuvo a su cargo la honrosa distinción: Aurelio Torrente Iglesias, René Cancio González, Angélica Díaz, Dolores Pujadas, Felipe González Concepción, Olga González del Pico, Herminia Ibaceta, Ariel Remos, Orlando Tijerino, Antonio A. Acosta, y José M. Cuscó, gracias.

LA ORQUESTA "ARAGÓN" EN RADIO PROGRESO

¡¡¡Qué Boniiiiiiitttttooooo es Recordaaaaaarrrr!!

Esta vieeeeejjjjaaaa foto de los años 50, hecha en mi programa por la escuchada "Radio Progreso", de los hermanos Fernández, en aquella alegre y musical Habana de mis ensueños, recoge una sencilla celebración, nada menos que con la famosa Orquesta "Aragón", la orquesta-charanga más destacada de Cuba. Acaparando el cake, está la India de Oriente, junto a Carmita Arenas, Monguito, y el locutor Adalberto Fernández. Todos sonríen al compás de un chiste, satisfechos en aquellos años de vivir en una tierra verdaderamente libre, sin demagogias ni mentiras, Naaaadie deseó, por humilde que fuese, que lo premiaran con una tarjeta de racionamiento. Los cubanos éramos felices, dentro de la relatividad que encuerra el vocablo.

SARITA MONTIEL, LLORANDO...

Esta rara foto de la saritísima, Sarita Montiel, sobresaliente estrella cinematográfica, fue tomada por Gort, el 29 de junio de 1968, en que fuimos a recibirla al aeropuerto Internacional de Miami, cuando regresaba de México, compungida y llorosa, después de un proceso doloroso, según nos dijo, por el trato descortés y la forma desconsiderada que había recibido de ciertos periodistas. Mientras se enjugaba una lágrima, según ven en la foto, Sarita nos reiteraba sentirse ya tranquila y serena, por haber llegado a esta Ciudad del Sol, donde goza de muchas amistades. Pues... como quien habla jugando, la foto ya cuenta más de 30 años, para confirmar que el tiempo vuela, pero da lugar a que podamos repetir: ¡Qué bonito, pero qué bonitooooo es.... recordaaaaar!

LA PRIMERA PELICULA CUBANA SONORA...

Era la época en que las laaaargas novelas radiales comenzaban a horadar el gusto del público oyente. Era La Habana de los años treinta. Evocarla es sentirse respirando un aire fresco y oxigenado. Cuba toda se desperezaba para emprender un camino positivamente ascendente, que la llevaría a una cumbre muchísimo más útil que la inútil que acaba de celebrarse en la isla Margarita. El cine cubano ya tenía antecedentes dignos, y había producido hasta un Rodolfo Valentino criollo, cuando se produjo (si Eguilior y Juan Trigo no me rectifican) la primera película sonora en nuestro país: "La Serpiente Roja"...

Chan Li Po, era por entonces el programa radial más escuchado en el interior y en la capital, como reza una guaracha popular que escribí en los años 50. Las películas españolas y argentinas ocupaban la programación de la mayoría de los cines y, por el éxito increíble que obtenía Aníbal de Mar en su caracterización de Chan Li Po, la Royal News con don Félix OShea, se pusieron de acuerdo con el autor Félix B. Caignet, para realizar una película hablada, es decir, con sonido. Responsabilizaron con la dirección del empeño al muy entendido y talentoso Ernesto Caparrós, convirtiendo un hotel habanero en un misterioso castillo donde el detective "chino" puso en juego sus infalibles dotes detectivescas...

Estaba en Cuba la escritora canaria, Mercedes Pinto con sus hijos Mercedes, Rubén y Gustavo, y la joven hija de Mercedes Pinto ganó el concurso para el rol femenino de la cinta, que desempeñó a las mil maravillas, apareciendo en el reparto como Pituka de Foronda, nombre artístico que ha consolidado en México hasta nuestros días.

PITUKA DE FORONDA... Y CHAN LI PO...

Esta es la Pituka de Foronda de "la Serpiente Roja", y más tarde de los filmes también cubanos, "Mi Tía de América" y "Ahora Seremos Felices". Hizo teatro en La Habana, hasta que su madre, decidió partir hacia México, facilitando la entrada de Pituka de Foronda en el cine de aquel país, en la película "La Isla de la Pasión", dirigida por el Indio Fernández, y cuyo galán fue David Silva. En México ha continuado todos estos años pasados, haciendo cine, teatro y televisión. Sus hermanos, Gustavo y Rubén Rojo, con los que compartí micrófonos en la C.O.C.O. habanera, triunfaron como galanes del cine en las décadas del 50 y el 60. También con Mercedes Pinto trabajé en dos programas radiales, uno de ellos, "El Tribunal del Pueblo", me permitió no sólo establecer una amistad mayor con ella, sino con los doctores Carlos M. Palma y Mario Fuentes Aguilera, dos de los más connotados personajes del foro y la radio de aquellos añorados tiempos... (Foto: Archivo de R.R.).

GEORGE WIRSHING NOS ENVÍA ESTA FOTO

Con esta alegre foto que nos envía el buen amigo George Wirshing, nos dice:- "Un recuerdo de una tarde ma-ra-vi-llo-sa en el Dade County Auditorium, cuando se celebró "60 Años Haciendo Reír. ¡Qué divertido todo, los chistes, la música, los cantos, los personajes! ¡Gracias!" Gracias doy yo, a tantos y tantos amigos y amigas que aún semanas después de presentado el espectáculo, aún siguen testimoniándonos el agradable recuerdo que dejamos en ellos. Están en la foto, después de la función, Perla Periot, Esther, Tita Hernández, Este Pobre Cura, el saxofonista, Mario García (uno de los placeteños que asistió), y María García.

CELIA CRUZ BAILANDO CON TOM LASORDA

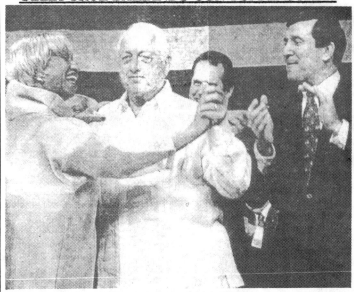

Esta foto representa un hecho sumamente regocijante para los cubanos que amamos la libertad para nuestra patria. Fue captada en el desarrollo del justo homenaje que se le dio a Tom Lasorda en el James L. Knight, de Miami, el sábado 14 de octubre del 2000, cuando "echaba un pie" nada menos que con la rítmica y musical Guarachera de Cuba, Celia Cruz. Observen que Tom Lasorda vistió en aquella ocasión, una típica guayabera o "yayabera" que reclamaría mi amigo Armando Cadevall, seguramente facilitada por Ramón Puig, el orgullo de Zaza del Medio. La very interesantute fotografía, la publicó el buen amigo Angel Torres, en 20 de Mayo, de Los Angeles, que consiguió por medio de La Voz de Cuba Libre, que dirige José Luis Fernández. En la foto acompañan el ritmo, el alcalde Joe Carollo, y el congresista, Lincoln Díaz Balart.

GRACIAS POR EL HONOR RECIBIDO
EN LA UNIVERSIDAD DEL SUR DE CALIFORNIA

Acabamos de regresar de un delicioso viaje al oeste de Estados Unidos, para dar grato cumplimiento a la inesperada y gentil invitación del Club Cervantes de Artes y Letras de la Universidad del Sur de California, para ofrecer una charla sobre el desarrollo del cine, así como sobre el comienzo de la televisión cubana, que está cumpliendo 50 años.

El Club Cervantes de la Universidad del Sur de California, es una organización no lucrativa integrada por estudiantes y graduados de USC, con el propósito de robustecer la cultura hispánica por medio de encuentros culturales organizados anualmente. Al llegar a California, nos enteramos de que en los dos años anteriores, los consiguientes homenajes fueron dedicados a Jorge Esquivel y Armando Oréfiche (recientemente fallecido en España), reconocido bailarín de ballet el primero y mundialmente admirado compositor, director y pianista el segundo, por lo que me consideré doblemente honrado.

Para ilustrar mi humilde charla se proyectaron dos clásicos del cine cubano, dirigidos por el valioso cineasta Manolo Alonso: "Casta de Roble"(1948), y "7 Muertes a Plazo Fijo" (1950) un thriller a la cubana, con música de Osvaldo Farrés, que reunió a los mejores valores artísticos de la Cuba brillante de aquellos tiempos.

Honestamente confieso que me satisfizo sobremanera contactar la presencia, en el auditorio de aquel gran teatro universitario, de viejos y queridos amigos a los que tuve el placer de abrazar al término de la plática, entre ellos, Efrén Besanilla y su bella esposa Marie Curí, asi como al director de "La Voz Libre", de Los Angeles, Angel M. Prada. Se excusaron Abel Pérez, director de "20 de Mayo", y Angel Torres, jefe de planas deportivas del mismo periódico.

Alejandra y Fabricio, jóvenes inteligentes y entusiastas, principales propulsores del Club Cervantes, me sorprendieron al término del coloquio, entregándome 2 originales Trofeos, cuyas placas dicen: "USC Cervantes Club. Tributo To Rosendo Rosell, 9 de diciembre 2000", y otro, en plata y negro con forma de micrófono, cuya inscripción dice así: "A Rosendo Rosell, Radio, Televisión, Cine. USC Cervantes Club". En ese momento subió al escenario el celebrado actor Emiliano Diez, protagónico del exitoso programa "Los Beltrán", que se filma en California y se televisa de costa a costa, para desgranar generosamente elogiosas frases para el homenajeado, así como para la clase tan profesional de televisión que practicábamos en la Cuba democrática que recordamos con amor. Su gesto, de nobleza humana y profesional, lo agradecimos allí, y lo publicamos aquí, como orientación y ejemplo para los pusilánimes que pretenden inútilmente ignorar la verdad histórica...

Un aparte para mi querida familia en primera fila, el Dr. Roger Benítez y su esposa Kitty, mi hermana Elsita, y mis sobrinas Mary y Tere, esta última, ya flamante abogada.

TAMBIEN VINO AL EXILIO DESDE CUBA

Esta vieeeeja fotografía de la imagen de la Virgen de la Caridad del Cobre, fue bendecida en 1952, por el Cardenal Manuel Arteaga. Luego, impresa por Crusellas para la propaganda del jabón Palmolive. Como ustedes saben, el Papa Benedicto XV, a petición de nuestros gloriosos Libertadores, la declaró Patrona de la República de Cuba el día 8 de septiembre de 1916, y fue solemnemente coronada como Madre de Cuba, el 20 de diciembre de 1936, por Monseñor Valentín Zubizarreta.

RECORDANDO A MININ BUJONES

Claro, que de Minín siempre nos hemos acordado desde que hicimos con ella la pareja romántica en la película "Hitler Soy Yo", pero ahora, con mayor ahínco y afecto, desde que partió a la muerte, casi sin despedirse, contrariamente a como es habitual en los artistas de talla. Quizás conociera aquella fórmula expresada por Amado Nervo: "¿Cómo quieres morir? -- Sin saber cómo..."

"No hay cosa más incierta que saber el lugar donde nos ha de hallar la muerte, ni más discreta que esperarla en todos", según sabia sentencia del poeta y dramaturgo Lope de Vega, pero tal parece que para nuestra ilustre amiga Minín, era esperada, y alguna que otra vez se la oyó sombría y quedamente nombrarla.

Sin razón alguna para sustraerse de la vista de un público que jamás dejó de quererla, ella echó un velo sobre su brillante carrera, haciendo esfuerzos por disimular su presencia en los lugares visibles. Una vez, la encontramos en un mercado escogiendo frutas para su deleite, y partiendo del alegre encuentro enhebramos una nostálgica conversación que nos llevó hasta la Compañía Infantil de Roberto Rodríguez en el teatro Martí, y la Corte Suprema del Arte, haciéndonos pasar por las innumerables radionovelas que protagonizó junto a los galanes más famosos de Cuba, pero su dulce rostro sólo fue una alegoría, una ficción, aunque se le iluminó cuando hablamos de su sobrina Charito Sirgo, hija adorada del inolvidable Otto Sirgo y su hermana, Elvira Bujones, fallecida recientemente en Las Vegas.

Minín Bujones no sólo fue una gran actriz cubana, sino un excelente ser humano, a quien mucho vamos a extrañar el tiempo que nos quede en este plano.

Minín Bujones, en unión de Lolita Berrio y Alicia Rico, ¡tres grandes de la escena cubana! Naaaaadie, con humana sensibilidad, puede olvidar los inefables momentos de alegría que Minín con su "gallega Remigia" le proporcionó en aquellos chispeantes libretos, escritos por Antonio Suárez Santos, que fueron retransmitidos en los primeros tiempos de Radio FE, dirigida por Emilio Milián. Minín fue destacada y aplaudida, lo mismo en lo cómico que en lo dramático, desdoblamiento éste que, si se hace bien, sólo permite el éxito a los que se desenvuelven impecablemente en la escena. Como ella lo hizo.

EUSEBIA COSME OLVIDABA LOS PREMIOS

Aquí ven a la destacadísima declamadora cubana Eusebia Cosme, durante una entrevista con el conocido director de cine Manolo Alonso, en México, allá por 1955. Eusebia Cosme triunfó en el cine mexicano, al lado de figuras de tanta trascendencia y fama, como Libertad Lamarque. Por esa obligada cita con la Parca, Eusebia Cosme falleció en el exilio de Miami hace algunos años, injustificadamente olvidada, después de sus éxitos y dotes. Hoy, la traemos a nuestro espacio periodístico, como queriendo elevarla a un Templo de la Fama, donde elija la justa justicia de Dios...

CRONISTAS DEPORTIVOS FAMOSOS

Precisamente, ahora que el equipo de los Marlins de la Florida, están dando una fuerte batalla en la Liga Nacional de Béisbol, y que nuestro narrador bayamés Felo Ramírez, junto a Manolo Alvarez, a quien envío sentido pésame, rinden una exitosa labor describiendo los juegos a través de la radio, publicamos esta vieeeejjjjjaaaaa fotografía de cuando laborábamos junto a ellos en el Noticiero "Cuba al Día", que se transmitía diariamente a través de CMQ, Canal 6 de Televisión y que, como ven, son Cuco Conde y Gabino Delgado, que entraban en la categoría de ases en la profesión. Cuco, como Felo, siempre fueron amigos entrañables de quien esto escribe y me proporciono una enorme satisfacción recordándolos. A Felo, aquí en este valle de lágrimas donde nos encontramos, gracias a Dios, y a Cuco, en el pedacito de Gloria que tiene que haberle tocado.

FAUSTO MIRANDA Y EL POBRE CURA...

Estos 2 Petronios, Fausto Miranda y Rosendo Rosell, fotografiados por Juan Jui en La Peña del Dr. Teobaldo Rosell, representan un pedacito de la Historia de Cuba, escrita en el Exilio. Y aclaro que lo de "Petronios" no lo hago resaltar por ninguna elegancia en el vestir, aunque procuramos no desentonar, sino por el otro Petronio, considerado autor del Satiricón, que pintó las costumbres de la época en el siglo 1. Y... hablando de siglos, tal parece que los siglos no pasan por nosotros, sino que Fausto y yo pasamos por un sigloooo... Precisamente, la foto se produjo en el momento en que Fausto, "que está vieeejo de mentira", sacó la cartera y amagó con pagar los tickets para asistir a mis ¡60 Años Haciendo Reír!,

LA DIVA BLANCA VARELA...

En esta vieeeeeja fotografía están viendo a la aplaudidísima diva cubana, Blanca Varela, en el rol central de la opereta de Franz Lehar, "La Viuda Alegre", pieza teatral de gran categoría, que se transmitió en 1958, en homenaje a Rita Montaner, ya desfalleciente, por el canal 6 de Televisión desde Radio Centro, en aquella Habana, todavía republicana y libre. Lo más curioso es que Blanca Varela, cosechadora de brillantes éxitos en Cuba y en este largo exilio, se alejó inexplicablemente del escenario del Dade County Auditorium de Miami, hace algunos años, donde fue aplaudida infinidad de veces, delirantemente.

JERARQUÍA RADIAL CUBANA EN 1954

Para poner de relieve, una vez más, La jerárquica gentileza empresarial que funcionaba en la Cuba que conocimos, puedo decir que el cabaret Tropicana, que estaba presentando en sus hermosos salones de cristal, a todo lujo, interesantes fragmentos de La Viuda Alegre, con Blanca Varela en el papel protagónico, cedió su maravilloso espectáculo para que fuera exhibido desde los foros de la CMQ T.V., en admirable gesto de solidaridad, para rendir tributo a "La Unica", poco tiempo antes de que la inmortal artista rindiera su alma a Dios. Así era la Cuba que yo conocí...

Y,..... Hablando como los locos, de todo un poco, les diré que, en 1954, la Asociación de Anunciantes de Cuba, dio a conocer los resultados del survey radial, realizado del 1* al 13 de febrero en la ciudad de San Cristóbal de La Habana y sus municipios limítrofes de Marianao, Regla y Guanabacoa, arrojando este resultado entre las primeras 12 radioemisoras:

1. CMQ
2. Radio Progreso
3. Cadena Azul de Cuba
4. Unión Radio
5. Radio García Serra
6. Radio Capital Artalejo
7. Onda Hispano Cubana
8. Reloj Musical
9. Radio Kramer
10. CMK
11. Radio Musical
12. Radio Mambí

Como pueden ver, completaba la docena Radio Mambí de La Habana, la emisora que la tenacidad e inteligencia de Armando Pérez Roura, y sus valiosos colaboradores, pusieron y mantienen en primerísimo lugar en el destierro miamense, hecho que cito, aprovechando la ocasión, para felicitarles, efusivamente por el servicio veraz e impecable que rindieron la noche del 7 de noviembre, día de las Elecciones en EE.UU., en que ¿erráticamente? la CNN y otras grandes cadenas, dieron a las 7 de la noche, la victoria del candidato demócrata en La Florida. ¿?

Se podría pasar disimuladamente, si la ¿metedura? de pata no hubiese significado desconocer la voluntad de la mayoría de los estados de la nación; pero la previa estrategia les falló, por la firme decisión de los cubanos justicieros de Miami, que no olvidaron, gracias a Dios, las injustas medidas aplicadas a Elián.

Parece que el Vice quiso lavar la cara a todas las barbaridades de su jefe, y se adelantó a felicitar a Bush por su triunfo, pero.... el jefe le dijo: "de eso, nada". De ahí, el pataleo y el corre-corre, usando influencias y "jueces y partes", qué han salido a flotarrrr....

¿Será verdad que no todos los americanos se merecen la nación de George Washington...?

¡MUY AGRADECIDO, MUY AGRADECIDO, Y MUYYYYYYY AGRADECIDO....!

Para ser verdaderamente poeta, además de saber usar el metro, la rima, el acento y tooooda la preceptiva, hay que saber escribir con idea... Este pensamiento es totalmente aplicable a mi admirado amigo y compañero Luis Mario quien, haciéndome un honor inmerecido, se despojó de sus talentos habituales, para ocuparse de mis insignificantes dotes humorísticas destacando que escribo sin espinas. ¡Ay, cuántas veces he callado, sacrificando un buen chiste, para no herir directamente la sensibilidad de alguien! Yo, que siempre fui remiso a pulir los versos, quiero agradecer de paso al "hermano maestro", su acostumbrada frase didáctica: "debías trabajar un poquito más", dicha siempre con extremo cariño... "Por eso, y muchas cosas más —como la frase cantada de Aguilé— ven a mi casa esta Navidad..."

★ ★ ★

Mi segundo "muy agradecido" no viene a cuento como si fuera un Día de Precepto, en el que obligadamente debe asistirse a misa, sino que, espontánea y libremente, abro las puertas de mi agracecimiento al estelífero, cosmogómico y filarmónico coterráneo José Barturen Zulueta, por haber escrito en el ameno e instructivo mensuario "El Undoso", una detallada y encomiástica descripción de mi libro "Vida y Milagros de la Farándula de Cuba", cuando está empezando a imprimirse la 2da. edición, debido al agotamiento de la primera. Mi total agradecimiento al buen amigo Barturen, que se extiende desde la hermosa Villa del Undoso, hasta la mismíííííísima Isabela de Sagua, pasando por Nueva Orleáns.

★ ★ ★

Y, como hoy estoy ejerciendo de Pobre Cura, aquí va mi tercer "muy agradecido", al maestro Baserva Soler en forma de canongía afectuosa, por ser un alma tan cumplida y darse por enterado sieeemmmmmpre, que, merecidamente, se le menciona.

ÍNDICE ONOMÁSTICO

A

Acebal, Sergio -97-215-
Acerina -30-
Acosta, Antonio -374-
Acosta, Agustín -69-
Acuña, Elizabeth -103-
Adams, Celia -98-186-
Adan, Juvenil -337-
Adria Elena -183-
Ágasi, Andre -117-
Aguilar, Amalia -85-
Aguiar, Perlita -58-
Aguilar, José Ma. -229-
Aguilé, Luis -392-
Agüero, Alcy -359-
Agüero, Mario -293-342-
Agüero, Augusto -188-
Agudo, Marcelo -75-
Albaina, Isidro -197-
Albert, Francisca -325-
Alberti, Senén -75-
Albita -240-
Albuerne, Fernando -18-102-118-140-279-288-290-294-324-
Albuerne, José -110-160-
Alejandre, Armando -354-355-
Alejandre, Fabricio -382-
Alejandre, Margarita-354-
Alejandro, René -103-
Alexander -76-
Alfaro, Xiomara -96-165
Alfert, Esperanza -100-
Alfonso Farías, Ángel -85-
Alfonso XIII -272-
Alfonso, Anita -74-
Alfonso, Marina -75-
Alberich de Chao -291-
Álvarez, Pedro -23-
Álvarez, Fernando -294
Álvarez Guedes, G. -124
Álvarez, Manolo -247
Álvarez, Beba -326-
Álvarez de la Peña, Francisco -354-
Álvarez del Real, Eloísa -109-
Álvarez, Mario -140-165-
Álvarez, Manolo -387-
Álvarez, Manolín -360-
Álvarez, Nena -59-
Álvarez, Niño -210-
Álvarez, Víctor -140-168-
Álvarez Mera, Manolo -279-
Alván, Manolo -107-
Alvariño, Jesús -19-103-109-136-338-
Alonso, Carlos -84-
Alonso, Manolo -8-306-307-381-386-
Alonso, Pacho -187-
Aloy, Chichí -223-
Alzugaray, Manolo -101-311-352-
Alzugaray, Eva -101-
Alles, Agustín -257-

Allegues, Leonel -194-
Arboleya, Carlos -301-
Amador, Angelita -59-
Amador, Nenita -59-
Amaro, Blanquita -18
Ambar, Gigi -163-
Amelivia, Felisa -313-
Amorín,Carlitos -59-
Ana Margo -334-
Ana Gloria y Rolando -310-
Anderson, June -203-
Antiga, Dr. -196-
Antognini, cirilo -180-
Antunez, Rubén -129-
Ankerman, Jorge -15-71-75-94-
Ankerman, María R. -293-
Añorga, Rev. Martín -191-317-
Arado, Carlos -93-
Aragón Dulzaide, Luis -41-97-
Aragón, Luis -97-98-323-
Aragón, Raúl -66-
Arbolaez, Roberto -210-
Arcio, Alberto -291-
Arenas, Florencio -337-
Arenas, Camita -372-
Arenas, Daisy -82-
Arencibia, Lutgarda -119-
Armour, Tommy -97-241-
Arias, Anita-326-
Arias, Miguel -71-
Ariete, Bombidela -126-
Artiles -134-228-
Artigas, Aidita -58-

Argentino, Carlos -356-
Arteaga, Fernando -11-
Arteaga C., Manuel -383-
Arredondo, Enrique -348-
Arredondo, Enríquez -78-
Arrondo, Juana -83-341-
Avilés, Fernando -29-
Aviñó, Leopoldo -29
Aviñó Monteagudo -59-
Asela -13-
Asencio, Reynaldo -75-
As Keyard, Charles -155-
Ayala, Belinda -200-
Ayala, Dinorah -344-
Ayala, Juanito -164-372-
Ayala, Gilberto -239-
Azana, José Ma. -246-
Aznar, Manuel -246-
Aznares, Alexander -129-

B

Bacallao, Juana -298-305-
Bacardí de Argamasilla, Zenaida -374-
Badías, Carlos -3-273-
Baez Miró -56-
Baez Miró, Joaquín -367-
Baeza Flores, Alberto -364-
Balado -139-
Balzac -168-
Banderas, Atonio -153-
Barral, Germinal -367-
Barral, Mario -276-312-365-

Barral, Rolando -265-
Barrena, Carlos -362-
Barroso, Abelardo -322-
Bauza, Mario -293-
Baguer, Francois -367-
Baker, Josephine -128-
Bardales, Maritza -273-
Barlet de Blanco, Elsa -291-
Bartos, Michael -315-
Barturen, José -150-298-
Barturen, Juan -151-152-
Barturen Zlueta, José -392-
Bastos, Amado -291-
Batle, Irene -289-
Batista, Fulgencio -119-192-
Bautista, Aurora -213-
Bauza, Mario -369-
Beato, Virgilio -262-
Becali, Ramón -56-367-
Becerra, Blanca -71-
Beguiristaen, Clarita -100-
Belisario, Oliva -326-
Bello, Raúl -210-
Bejar, Ada -74-75-308-
Bencomo, José A. -210-
Benedicto XV (papa) -383-
Benítez, Andrés -103-
Bennet, Tony -25-
Bergman, Ingrid -141-
Bergon, Pedro -289-
Berrio, Pepa -290-
Berrio, Lolita -186-385-
Bertrand, Lourdes -368-
Besanilla, Efrén -381-
Betances, Dr. -384-

Betancourt, Enrique -227-325-
Bianchi, Armando -276-
Bienes, Chichi -59-
Blanco, Julio -260-
Blanco, Ma. Luisa -56-
Blanco Rodríguez, Marta -162-
Bola de Nieve -342-
Boloña, Alfredo -322-
Boloña, Miguel A. -322-
Bolet, Jorge -94-
Bolet, Alberto -94-
Bonafonte, Ma. Luisa -162-
Bonaparte, Napoleón -176-
Bogart, Humprey -141-
Boquet, Pedro -366-
Boquet Requesende, P. -363-
Boquet, María -365
Borges, Carmen Rosa -101-
Borges, Jorge Luis -258-
Borja, Esther -323-
Borrás, Enrique, -68-
Borrell, Julita -326-327-
Boudet, Murias -14-
Bosch, Orlando -211-
Bravo, Pablo -210-
Bravo Adams, Caridad -1-4-109-
Brannen, Walter -132-
Botifoll, Luis -144-
Brindis, Claudio -94-
Bringuier (el viejito) -87-
Brisbanes, Arthur -88-
Brower, Dr. -92-
Brull, Mariano -16-

Boulton, Mr. -1280
Bucelo, Armando -63-
Bubo -84-
Bueno, Martha -262-
Buesa, José Angel -364-
Bujones, Elvira -384-
Bujones, Minín -214-384-385-
Buñuel -109-
Burke, Malena -69-141-
Bronté, Emily -14-
Bush -117-
Bustamante, Lilia -135-

C

Caballé, Monserrat -201-
Cabell, René -169-214-
Cabrera, Eddy -259-
Cabrera Infante, Guillermo -155-
Cabrera Leiva, Guillermo- 245-
Cachao -118-134-223-322-
Casadeval, Armando -380-
Cal, Mimí -186
Calatayud, Tony -352-
Calero, Sonia -342-
Calvo, Ivón -372-
Callas, María -302-
Cairo, Pablo -341-
Caignet, Félix B. -4-177-377-
Campa, Miguel A. -88-

Canori, Magda -215-
Canalejos, Armando -105-
Cancio, René -374-
Cantoral, Roberto -168-189-
Cané, Valentín -84-185-
Cándido-37-361-
Cañizo, Flor A. -98-
Carballado, Gloria -236
Carballido, Panchito -323-
Carbó Menéndez, José -101-
Cardoso, Agapito -210-
Cárdenas, Mateo -8-210-
Carpentier, Alejo -124-
Carnegie, Dale -62-
Carrasco, Ángela -284-
Carreño, Mario -135-
Carrillo, Isolina -260-358-
Caro, Linda -81-
Carollo, José -380-
Carter -157-198-
Caruso, Enrico -26-27-
Casado, Fernando -268-
Casadeval, Armando- 27-200-
Casañas, Martha -232-293-
Casanova, José -240-
Casas, Ernesto -192-
Casas, Luis A. -58-192-
Casas Romero, Luis -15-16-
Casas, Juan Ma. -199-
Casanova, Marianito -210-
Casanova, Horacio -348-354-
Casanova, Ma. Julia -288-
Casanova, Héctor -348-
Casona, Alejandro -57-
Casuso, Teté -75-

Castany, Angelita -259-
Castell, Mónica -163-
Castellanos -Jesús -62-88-
Castellanos, Marta -129-205-
Castellanos, Nicolás -91-
Castillo, Benny -132-
Castillito -83-
Castillo, Enrique -71-
Castor Vispo -19-
Castrilló , Juan B. -337-
Castro, Andresito -92-
Castro, Antonio -92-
Castro, Juanito -92-
Castro Chane, Emilio -367-
Castro, Fidel -14-55-66-89-95-160-300-306-316-
Castro, Laíto -357
Castro, Manolo -92-
Cauce, Vicente -120
Campa, Román -262-
Campos Martínez, José -196-
Campúa, José -194-
Caparros, Ernesto -377-
Canavés, Jaime -144-
Cantón, Carlos -292-
Cazorla, Roberto -237-
Cervantes, María -94-323-
Cervantes (pianista) -94-
Cepeda, Orlando -291-
Clark, Steve -222-
Coalla, Hortensia -323-362-370-
Collado (Prof.) -264-
Ciatti, Marcos -273-
Ciérvide, María -323-
Cinegorde, Camares -229-
Cirátegui, Juan -184-
Cirátegui, Concepción -184-
Clavelito -74-199-
Clinton, B. -95-117-139-157-198-
Clinton, Hilary -107-
Coego, Manolo -74-290-
Coego, Margarita -285-
Coloma, Rafael -103
Colón, Cristóbal -18-
Collazo, Bobby -13-279-
Conde, Cuco -138-387-
Conte Agüero, Luis -211-212-
Cordeiro, Reynaldo -235-
Corine -81-
Corona, Sergio -163-
Coronado, Manuel -88-
Corominas, Ignacio -98-
Cortés, Tony -164-
Cortina, Sabrina -103-
Cosme, Eusebia -363-386-
Cosotto, Fiorenza -203-
Costa, Luis -210-
Costales, Octavio -83-101-
Costales de Verdura, Esther -141-
Costa, Octavio R. -83-101-149-262-
Cossío, Vicente -59-345-
Couto, Armando -4-109-343-
Covadonga, Corrales de -272-
Coyula, Miguel -88-
Cristina, Israel -310-
Crespo, América -183-

Crespo, Miguel A. -66-
Cruet, Daniel -350-
Crucet, Enrique -58-330-
Cruz, Celia -17-59-85-117-
119-144-163-217-240-251-
313-341-380-
Cuadra, Ángel -152
Cubas, René -354-
Cugat, Xavier -82-339
Cutiño, G. -103-
Cuellar, Aida -119-
Curbelo, Tony -305-
Curi, Marie -381-
Curiel, Gonzalo -245-
Currais, Albino -252-
Custodio, Álvaro -368-
Cusumano, Michael -155-
Cuscó, José M. -374-

CH

Chade, Yamil -128-129-
Chao, Pedro -93-
Chamán, José -364-
Chaney, Jon -161-
Chanquet, Lolita -165-
Chaplin -21-
Chávez, Hugo -139-
Chávez, Pedro P. -368-
Chevalier, Maurice -154-214-
Chía, Enrique -124-143-
Chibás, Eddy -26-212-
Choy, Nacho -210-

Choy, René -210-
Choy, Arturito -210
Churchill, Winston -55-134-

D

Dan Martin, Manuel -368-
Danila, Iris -4-
Dalman (gorrita) Pedro -66-
Darwin -24-
Davilland, Marcela -163-
Davidson Eduardo -23-
Day, Buddy -140-
Delfín, Eusebio -261-
Delgado, Gabino -387-
Delage, Pepe -182-
Demetrio -103-
De Arango, Rafael -348-
De Córdova Luis -273-
De Dios, Claudina -337-
De Ealo Domínguez, Luis -236
De Falla, Manuel -281-
De Foronda, Pituka -75-377-378-
De Forest, Lee -330-
De Gonzalo, Miguel -279-
De Grandy, Miguel -356-362-
De Juan -101-169
De Ochoa, Pascual -321-
De Orduña, Juan -213-
De Palacio, Gonzalo -102-

De Rivera, Paquito -17-24-27-225-
De Quesada, Gonzalo -214-
De Santelices, Gaspar -158-
De Triana, Imperio -140-
De Hostos, Eugenio-200-
De León, Tania -29-
De Mar, Aníbal -35-187-282-377-
Del Busto -Humberto -247-
Del Cañal, Hugo -110-208-296-
Del Campo, Pepe -182-
Del Cueto, Elena -25-
Del Corral, Víctor -157-
Del Pozo, Lusito -244-
Del Pozo, Justo Luis -244-
Del Pino, Willy -250-291-
Del Río, Elizabeth -190-
Del Río, Pastor -364-
De San Antón, José -259-
Del Valle, Sarvelio -247-
Del Valle Sánchez, Lorenzo -105-
De la Cruz, Sor Juana Inés -16-
De la Luz, Ana -75-
De la Luz, Mirta -293-
De la Rosa, Orlando -359
De la Rosa, Pili -103-124-340-
De la Reguera, Manolo -105-
De la Torre, Enrique -276-293-
De los Reyes, Aurora -103-
Díaz, Angélica -374-

Díaz Ayala, Cristóbal -79-
Díaz, Carlos 187-
Díaz, Ismael -261-
Díaz, Julito -71-
Díaz Balart, Lincoln -380-
Díaz Balart, Rafael -192-
Díaz. Gloria -293-
Díaz, Olga -96-231-
Díaz, Justa -336-
Díaz, José Antonio -167-
Díaz, Melba -164-
Díaz, Merceditas -365-
Díaz, Miguelito -131-
Díaz, Servando -119-279-
Díaz, Paul -81-365-
Diez, Barbarito -31-252-
Diez, Emiliano -382-
De San Antón, José -158-
De Borbón, Alfonso -272-
Dellundre, Ventura -338-
De Palacio, Gonzalo -367-
Don Galaor -8-
Dempsey, Jack -20-
Don Quijote -147-
Dopico, Elvira -345-
Doré, Sergio -365-
Doreste, Arturo -364-
Du Bouchet, Gerogina -323-
Du Brewill, Raúl -109-
Dulzadides, Felipe -141-
Dulzaides, Javier -279-290-
Duncan, Isidora -241-
Dupuy, Berta -294-
Durán, Jimmy -154-
Durán Roberto -159-

E

Echarte, Manuel -322-
Echevarria, Rocky -336-
Echegoyen, Luis -19-360-
Echevany, Ma. Victoria -189-
Eduardo VIII -241-
Egea, Eduardo -273-
Egües, Richard -139-
Eguilior, Joaquín -330-360-
El Chicuelo -183-
Eleta, Almarán -310-
Elosegui, Felipe -60-
Elpidio y Margot -310-
Engels, Federico -14-
Erados, Lauren -251-
Erviti, Joaquín -210-
Espí, Roberto -56-
Espina Pérez, Darío -374-
Espinosa, Lucas -291-
Espigul, Ramón -135-348-
Esquivel, José -381-
Esquivel, Mary -23-
Estanillo, Manuel -257-273-
Estefan, Gloria -251-
Estefanía (princesa) -350-
Estivil, Osvaldo -204-
Estrada, Bebo -289-
Estrada, Erick -222-
Estrada Palma, Tomás -206-

F

Faget, Mariano -169-
Fanetty, Rudy -356-
Failde, Miguel -123-252-
Failde Pérez, Miguel -30-
Fairbanks, Douglas -241-
Fajardo -118-
Farrés, Osvaldo -104-381-
Faz, Roberto -84-
Feliciano, Brenda -27-
Feliciano, José -155-
Félix, Jorge -200-
Félix, María -91-
Félix, Arturo -71-
Ferré, Maurice -222-
Ferrer, Ariel -164-
Ferrer de Couto, Augusto -214-323-367-
Ferrer, Ibrahím -137-138-
Ferrera, Ricardo -131-132-
Fernández, Alex -26-
Fernández, Adalberto -375-
Fernández, Alina -26-
Fernández de la Vega, Emilio- 135-
Fernández Criado, Raúl -279-
Fernández de Castro, Sixto -216-
Fernández Caubí, Luis -63-151-215-
Fernández, Manolo -295-296-
Fernández, Luis -66-
Fernández, Gastón -8-
Fernández Giraudier, Vidal -66-
Fernández, Eloicito -210-
Fernández, José Luis -380-

Fernández, Lázaro -143-
Fernández, Leopoldo -187-
Fernández, Mariano -71-
Fernández (el Indio) -8-
Fernández, Ramoncito -242-
Fernández, René -66-210-
Fernández Valencia, José - 125-279-
Fernández, Segundo -194-
Fernández, Silfredo -279
Fernández, Ridel -236--
Fernández, Wilfredo -8-
Fernáncez Porta, Mario -284-
Fiallo, Delia -4-
Filloch, Federico -7-
Figueroa, Gabriel -8-
Flores, Martha -120-215-
Flores, Lola -17-357-
Florit, Ricardo -75-
Fontana, Alejandro -256-
Fornés, Rosita -281-
Fondevilla, Marta -56-368-
Fondevilla, Manolo -131-
Fonseca, Onelia -16-
Fontao, Daysi -103-
Fontela, Juana -66-
Fontanilla, Eduardo -56-
Fontanilla, Silvio -149-
Freddy -168-
Freni, Mirella -203-
Frías, Lino -80-
Frías, Sonia -109-
Fuentes Aguilera, Mario - 378-
Fuentes, Reynaldo -159-
Funer, Víctor R. -240-

Fujimori, Alberto -55-68-
Fundora, Tomás -305-
Fulceda Montaner, Aurelia - 125
Fuller -75
Flynor, Grant -229-

G

Gaby, Fofó y Miliki - 190-
Galbán, Armando -108-
Garay, Sindo -75-179-
Garayburo Pjares, Evelio - 365-
Garbo, Greta -14-
Garcerán, Hilda -262-
García, Andy -349-
García, Andrés -222-
García, Benjamín -210-
García, Chamaco -96-214-223-341-
García Fusté, Tomás -76-181
García, Gisela -239-
García, Héctor -289-
García, Heliodoro -26-
García, Humberto -76-120-
García, Idalmy -279-
García Iglesias, Raoul -150-151-
García Lorca -18-
García, Leonardo -368-
García, Mabel -291-
García, Mario -178-379-
García, Mabel -291-

García, Manuel -291-
García, Maria -56-
García Menocal, Mario -206-
García Orellana, Rosario -323-
García, Rafaelito -210-
García Ruspli de -Jesús -103-
García Perdomo, Ricardo -294-
García, Maruja -292-323-
García, Vicente -115-
Garisain, Margarita -119
Garret, María -56-368-
Garrido, Alberto -72-308-327-
Garrote, Arturo -198-
Gardel, Carlos -229-
Gardes, Jean -229-
Gasel, Alan -103-
Gatica, Lucho -188-294-
Gainza, Tony -341-
Galán Pino, Sergio -290-348-
Galindo, Ernesto -1-
Galento, Tony -241-
Galvez, Zoila -279-
Gallardo, Conchita -368-
Gallegos, Pepe -337-
Gaudy Cech -134-
Gavira, Jorge -345-362-363-
Gavilán, Kid -128-
Gavino Zabala, Obispo -349-
Granados, Aurelio P. -332-
Granda, José R. -337-
Grenet, Emilio -92-
Grenet, Ernesto -92-
Grenet, Eliseo -92-

Gil, Alfredo -29-
Gil, Alma Rosa -191-
Ginés, Micaela -321-
Ginés, Teodora -321-
Giralt, José -215-
Godinez, Manolo -31-
Guizar, Tito -182-
Guizar, Susana -88-
Guillot, Olga -18-25-101--108-155-163-186-187-223-244-266-
Godoy, Víctor -368
Godinez, Manolito -357-
Gómez Montiel, Urbano -262-
Gómez, Oscar -194-
Gómez, Pedro -29-
Gómez, José Miguel -59-206-
Gómez, Florencio -61-
Gómez, Sita -364-
Gómez Jiménez, Dr. Domingo -364
Gómez, Zoilita -199-
Gomeri, Carlos -103-
Gormiz, Pepito -71-
González César -354-
González, Celio -223-294-
González Concepción, Felipe -374-
González Domenech, Daniel -66-
González, Elián -169-160-
González Fernández, Manuel -168-
González, Felipito -146-
González, Magda -143-144-
González, Mara -103-

González. Maruja -200-345-362-363-
González, Martica -56-
González Manet, Eduardo -240
González, Miguel A. -242
González del Pico, Olga -374-
González, Rafael R. -23
González Rubio, Alberto -36-259-
González Rubio, Eduardo -134-
González, Rubén -139-
González Jerez, Raúl -140-
González, Joaquín -284-
González, Jorge -184-
González, John -301-
González, Joseíto -120-
González, Junior -213-
González, Leonela -361-
Gore -35-117-215-
Gort, Wilfrredo -111-291-
Goris, Jesús -82-
Goico, Charitín -268-
Grau, Esteban -56-
Grau, Paulina -279-
Granda, Bienvenido -341-
Greb, Harry -241-
Greer, Pucho -342-
Grover Cleveland, Alexander -241-
Griffey, Ken Jr. -241-
Guas Inclán, Rafael -120
Guayo -8-
Güell, Ricardo -24

Guerra, Carlos -308-
Guerra, Hilda -119-
Guera, Marcelino -260-261-358-
Gutiérrez, Bienvenido J. -260-
Gutiérrez, Charito -8-
Gutiérrez, Julio -13-356-
Gutiérrez, Olga -274
Gutiérrrez, Homero -230-
Gutiérrez Kann, Asela -196-
Gutiérrrez, Paul -59-
Gutiérrez, Rosario -210-
Govín, Julio-84-
Guzmán, Cleto -3-

H

Hallstrom, Per -258-
Haller, Magda -192-
Hancok, Henry -14-
Haro, Satán -75-
Henchy, Chris -117-
Herbello, Juan -154-
Herodes -160-
Hemingway, Ernest -258-
Hermida, Pancho -82-
Hernán, Kiko -279-
Hernández, Aida -336-
Hernández, Edelmiro -129-
Hernández, Francisco -101-
Hernández, Miguel -96-
Hernández Moisés -103-

Hernández Miyares, Enrique -88-
Hernández, Tiburcio -30-
Hernández, Tito -166-169-293-
Hernández, Tita -379-
Hernández, Paul -76-
Hernández, Raúl -210-
Herrero, Miguel -140-141-160-
Hidalgo Ramos, René -105-
Hitler -55-
Hevia, Bernardo -115-
Hevia Sánchez, Aisha -115-

I

Ibaceta, Herminia -374-
Ichaso, Francisco -56-367-
Iglesias, Julio -18-28-104-275-284-316-
Ignarra, Carmita -186-338-365-
Illas, Arturo -120-
Imperio, Pastora -195-
Inclán, Marión -279-
Inés María -188-305-
Insua, Albertico -230-
Iraizon, Dr. Antonio -15-

J

Jacobo I -233-

Jackson, Pedro Luis -284-
Janisset Rivero -348-
Jar, Fela -23-
Jiménez, Arnulfo -4-210-
Jiménez, Celia -58-
Jiménez, Pilar -71-
Jiménez, José Alfredo -110-
Jiménez, Juan Ramón -130-
Jiménez Oropesa -365-
Jiménez, Yadira -259-
Joalo -368-
Jolson, Al -331-
Jorge, Guillermo -99-
Jorge, Marta -189-
Jorgensen, Cristina -154-
Jorrín, Enrique -249-
Juan Pablo II -211-
Juig, Juan -352-386-
Juliá, Tomás -88-
Junco, Víctor -188-

K

Kennedy, Jackeline -213-
Kennedy, John F. -213-
Kennedy, John John -213-
Knight, Pedro -85-
Kenip, Sebastián -14-
Korsakoff, Rimsky -204-304-
Kramer, Lydia -262-

L

La Chelito -193-194-195-
La Divina -244-
Lado, Juan -227-
Lamarque, Libertad -188-
Lamelas, Esteban -7-
La Fox, Peter -103-
La Fornarina -195-
Lara, Agustín -179-202-250-
La Lupe -333-
La Tula -307-
Lansbury, Angela -259-
Laserie, Rolando -148-213-222-
La Sorda, Tom -257-380-
Lanza, José Ignacio -17-
Lamour, Dorothy -154-
La Tremenda -244-
Lavernia, Toty -279-
Lazo, Arnaldo -164-
Lazo, Lilia -219-365-
Lázaro, Ángel -56-
Labatard, Gonzalo -92-
Lecuona, Ernesto -75-92-93-96-204-205-281-315-316-324-333-369-370-
Lecuona, Ernestina -92-369-
Lecuona, Margarita -82-92-292-
Leal, Aleyda -140
Lebatard, Luis -92-
Ledesma, Roberto -293-
Ledouc, Tito -163-
León, Alfredo -358-
Lee, Hilda -292-293-
Le'Matt, José -366-
Lehar, Franz -389-
Leiva, Pincho -101-
Leiva, Pío -137-
Leiva, Rolando -59-
Licea, Lucy -101-288-358-
Lombardo, Oscar -279-
Lopetegui, Juan -129-
Lopetegui, Silvia -129-
López, Anita -32-
López del Rincón -4-
López, Anselmo -32-
López, Belisario -293-
López Capestany, Pablo -291
López del Castillo -273-
López, Eddy -126-
López, Gerardo -166-
López, Oscar -252-370-
López, Jesús -103-
López, Lilian -326-
López, Mercedes -
López, Serafín -8-210-
López, Vicente -242-
López, Moisés -257-
López, Orlando -139-
López, Regino -71-
López, Salvador -199-
López Sainz, José -291-
López, Walter -103
López, Tony -273-
Lozada, Jess -234-235-350-
Lenin-14-233-
Lester, Eddy -108-215-
Lezcano Abella -56-367-

León, Rodolfo -215-
Levy, Salvador -285-286-
Leyte, Jesús -
Ligero, Miguel -75-
Linares, Rafael -373-
Lincheta, Aurora -279-
Longoña, José -328-
Loynaz, Dulce Ma. -371-
Luis Mario -124-392-
Luis XVI -233-
Luera, Gil -224-
Lugo, Alejandro -124-
Luz y Caballero, José de la -2

LL

Llada, Pardo -37-
Llao, Miguel -75-98-
Llanes, Angela -208-
Lleonart, Hugo -291-
Llano Montes -155-
Llinar, Manolito -119-
Llopiz, Juan Bautista -84-
Llorens, Washington -16-

M

Maceda, Raquel -310-
Maceo -88-91-
Macías, Gerardo -284-
Machado, Gerardo -284-
Machín, Antonio -251-
Marcel -31-

Maradona -241-
Maradona, Diego -226-
Massaguer, Conrado -17-
Malavet Vega, Pedro -229-
Mañach, Jorge -151-
Mara y Orlando -96-
Manteca -356-
Marrero, Zoraida -292-293-316-327-
Margot y Elpidio -23-
Marx, Carlos -14-
Martí, Tania -
Martín, Mario -103-
Martín Pérez, Roberto -29-
Martell, Francisco -291-
Marino, Morán -291-
Marta y Alexander -129-
Marta y Chekis -310-
Martí-91-
Martí, A. -273-
Martínez Jr. -146-
Martínez, Adolfo -88-
Martínez, Damaris -103-
Martínez, Pepito -75-
Martínez, Rogelio -84-88-341-
Martínez Niebla, Bernardo -104-
Martínez, Paco -75-
Martínez Casado, Ana Margarita -336
Martínez Casado, Luisita-109-
Martínez Casado, Mario -1-215-273-
Martínez Casado, Juan -273-

Martínez Castro, Sara -374-
Martínez, Daniel -103-
Martínez, "el flaco", -143-
Martínez Mone, Armando -135-
Martínez, Velia -334-
Martínez Viliella, Jorge -273-
Martín Pérez, Roberto -29-
Maretta, Gina -201-
Massaguer, Conrado 17-21-88-
Mas Canosa -Jorge -10-211-
Mas, Luis Francisco -66-
Mastrapa, Francisco -60-
Mata, Raquel -293-
Matamoros, Miguel -180-
Maubán, Luisa -274-
Mayor, Agapito -237-
Manzanero, Armando -142-233-
Mazorra, Ileanita -339-
Medina, Carmen -348-
Medina, Domingo -84-
Medina de Gaudie, Silvia -133-134-
Medina, Pablo -303-
Mendivel, Joaquín -341-
Méndez Zubizarreta, Justo -276-
Meléndez, Mariano -75-365-
Mena Sánchez, Celia -105-
Menocal, Isabel -162-
Mesa, Ariel -103-
Meluzá Otero, Francisco -369-
Meller, Raquel -195-
Merce, Antonia -191-
Mena, Rafael -291-
Mendoza, Isaura -326-
Menéndez, Santos -324-
Mere, Marcos -103-
Mesa, Ariel -103-
Mestre (familia) -133-
Mederos, Javiera -103-
Membiela, Ñico -245-294-
Miguel Ángel -266-
Michel, Paco -230-
Milanés, Pablo -118-
Milander -301-
Milian, Emilio -35-380-
Miller, Arthur -220-
Miguelito CMQ -165-
Mijares, Dr. José A. -217-
Miñoso, Orestes -247-
Mir, Antonio Ma. -354-
Mir, Amadito - 354-
Miró, Rosa Elena -362-
Mistral, Jorge -188-213-
Mirabal, Manuel -139-
Miravalles -174-
Miranda, Fausto -242-388-
Miranda, Willy -242-257-
Molina, Antonio -29-184-200-236-241-307-348-
Molina, Amalia -195-
Molina, Profesor -75-
Molina, Papo -268-
Moncada, Lino -337-
Montaner, Rita -22-23-85-124-126-214-323-376-389-
Montero, Zully -74-
Montaña, Enrique -366-

Morales, Blanca Rosa -32-
Morales, José J. -216-282-
Morales, Modestín -32-
Morales, Ofelia -32-
Morales, Obdulio -260-
Morales, Luisa Ma. -323-
Moradillos, Dagmar -155-
Moré, Benny -18-137-348-
Moren, Nancy -310-
Moreno, Jesús -140-
Moreno, Mario 338-
Moreno Torroba 103-362-
Moreno, Willian -326-
Morris, James -203-
Mondéjar, Ninón -183-249-
Monreal, Lorenzo -356-
Morris, James -203-
Montalván, Jorge -273-
Monroe, Marilyn -141-213-220-310-
Montesinos, Antonio -29-
Mozart -304-
Mozaer -124-
Muñoz, Eduardo -71-
Muñoz, Julita -186-
Muñoz, René -357-
Muñoz Repiso -223-
Mur Oti, Manuel -213-
Mutti, Ricardo -202-

N

Nájera, Patricia -252-

Naranjo, Pepa -71-
Nardini, -75-
Navarro, Abelardo -160-
Navarro, Carolina -265-
Navarro, Minito -247-
Navarro, chucho -29-
Navarro, Minito -247-
Navarro, Iliana -103-
Naye, Ernesto -273-
Nervo, Amado -384-
Neyra, Juana -291-
Neyra, Roderico -165-
Nixon, Richard -157-
Nogara, Conchita -98-186-
Noguer, Eduardo G. -174-
Noguera, Griselda -285-
Noriega, Nono -71-
Novak, Kim -365-
Novak Suárez, Geraldine -203-
Novoa García, Cristóbal -66-
Núñez, Arturo -71-
Nuñez, Julián -320-
Núñez, Tomasita -323-

O

Obelleiro Carvajal, José -109-343-
Oberón, Merle -14-
Oberth, Herman -18-
Obregón, Segismundo -210-
Ochoa, Manuel -204-

Ochoa, Rolando -96-290-
O'Farrill, Chico -24-118-
Oganes, Oswaldo E. -85-
Olga y Tony -191-265-
Oliva, Georgina -373-
Oliver, Sir Laurence -14-168-
Oliver, Enrique -210-
Oliver, Estelita -59-
Oquendo, Luis -134-
Orquesta Havana Casino -56-
Orquesta Casino de la Playa -50
Orquesta Havana Biltmore -64-
Orol, Juan -23-104-
Ordoñez, Margarita -164-
Oréfiche, Armando -17-251-381-
Ortiz, Carmita -71-75-310-
Ortiz, Roberto -259-
Orta, Sergio -93-
Ortega, Félix D. -101-
Ortega y Gasset -5-
Otero, Adolfo -7-
Oshea, Félix -377-
Ozon, Osvaldo -238-

P

Paccino, Al -349-
Padre Alberto -136-181-
Padre, Varela -2-
Palau, Tata -90-
Palau, Matilde -75-
Palma, Carlos -378-
Pardo, María -71-
Pardo Llada, José -4-36-
Pastoniza, Gilberto -76-
Padilla, Napoleón -173-
Padilla, Francisco -236-
Padrón, Enrique -99-
Padrón, Eduardo -144-
Padrón, Monona -208-
Palmieri, Eddie- 115-116-
Palomera, Lupita -248-
Pagés, Eduardo -9-
Patterson, Enrique -348-
Pavaroty, Luciano -201-
Playa, José -229-
Peón, Ramón -259-
Peñalver, Rafael -345-
Peral Díaz, Enrique -66-
Perera, Roberto -143-
Perera, Hilda -262-
Pérez, Abel -348-381-
Pérez, Albertico -327-
Pérez, Eduardo -136-
Pérez Blanco -183-
Pérez, Cándido -30-
Pérez, Carlos -352-
Pérez Crespo, Nancy -149-
Pérez, Graciela -319-
Pérez Prado, Dámaso -24-175-
Pérez Prado, Jesús -291-
Pérez, Marta -139-163-286-293-
Pérez Brito, Alicia -104-
Pérez Brito, Arnaldo -64-

Pérez Brito, José -64-
Pérez Brito, Ariel -64-
Pérez, Julio -103-
Pérez, Orestes -178-200-
Pérez Rosa, Joaquín -119-
Pérez Roura, Armando -69-
169-157-362-390-
Pérez, Cipriano -291-
Pérez, Pablo -291-
Pérez, Heriberto -232-
Pérez Alfaro -240
Pérez Pérez, Marino -291-
Pérez, Manuelita -364-
Pérez, Ebert -290-
Pérez, José Luis -255-
Pérez Blanco, Armando -368-
Pérez, Rafaela -291-
Pereira, Liduvino -342-
Pérez, Tony -279-
Pérez, Dr. Rico -333-
Pérez Fernández, Roberto -291-
Pérez Brito, Arnaldo -64-
Pérez, Silfredo -210-
Periol, Perla -379-
Perojo, Bertico -213-
Perdices, Enrique -368-
Pete el Conde -348-
Pelagrini, Eddie -242-
Peraza, Eulogio -293-
Prada, Ángel -89-
Pico, Rosita -185-
Pichi, Rafael -322-
Pinedo Cruz, Ernesto -239-
Pinedo, Nelson -37-85-183-

Pinelo Cruz, Nestor -262-318-
Pinelo, Néstor -319
Pinelly, Germán -257-
Pinochet -95-
Piñero, Alberto -359-
Piñero, Alcides -359-
Piñero, Jorge -330-
Piñeriro, Ignacio -179-320-321-
Pirolo -71-
Prío Socarrás, Carlos -133-
Prieto, Gregorio -103-
Prieto, Margarita -158-
Prieto, Susana -160-
Prada, Angel -381-
Pertierra (familia) -154-
Pertierra, Roberto -312-313-333-
Pertierra, Tuto -342-
Puente, Severino -7-199-365-
Pujadas, Dolores -374-
Pujo, Aida -293-
Potestad, Tomás
Pons, Lily -302-303-304-
Pons Vila, Luis -56-
Pons, Ma. Antonieta -104
Pons, Arquímides -135-
Ponselló, Rosa -201-
Ponce, Carlos -103-
Pous, Arquímides -20-135-348-
Portuondo, Omara -139-
Pozo, Chano -319-
Prats, Jaime -94-

Prats, Rodrigo -94-205-233-340-
Puente, Tito -115-116-223-251-
Puig, Cheo Belén -167-373-
Puig, Ramón -380-
Pumarejo, Gaspar -133-
Puntillita -137-

Q

Quesada Gómez, Ramón -291-
Quevedo, Pablo -260-373-374-
Quintana, Carlitos -72-279-327-
Quiñones, José Dolores -341-
Quirantes -90-
Quiroga Orlando -220-

R

Raphael -18-
Raquel y Rolando -328-
Ramírez, Arturo -368-
Ramírez Carlos -154-315-362-
Ramírez, Felo -235-387-
Ramil, Emilio -75-
Ramos, Severino -188-282-
Ramos, Jorge -282-

Ramos, Isidoro -185-
Rainieri, Katina -154-
Rayito de Sol -280-
Ravelo, Dr. J.E. -91-
Readi, Santiago -338-
Repilado Muñoz, Francisco -139-
Reagan, Ronald -24-211-
Reboredo, Pedro -222-
Rendón, David -363-
René y Estela -310-
René y Kuky -310-
Reina, Leopoldo -75-
Retana, Álvaro -193-
Revuelta, Neyda -199-
Richardini -75-88-
Richard, Julio -75-310-
Rivero Agüero, Andrés -120-
Riverón, Efraín -129-
Riverón Hernández, Francisco -129-
Rivero, Facundo -223-260-339-358-
Rivera, Rita Ma. -96-
Rivera, Jerry -69-
Rico, Alicia -385-
Riset, Panchito -261-
Riera, Manolo -168-
Rigual, Carlos -37-
Robreño, Gustavo -71-
Roblán, A. -19-
Rocafort, Martha -143
Rolando y Zoraida -143-
Remos, Ariel -74-201-
Remos, Juan J. -3-15-
Reyes, pepe -279-

Revuelta, Raquel -174-
Robert, Guillermo -354-
Robert, Julia -109-
Roena, Roberto -348-
Roena, Roberto -346
Robles, Margarita -279-
Robles, Leonardo -9-174-
Rojas, Evelio -210-
Rojas, Ma. Teresa -175-
Rojas, Mercedes -72-
Rosas, tirso -291-
Rosas, Juventino -196-197-
Rosal, Gilberto -257-
Rosales, Maritza -360-
Rosado, Olimpia -228-340-
Rose, Pete -241-
Rossinni -201-
Roxa, Viviana -278-
Retana, Zoraida -8-
Rey, Alfonso -136-
Reyes, Dr. Manolo -221-329-
Reyes, Enrique -143-
Reyes, Alfonso -16-
Reyes, Diana -103-
Reyes, Rioque, Dr. -88-
Rodríguez, Arsenio -84-118-179-261-284-
Rodríguez Aragón, Roberto -247-365-
Rodríguez, Aida -32-
Rodríguez, Albita -69-
Rodríguez, Alejandro -279-
Rodríguez, Agustín -71-
Rodríguez, Ciro -180-
Rodíguez Bustamante, Guido -265-

Rodríguez Duarte, Alexis -300-
Rodríguez, José Conrado -89-
Rodríguez, José -340-
Rodríguez, José Ignacio -364-
Rodríguez Díaz, José -240-
Rodríguez, Laurentino -290-291-
Rodríguez, Joseíto -76-
Rodríguez, Estrella -118-
Rodríguez, Marina -227-
Rodríguez, Margot -71-
Rodríguez, Juan Amador -223-
Rodríguez, Pedrito -210-
Rodríguez, Teodoro -101-
Rodíguez, Vicente -143-
Rodríguez Malgosa -70-
Rodríguez, Tito -164-
Rodríguez, Gonzalo -280-
Roig, Manolo -71-
Roig, Gustavo -205-
Romeu, Armando -92-
Romeu, Antonio Ma. 84-92-123-
Romeu, Rubén -4-
Romagosa, Fatty -108-
Romaguera, Alberto -187-
Romay y Chacón, Tomás -2-
Román, Angel -236-
Román, Ricardo -273-
Roig, Gonzalo -17-
Rojas Vegistain, Alberto -28-
Rosell, Carmelina -186-
Rosell, Elsita -8-
Rosell, Dr. Teobaldo -388-

Rouco, María -4-
Riera, Joaquín -373-
Rivero, José Ignacio -364-
Rubalcaba, Gonzalo -225-
Rumbaut -176-
Rubistein -124-
Ruiz, Alberto -84-
Ruíz, Gonzalo -15-
Ruiz Castellanos, Pablo -316-
Ruiz, Marino -210-
Ruilópez, Olga -4-
Russ, Quinito -210-

S

Saavedra, Héctor -88-
Sabat, Galo -83-
Sabat, Ramón -83-188-
Saba, Elenita -118-
Sabines, Rolando -38-
Salas Amaro -183-
Salomón, Raúl -38-
Salgueiro, Enrique -368-
Salvat, Juan Manuel -139-178-
Salvador, David -295-
Sampedro, Edelmira -272-
Santos, Jesús -210-
Sandor, Carlos -350-356-
Sandoval, Arturo -225-349-
Sanabria, José -259-
San Blas, Angel -273-
Saralegui, Cristina -59-275-

Sastre, Tonia -56-367-
Sancho Panza -147-
Sargen, Nazario -211-
Sanguily, Dr. Julio -242-
San Miguel, Carmencita -32-
Sarol, Nidia -273
Santa Cruz, Julia -75-
Sánchez Boudy José -16-32-
Sánchez Arcilla, José -4-
Sánchez Meja -75-
Sánchez de Fuentes, Eduardo -15-
Sánchez, Enrique -21-27-
Sánchez, Carlos -210-
Sánchez Galarraga, -370-
Sánchez, Serafín -66-
Sánchez, Manuel -84-
Santamaría, René -210-
Santana, Jesús -290-
Santos, Daniel -328-
Santos, Jesús -210-
Santos, Orestes -279-
Santaló, Estelita -293-
Sainz de la Peña -50-
Salazar, Toño -10-
Secades, Eladio -259-
Seigle, Charles -87-368-
Sergia -280-
Serrano, Manolo -240-271-
Selema, Jaime -187-
Scott, Rolando -164-
Sterling, George -241-
Serna, Pepe -71-
Socarrás, Olga -320-
Solis Fernández, Ramón -152-

Solis, Meme -141-
Solis, Ramón -150-
Soler, Baserva -292-362-392-393-
Soler, Danny y Daniel -12-29-86-111-
Sosa, Nelo -341-
Sosa de Quesada, Arístides -36-
Soret, Carlos -75-
Soto, Freddy -236-
Sorg, Amalia -71-
Stalone, Silvestre -213-
Stalin -14-
Stincer, Martica -350-
Suárez, Alvaro -3-308-
Suárez, César -202-203-204-
Suárez, Francisco -244-
Suárez, Manolo -273-
Suárez, Fina -320-
Suárez, Perico -362-
Suárez, Caridad -323-362-
Suárez, Senén -279-
Suárez, Normita -338-
Suárez, Juan -4-
Suárez, Laureano -324-
Suárez Pérez, Francisco -244-
Suárez Fernández, Miguelito -76-
Sullivan, John L. -241-
Sutherland, Juan -20-
Sills, Buery -203-
Silva, Mirta -227-
Silvio -2-19-98-
Silva, David -378-
Silva, Rosa -101-

Silveira, Eliseo -322-
Singleton, Walter -332-
Sirgo, Otto -192-273-293-344-384-
Sierra, Guzmán -110-
Sierra, Enriqueta -98-
Simmons, Moisés -325-
Simpson O.J. -243-
Sinatra, Frank -----
Sharp, Samuel -245-

T

Tamargo, Agustín -149-157-169-191-
Tamayo, Luis -221-
Tames, Horacio -101-
Tápanes Estrella, Raúl -101-
Tarajano, José -36-
Tarajano, Dr. -37-
Tarraza, Juan Bruno -13-56-96-
Taylos, Elizabeth -109-155-
Tedesco, Fortunata -185-
Telmo, José -68-75-
Temes, Neneito -28-69-150-
Tendedera, Dieguito -157-
Terry, Emilio -248-
Thomas, Nora -203-
Thomas, El chinito -120-
Thompsom J. Walter -95-
Thorpe, Jim -241-
Tijerino, Orlando -374-

Tirino, Thomas -315-
Toledo, Herta -256-257-
Tongolele -284-
Toña, la Ngra -163-
Torrente Iglesias, Aurelio -374-
Torres, Elizabeth -289-
Torres, Carmen -163-
Torres, Alicia -209-
Torres, Araceli -98-
Torres, Angel -380-381-
Torres, Tico -299-
Torres, Luis -210-
Tortoló, Pedro -68-
Tolstoi -168-
Touzet, René -223-
Travieso, Luis -284-
Travieso, Israel -284-
Trías, Eloisa -71-
Trío Matamoros -55-
Trigo, Juan -222-377-
Trigo, Vivian -222-
Trinidad, Amado -105-223-260-276-302-305-
Trinidad, Tito -128-
Trinidad, Dieguito -164-
Trinidad Velazco, Amado -369-
Trujillo, Valentín -143-
Trull, Armando -59-
Tunney, Gene -20-
Tina, Yoyo y Lupe -333-

U

Uncal, Antonio -210-
Urfé, Paquita, 94-
Usandizaga, Ana -100-
Uzcuden, Paulino -20-

V

Valdés, Abelardo -123-167-
Valdés, Arty -294-
Valdés, Bebo-34-134-163-
Valdés, Cuca -59-
Valdés, Consuelo -59-
Valdés, Delio -270-
Valdés, Enrique -22-
Valdés, Eliseo -215-
Valdés, Guillermina -119-
Valdés, Hildo -123-
Valdés, Lato -59-
Valdés, Lato -59-
Valdés Ma. Teresa -140-
Valdés, Miguelito -32-270-319-361-
Valdés Miranda, Concha -357-
Valdés, Niño -324-
Valdés Portela -88-
Valdés Rodríguez -50-367-

Valentino, rodolfo -81-377-
Valero, María -186-
Valcayo, Jesús -367-
Valdivia, Gilberto -242-
Valenzuela, Pablo -94-
Valenzuela, Lucas -94-
Valenzuela, Raimundo -94-
Valteliña, Atilio -184-
Valladares, Antonio -97-98-
Valladares, Elsa -90-
Vallejo, Orlando -83-118-
Vallerón, Hortensia -71-
Vargas Llosa -110-
Vasallo, Lucía -200-
Varela, Blanca -389-390-
Varela, Nelson -7-
Varelita -85-
Varela Zequeira -88-
Varela, José M. 84-
Vázquez, Ana Gloria -160-
Vázquez, Blanquita -71-
Vázquez, Carmelita -140-165-
Vázquez, Candita -56-
Vázquez, Cuca -3-
Vázquez, Eva -158-178-
Vázquez, Pablo -84-
Vázquez, Manuel -3-
Vázquez Chávez José Rosario -88-
Velazco, Inés -71-
Vega, Héctor Andrés -103-
Vega, Vicente -100-
Vega Hernández, Rafael -280-
Veloz, Ramón -294-

Veliz, Marta -311-
Verne, Julio -18-
Vertod Oziga -331-
Vergara, Francisco -220-
Verges, Dominica -240
Veitía Rojas, Ramón -216-
Veitía, Ramón -68-
Viana, Zaida -109
Viada, Manuel -361-
Vicana, José Manuel -106-
Viera, Nenita -177-178-
Villaverde, Cirilo -285-
Villaverde, Manolo -334-
Villalobos, Bernardo -103-160-
Villalobos, Loló -214-
Villalobos, Bernardo -103-
Villasaña, Arnold -320-
Vivar Hoffman, Alfredo -337-
Vispo, Castor -34-35-
Vizcaíno, Mará A. -56-
Vizcaíno, Rogelio -258-
Vorchin, Max -251-

W

Walker, Mickey -241-
Washington, George -391-
Wilchelon, Roy -242-
Wilkinson, Bob -93-
Wirshing, Jorge -101-104-178-
Wirkling, George -379-

Whitermash, Rosa L. -345-362-
Wood, Leonardo -174-
Wong, Guillermo -129-

Y

Yaniz Pujol, Esteban -105-
Yova, Héctor -75-
Yumar, Herdy -276-

Z

Zambrano, Enrique -136-
Zanetti, Ada -140-165-
Zancanaro, Giorgio-203-
Zarzo, Carlos -71-
Zayas y Alfonso, Alfresdo -106-
Zeledón, Ingeniero -104-
Zorrilla -65-
Zorrilla, José -273-
Zequeira, Pully -92-
Zimmerman, Norma -182-
Zubizarreta, Monseñor Valentín -383-
Zuffoli, Eugenia -313-